现代会计基础

XIANDAI KUAIJI JICHU

胡蕴茜
徐　鸣 主编
刘晓菊

(第二版)

華東理工大學出版社
EAST CHINA UNIVERSITY OF SCIENCE AND TECHNOLOGY PRESS

图书在版编目(CIP)数据

现代会计基础/胡蕴茜等主编. —2版.—上海:华东理工大学出版社,2008.3(2017.1重印)

ISBN 978-7-5628-2263-9

Ⅰ.现... Ⅱ.胡... Ⅲ.会计学 Ⅳ.F230

中国版本图书馆CIP数据核字(2008)第018371号

现代会计基础(第二版)

主　　编 / 胡蕴茜　徐　鸣　刘晓菊
责任编辑 / 李　骁
责任校对 / 张　波　李　晔
封面设计 / 王晓迪
出版发行 / 华东理工大学出版社
地址:上海市梅陇路130号,200237
电话:(021)64250306(营销部)
传真:(021)64252707
网址:press.ecust.edu.cn
印　　刷 / 常熟市华顺印刷有限公司
开　　本 / 787mm×960mm　1/16
印　　张 / 17.5
字　　数 / 320千字
版　　次 / 2002年9月第1版　2008年3月第2版
印　　次 / 2017年1月第9次
书　　号 / ISBN 978-7-5628-2263-9/F·186
定　　价 / 28.00元

内容摘要

本书以 2006 年颁布的，2007 年 1 月 1 日施行的 39 个企业会计准则和应用指南为依据，取国内外会计教材之长，力求突出我国会计理论和会计实务的新动向，做到通俗易懂，言简意赅。

本书的内容包括总论、会计要素和会计账户、复式记账、费用的归集和营业收入的确认、权责发生制和账项调整、成本结转和利润确定与分配、权益、账户分类、会计凭证、会计账簿、财产清查、财务会计报告、会计循环和账务处理程序、会计工作管理体制和工作组织、会计电算化、内部控制共十六章。

本书可以作为各类高等院校、财经专业学生的基础教材，也可用于经济管理人员、会计人员自学会计的参考书。

前　言

《基础会计学》是会计学专业的第一门课程，同时也是会计学科课程体系的重要组成部分，又是各经济管理类专业的公共基础课。

2006年2月15日，我国财政部发布了于2007年1月1日首先在上市公司实施的企业会计准则体系，宣告了我国会计改革进入了一个全新时期，在会计规则上实现了与国际财务报告准则的趋同，这对于我国会计的理论和实务都产生了巨大影响，是具有里程碑意义的标志性成果。这些会计改革的成果为经济的发展提供了保障，也对会计教学提出了新的挑战。

基于以上情况，我们保留原有的《新编现代会计基础》一书合理的篇幅，根据新准则体系的基本思想和内容，增加与调整了一些篇幅和内容，以适应新准则对会计教学的需要。

新准则的最大特点莫过于"国际趋同"，据此，我们在编写本教材的过程中，参照西方会计理论，注重结合我国现行会计改革的成果及实际情况，力求将我国会计改革的宝贵成果贯穿于全书。本教材具有以下特点：

(1) 突出新颖性。本书以当前颁布的最新企业会计准则包括准则指南的要求为依据，在阐述会计的基本内容时对原教材的内容进行了更新、调整，使其能更符合当前的会计实务，如在对主要交易和事项进行会计处理时，运用最新会计科目和账务处理方法，以满足读者进行会计知识更新的需要。

(2) 突出结构性。本书改变了过去单纯理论介绍、单一说教的写作结构，采用全新的结构方式，在每章开始之处介绍学习要点，使学员对本章内容的知识点、重点能有所认识；每章之后，增加了知识扩展，这类似案例、小组学习等方法，可以增加教师和学员之间的相互交流，同时也可以使学员提高运用会计知识解决实际问题的能力。

(3) 突出实用性。本书从理论知识和账务处理上，更贴近会计的实际工作，会计科目按《企业会计准则指南——会计科目和主要账务处理》的要求予以应用，为方便读者学习，在结合"会计循环和账务处理程序"这一章节时较详细地列举了实例。

本书由胡蕴茜、徐鸣、刘晓菊任主编，由胡蕴茜负责对初稿进行修改、补充、总纂。本书第一、二、三章由胡蕴茜编写，第四、五、六、七章由徐鸣编写，第八、十、十一、十三、十四章由刘晓菊编写，第十二章由雷英编写，第九、十五、十六章由郭邦涌编写。

本书在编写过程中得到华东理工大学出版社、教务处、网络学院等多位领导同志的热情支持和帮助，在此表示最诚挚的感谢。

由于作者水平有限，加之会计学是一门不断发展和完善的学科，许多理论和实践还处于发展之中，书中不妥之处在所难免，恳请专家及读者批评指正。

编者

2008 年 3 月

目　录

第一章 总 论

【学习要点】

1. 会计的基本职能和目标。
2. 会计的对象。
3. 会计假设和会计信息质量要求。
4. 会计的方法。

第一节 会计的含义

一、会计的产生和发展

(一) 会计的产生

在人类社会中,生产是最基本的实践活动,一方面人类要生存,就必须创造物质财富,也就是说必须依靠生产活动来解决衣、食、住、行问题;另一方面社会要发展,在生产的物品扣除人力、物力的耗费以后还有多余,人类便可能扩大生产规模,创造更多的物质生活资料。所以,人们总是希望以最少的劳动耗费,取得尽可能多的劳动成果。因此,必须对劳动耗费和劳动成果进行记录、计算、分析、比较,而会计作为一项记录、计算和考核收支的工作,随着生产发展以及追求经济效益的要求也就逐步发展起来。

在人类历史发展的最初阶段——原始社会,人们就十分关心生产活动中的劳动耗费和劳动成果,就已把生产活动的过程记录下来,当时,对劳动耗费和劳动成果的量化,是单凭头脑记忆的,随着生产活动的增多,单凭头脑记忆已不足以应对时,就逐渐发展到使用各种符号标志记数。在我国上古时期,出现了"结绳记事"、"刻本记日"等简单记录方式。公元前一千年左右,古巴比伦的泥板、埃及的刻石等都是最原始的记录方式。由于当时生产力水平低下,在很长时期内,人们所关心的主要还是生产本身,会计只是作为生产职能的附带部分,正如马克思所指出的:“生产时间之外附带地把收支、支付日等等记载下来。”到了原始社会末期,生产力有了发展,劳动生产率提高了,劳动产品增加了,出现了剩余产品,人们需要进一步总结计算产品的劳动耗费和劳动成果,将耗费与成果进行比较分析,生产者忙于生产,无暇兼顾会计工作,于是会计才逐渐从生产职能中分离出来,成为由专职人员进行、而又同生产经营紧密联系的一种管理活动。早期的会计比较简单,只是对财产物资的收支活动进行实物数量的记录和计算,与统计和其他核算是混在一起的。

(二)会计的发展

会计从简单的“结绳记事”、“刻本记日”等记录方法开始,发展演变为今天具有科学理论和实践规范的现代会计,经历了漫长的历史过程。从世界范围来看,大约经历了以下几个历程:

1. 古代会计阶段

从会计的产生到复式簿记这段时期的会计可称为古代会计。据考古发现,人类最早的会计思想与会计行为起始于旧石器时代的中晚期,距今约二万至十万年。当初计量、记录方法只是简单的刻记。据马克思考证,在远古的印度公社中,农业上已有了“记账员”(《资本论》第一卷第369页)。大约在四千年前,巴比伦就开始在金属或瓦片上做商业交易的记录。原始公社的会计,是为了核算公社全体成员的生产和分配,它是为整个氏族公社的利益服务的。

随着生产力的进一步发展,人类社会由原始社会进入奴隶社会,会计不仅被广泛使用,而且在记数、计算的方法和形式上都有了较大的发展。在我国,“会计”两字在西周时代就已出现,并开始运作,同时建立了较为严格的会计机构,当时在朝廷中设立了“大宰”、“司会”的专门官职,掌管朝廷中的钱粮赋税等收支和管理大权,实施“听其会计”制度。“听其会计”,意即接受中央和地方官员的会计报告,审核其账目,并建立“日成”、“月要”和“岁会”等报告文书。

进入封建社会后,会计又有一定的发展和提高。在宋朝,官厅会计采用“四柱清册”单式簿记记账法,这在当时是处于世界领先地位的、比较成熟的会计记录方法。所谓“四柱清册”,是官厅办理钱粮报销和移交手续时所编造的一种表册;所谓“四柱”,即指“旧管”、“新收”、“开除”、“实在”。即根据旧管(期初结存)+新收(本期收入)-开除(本期支出)=实在(期末结存)进行结账,这种平衡关系为我国通行的收付记账法奠定了理论基础,也是我国古代会计的一个杰出成就,直至今天,我们仍在运用这一平衡关系。明末清初,随着商业和手工业的发展,山西的傅山在参考官厅会计和“四柱清册”记账方法的基础上,又进一步设计了“龙门账”,用以计算盈亏。即把全部账目划分为“进”(各项收入)、“缴”(各项支出)、“存”(各项资产)、“该”(资本及各项负债)四大类,运用“进-缴=存-

该"这一平衡公式计算盈亏，并编制"进缴表"和"存该表"，如果两表计算结果完全吻合，称之为"合龙门"，"龙门账"也由此而得名。在清朝，商品经济进一步发展，资本主义经济关系逐渐萌芽，逐渐产生了"天地合"账。在这种方法下，一切账项，无论现金出纳、内外往来、商品购销等，既要登记"来账"，又要登记"去账"，以反映同一账项的来龙去脉。账簿采用垂直书写，分上下两格，上格记"收"称为天，下格记"付"称为地，上下两格所记数额必须相等，称为"天地合"。"天地合"账由此而得名。此外，在古代埃及、印度及希腊等国，也逐步形成了具有各自特点的单式簿记方法体系。总之，这一时期的生产主要是自给自足，而不是价值的积累，在这样的经济状况下，会计主要是用来管理赋税和财货钱物的工具，单式簿记记账法相应地持续了一个漫长的历程。这一时期账户、账簿的设置很不完善，因此会计理论也不成熟、方法不科学。

2. 近代会计阶段

13—15 世纪，意大利的威尼斯、热那亚、佛罗伦萨等城市，商品货币经济比较发达，随着贸易的发展，这些城市积累了大量的财富，从此，代理经营和合伙经营方式逐步替代了个人经营方式。单式记账法已不能适应经济发展的需要，从而复式记账法便流行起来。在对"佛罗伦萨式簿记"、"热那亚式簿记"与"威尼斯式簿记"应用情况进行总结及其原理研究的基础上，1494 年，意大利数学家卢卡·巴其阿勒的《算术、几何、比及比例概要》一书中有关复式记账论著在威尼斯出版，其中的第三篇"计算和记录详论"（通称"簿记论"）详尽地介绍了当时在威尼斯进行的商业簿记情况。这是世界上最早对复式簿记的系统描述，标志着近代会计的开始，也是近代会计发展史上的一个重要里程碑。他建立的复式簿记的基本方程式：一人所有财物＝其人所有权总值，是以后的"资产＝负债＋资本"平衡公式的雏形。从此，复式记账法不但在意大利得到普及和提高，同时相继在荷兰、德国等一些国家传播，由于这个时期这些国家的商品经济发展比较快，所以会计能充分运用货币作为计量单位，才使会计记录采用复式记账法，有了复式记账法，会计与统计便有了明显的区别，会计有了质的飞跃。

18 世纪 60 年代，在西欧开始的产业革命，使社会生产力大大提高，对经济管理工作的客观要求越来越高，于是会计在经济管理中显得更为重要。1890 年，大陆式会计理论奠基人雪尔的《簿记理论》，以及 1900 年前后英国皮克斯利的《会计学》和狭克西的《高级会计学》等著作，都标志着会计理论有很大的发展。18 世纪末 19 世纪初，美国的生产组织和经营形式发生了重大变革，以资本所有权和经营权相分离、适应社会化大生产经营形式的股份公司应运而生，对会计工作也提出了更高的要求。企业的会计信息要为各方面的信息使用者负责，这就要求企业所提供的会计报表必须经过执业会计师的检查，然后证明是否公允可靠,最后才能作为报表使用者决策的依据。这样就产生了审核经营者履行职责、维护股东集团和债权人利益的代理人——独立职业会计师,进行查账和公证业务。1854年,苏格兰的爱丁堡会计师公会的成立是近代会计发展史上的另一个里程碑,具有划时代的意义。

进入20世纪,特别是第一次世界大战后,美国经济发展迅速,世界的经济和科学技术、管理理论和会计理论中心也随之从欧洲移到美国。20世纪30年代后,美国等西方国家先后拟订并颁布了《会计准则》,使会计核算工作更加规范化。至此,会计的理论和方法达到了新的水平。综上所述,在近代会计发展阶段实现了一个基本的转变:那就是由单式簿记向复式簿记的转变。

3. 现代会计阶段

现代会计是20世纪50年代开始的。由于20世纪二三十年代,美国在成本会计,尤其是在标准成本会计的研究领域有了突飞猛进的发展,同时,为了使会计工作规范化,提高会计信息的相关性和可靠性,西方各国先后研究和制定了会计准则,把会计理论和方法推上一个新的发展水平。40年代,在新技术革命的推动下,现代市场经济迅速朝着系统化、信息化与科学化方向发展。进入50年代,生产和管理科学迅猛发展,竞争更加激烈,随着电子技术、空间技术的发展,促使各学科之间互相渗透,产生了系统论、控制论与信息论等新型基础理论学科,为会计与电子计算机的结合、管理会计的形成奠定了基础。与此同时,一些经济和科学技术发展较快的国家,其会计原理和会计方法发展得也很快,如英美等国为数众多的会计学者和会计人员组成一些权威性的会计专业团体(如美国注册会计师协会和美国会计学会等),为改进会计实务和完善会计理论作了十分重大的努力,这时,传统的财务会计已不能满足企业生存和发展的需要。企业内部管理既要求科学化,又要加强事前、事中的预测和决策分析及事后的考核和评价,以适应竞争日益激烈的市场。西方会计不仅重视经济活动的事后反映和监督,编制并向企业外部提供财务报告,而且越来越重视运用会计加强企业内部管理,为企业管理阶层提供经济信息,参与企业的经济预测和决策。随着生产社会化程度的提高、以加强经营管理为核心职能的"管理会计"诞生了,这是现代会计开端的重要标志。财务会计和管理会计是现代会计的两大分支。管理会计的创立和日趋成熟,大大丰富了会计学的内容。

我国于20世纪初由日本传入借贷记账法,30年代掀起了改良中式簿记的运动,从而推动了中小企业的会计改革,同时也出现了中式簿记与西式簿记并存的局面。新中国成立后,又全面引进苏联的会计模式,建立了与高度计划经济体制相适应的会计制度,也在各行各业中又创造和运用了收付记账法、增减记账法。1978 年后，实行改革开放政策，现代会计新的理论和方法被引进与运用。1981 年，我国建立了注册会计师制度。1993 年 7 月 1 日实施的《企业会计准则》规定，企业应采用借贷记账法，1999 年 10 月 31 日修订。2000 年 7 月 1 日施行的《中华人民共和国会计法》，使我国会计工作的法制建设进入了一个新的发展阶段。2006 年颁布的、2007 年 1 月 1 日施行的 39 个企业会计准则和 48 个中国注册会计师执业准则，使我国会计、审计走向一个新的发展阶段，基本实现了与国际会计准则的趋同。会计的理论研究和实务工作获得很大的发展，突破了原有的会计核算模式，建立了接近国际惯例的、具有中国特色的新的会计管理体系，也进一步提升了我国会计标准的国际化水平。目前，现代会计的发展又面临着新的历史挑战和机遇，这些挑战和机遇使经济的发展迅速向全球化推进，并朝着信息与知识经济的方向演进。高新技术与产业的发展，都对会计理论、方法和思想带来挑战。总之，在这一历史阶段，我国的会计发展趋于成熟，但面临新环境必须创新才能适应。

综上所述，一个企业的发展，自始至终依赖会计，因为社会存在和发展的基础是生产，生产离不开管理，管理离不开会计。会计是社会生产实践的产物，社会生产和经济发展促使会计的发展，会计的发展反过来促使社会生产和经济进一步发展，经济越发展，会计越重要，而会计本身有一个不断发展、变化、提高和完善的过程，这主要源于经济资源的有限性和人类对运用有限资源以产生最佳效益的追求。经济全球化的发展态势，必将使会计在治理整顿全球性的经济秩序中发挥越来越重要的作用。

二、会计的含义

什么是会计，这始终是会计理论中的一个基本论题。由于会计本身有一个不断发展的过程，不同时期会计的内涵是不尽相同的，人们对会计的理解和认识也有一个不断深化的过程，不可避免地要受其所处会计环境和社会历史条件的制约。因此，古今中外，“会计”这一含义会计学界一直没有统一的定义。目前，主要有以下四种看法。

1. 管理工具论

持这种观点的人们认为，会计是指一门技术手段，是在反映和监督生产过程中所使用的一种方法，是经济管理的一种工具而已。

2. 服务论

持这种观点的人们认为，会计是为经济管理服务的，是人们服务于以最小投入获取最大收益的。

3. 信息系统论

持这种观点的人们认为,会计提供的是信息,会计是一个经济信息系统,它预定输送有关信息使用者重要的财务和其他经济信息,以供他们决策之用。

4. 管理活动论

持这种观点的人们认为,系统、连续、完整地提供财务信息,计量、记录、分析、检查财务信息并不是会计的最终目的,而是会计所用的手段,以及利用这些手段所产生的结果,这种结果应该是从一个特定的侧面来管好一个企业的生产和经营,以最少的耗费取得最大的经济效益。因此,从会计所发挥的作用和要求达到的目的看,会计是一种管理活动。

将会计视作一种管理活动,比较准确地反映了会计的实质,有助于推动会计工作的发展。综上所述,我们可以将会计定义为:会计是以货币为主要计量单位,借助专门方法和程序,综合核算和监督企业经济活动过程,旨在提高经济效益的一种管理活动,是经济管理的重要组成部分。

如果将会计的管理活动看作一个系统,那么,这个管理系统是以货币为基本计量形式,对企事业单位经济的活动进行核算和监督。这种核算和监督是完整的、连续的、系统的,并在此基础上对经济活动进行分析、预测和控制的一种管理活动。

第二节 会计的职能和目标

一、会计的职能

所谓会计的职能,是指会计在经济管理中所具有的功能。在社会经济发展的不同阶段,会计的职能具有不同的特点,经济越发展,会计的职能越丰富,但会计的基本职能是不变的,具体有两方面:一是核算,二是监督。马克思曾把会计的基本职能概括为对“过程的控制和观念的总结”。这里的所谓“过程”,指的是社会再生产的全过程,经济活动的全过程;“控制”我们可以理解为“监督”;而“观念的总结”可以理解为“核算”。

(一) 会计的核算职能

会计的核算职能是会计最基本的职能,它贯穿于经济活动的全过程。要提高经济效益,首先要求会计提供真实可靠的经济信息,按会计准则、会计制度的要求,通过一定的程序和方法,全面、系统、及时、准确地将一个会计主体所发生的会计事项表现出来,以便正确、综合地指导各部门各单位了解耗费收入等情况，及时发现问题并加以调整。会计工作的全过程都离不开完整、准确的记录，所以，核算是会计最基本的职能。现代会计核算职能的特点是：

(1) 会计核算主要从价值量上反映各会计主体的经济活动情况。会计主要利用货币计价，从数量方面综合反映各单位的经济活动情况，是以货币量度为主，实物量度或劳动量度为辅的核算方法。因为只有货币量度这种可以汇总计算的价值形式，才能综合反映会计主体经济活动的全过程及其结果。

(2) 会计核算不仅反映过去，还可以预测未来。会计的核算不仅是对已经发生的经济活动进行事后的记录、核算和分析，并通过加工整理提供大量的信息，反映经济活动的现实情况，这是会计核算的基础工作。但是随着市场竞争的日益激烈、经济活动的复杂化，经济管理需要加强预测性。随着管理会计的产生，会计在事中、事后核算的同时，进一步发展事前核算，分析预测经济发展前景，为经济管理决策提供依据。

(3) 会计的核算具有完整性、连续性和系统性。所谓完整性，是指凡是每个会计主体所发生的全部经济业务，也就是说属于会计核算的内容都应该进行记录，不能遗漏。所谓连续性，是指对经济业务的记录是连续的，也就是应按经济业务发生的时间顺序依次进行登记，不能间断。所谓系统性，是指对会计对象要按科学的方法进行分类，进而系统地进行加工、整理、汇总，以便提供管理所需要的各种经济信息。会计的核算只有依据完整的、连续的和系统的数据资料，才能全面、系统地反映各会计主体的经济活动情况，才能既服务于国家宏观调控部分，又服务于外部投资者和内部管理者。

(4) 会计核算随着电子计算机的引入，逐步改变其表现方式。随着会计领域引入电子计算机，会计的核算方式从手工操作逐步发展为电子数据处理系统，会计核算提供的信息更及时、灵敏、准确，能满足多方面、多层次的需求。

(二) 会计的监督职能

会计的监督职能，是指会计利用一系列方法，按一定的目的和要求，对企业单位的经济活动进行控制，使生产经营活动达到预期目标。它体现着一定的政策和法规，是以国家的法律规范为准绳，以会计信息资料为主要依据，对即将进行或已经进行的活动的合法性进行评价，并加以限制或影响。现代会计监督的特点包括如下三点。

1. 会计监督主要利用各种价值指标进行

会计核算是通过价值指标综合地反映经济活动的过程及其结果。会计的监督就是依据这些价值指标进行货币监督，通过价值指标可以全面、及时、有效地控制各个经济单位的经济活动。

2. 会计监督包括事前监督、事中监督和事后监督

会计的事前监督是在经济活动开始前进行的监督,也就是说衡量未来的经济活动是否符合有关法规、政策、制度的规定,是否符合市场经济发展的要求,经济上是否可行等。

会计的事中监督是对正在发生的经济活动过程进行的监督,也就是说以此来纠正经济活动中的偏差或失误,促使人们合理地组织经济活动,并能按照预定目标去进行。

会计的事后监督是对已经发生的经济活动进行的监督,也就是说,对发生后的经济活动及相应的核算资料进行审查、分析。

3. 会计的监督必须建立以国家监督、社会监督以及单位内部监督三位一体的体系

会计的监督必须加强国家监督机关和社会监督机构对各单位经济活动的监督。单位内部会计监督应突出内部控制和内部约束机制的健全。社会监督应发挥注册会计师及其会计师事务所的作用。政府部门应加强对注册会计师事务所的再监督,应当明确主体、权责统一,并不断转变监管职能和监督方式,具有强制性和严肃性。

(三) 两大职能之间的关系

会计的核算职能和监督职能是相辅相成、密切相关、辩证统一的。

(1) 会计的核算是会计监督的基础;

(2) 会计监督是会计核算存在的意义。

需要指出的是:会计的职能不是一成不变的,随着生产力水平的日益提高、科学技术的进步、经济的不断发展,会计的内容、作用不断扩展,特别是随着数学、管理学、电子计算机技术引入会计领域,会计的职能有了新的发展。会计学界也提出过“会计多功能论”,即会计除了具有核算和监督两大基本职能外,还具有预测、决策、控制、评价分析等职能。

二、会计目标

会计目标,是指会计工作按照人们主观愿望应达到的境地或标准。它体现了会计工作的内在规定性,决定着会计活动的方向,也是检查会计工作的标准和依据。由于会计具有较强的实践性,人们的这种主观愿望不能脱离客观实际,要受到会计所处的经济、政治、法律、教育、科技和社会环境等因素的影响。会计目标在不同的国家或同一国家的不同时期,可能会有较大的不同。由于人类社会中客观存在着物质资源的有限性与社会需要的无限性之间的矛盾,所以,人们期

望会计在社会再生产的过程中为更大程度地讲求经济效益而发挥作用，也就是说，会计的总目标和经济管理的总目标是一致的。

在市场经济的条件下，会计的具体目标是为经营管理提供决策所需的会计信息。我国《企业会计准则——基本准则》第四条明确指出：企业应编制财务会计报告，财务会计报告的目标是向财务会计报告使用者提供与企业财务状况、经营成果和现金流量等有关的会计信息，反映企业管理层受托责任履行情况，有助于财务会计报告使用者作出经济决策。确立会计具体目标要明确三个问题：其一，谁是会计信息的使用者；其二，他们需要的会计信息是什么；其三，提供怎样的信息才能满足信息使用者的需要。也就是说会计信息应该具有什么样的质量特征才能合格。

由于会计伴随着客观经济环境的变化已出现了内、外向服务的性质，服从于这种变化，会计的具体目标也就应该有一定的针对性。我国企业的会计的具体目标可概括为三个方面：为企业外部的投资者（包括潜在的投资者）、债权人及其他有经济利益的个人与团体提供决策有用的会计信息；为国家宏观经济管理提供决策有用的会计信息；为企业管理当局提供决策有用的会计信息。

第三节　会计的对象

一、会计对象的含义

会计的对象（即会计的客体），是指会计核算和监督的内容。由于企业单位与事业单位性质不同，所承担的任务也不同，因而会计对象也不同。一般来说，会计的对象是指再生产过程中发生的能够用货币表现的经济活动，即在社会主义制度下，社会主义再生产过程中的资金运动，也就是能用货币表现的经济活动，都是会计的对象。

资金运动可以按照不同的行业，从动态和静态两个方面进行研究、观察。下面结合工业企业的具体情况说明资金的动态运动和静态运动。

二、资金的动态运动

工业企业是社会主义商品的生产者和经营者，担负着满足人民日益增长的物质文化生活的需要和积累资金的任务。工业企业的生产经营活动分为供应、生产、销售三个过程，企业的经营资金也顺次经过三个过程不断改变形态，周而复始地循环周转。

1. 供应过程

供应过程,是指企业以现金或银行存款等形式购进材料及固定资产,为生产进行必要的物资储备,在这一过程中,货币资金形态就转化为储备资金形态和固定资金形态。

2. 生产过程

生产过程,是指企业将材料投入生产并生产出产成品,在此期间发生各种耗费,如材料耗费、机器磨损、劳动报酬的支付、储备资金和一部分货币资金转为生产资金形态。产品完工之后,生产资金又转化为成品资金形态。

3. 销售过程

销售过程,是指企业将产品销售出去,取得销售收入,成品资金又转化为货币资金。企业的纯收入除一部分以所得税的形式上缴国家,并按规定付给投资者以外,留归企业部分重新投入生产经营,继续进行周转。企业的资金通过上述三个过程从货币再到货币,按一定规律依次转化,不断周而复始地循环,称为资金周转。

工业企业的资金运动分为投入、周转和退出三个基本环节。在经营过程中,费用的支出、产品成本的形成、收入的取得、利润(亏损)的实现及分配(弥补)的过程,是构成资金运动的动态过程。

工业企业的资金动态运动如图 1-1 所示。

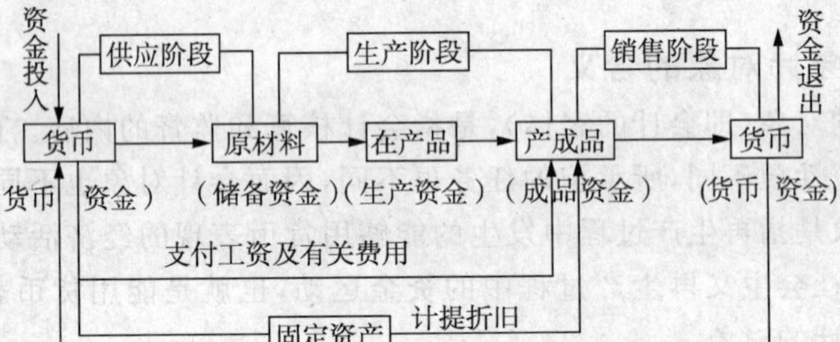

图 1-1 工业企业经营资金运动过程

工业企业的资金除了在上述供应阶段、生产阶段以及销售阶段中不断地循环周转外,还会发生对外投资和接受投资等情况,使企业的资金发生投入和退出企业的变化,这些资金的增减变动也是企业的资金运动。

三、资金的静态运动

企业的资金运动表现在两个方面:一方面,全部资金以各种具体的、特殊的形式分布和存在，被用于生产经营或业务活动过程的不同阶段，即资金的运用，也就是企业所拥有的各种经济资源；另一方面，所有这些资金又是通过各种不同的渠道取得的，即资金的来源体现着企业同各方面的经济关系。

资金的运动从表面上看是货币与财产物资的增减变动，但实际上在资金运动过程中，货币和财产物资增减变动都离不开企业同社会各方面的经济关系，正确处理好这些经济关系，也是会计核算和监督的重要内容（如企业与职工的结算关系、企业与所有者之间的经济关系、企业与银行的信贷关系、企业与国家的经济关系等）。

四、会计对象在企业的具体体现

以货币形式表现的经济活动称为会计对象比较抽象，不便于也不能作为会计核算与监督的直接对象和预计。为了便于计量、记录和报告，以适应企业经济活动的不同要求，利用会计要素形式，使会计对象更加具体化。会计要素是会计对象的具体化，是会计对象的各个基本组成部分。企业会计对象的具体内容可以资产、负债、所有者权益、收入、费用、利润六个会计要素来表示。

第四节　会计假设和会计信息质量要求

通过长期的会计实践，人们逐渐认识到会计信息质量的核心在于客观真实。要保证会计信息具有客观真实性，就不得不对会计行为加以约束，予以规范，由此通过实践摸索总结而逐步形成的一系列会计准则，就成了规范会计行为的准绳，它是开展财务会计工作所务必共同遵守的基本原则。

我国的企业会计准则，作为规范我国企业会计核算业务的法规，是一个由不同层次和部分组成的结构体系，包括基本准则和具体准则两个层次。

基本准则是关于会计核算的基本要求，早在 1992 年 11 月 30 日以财政部第 5 号部长令的形式正式颁布，于 1993 年 7 月 1 日起实施，后经过不断总结修改，已于 2006 年 2 月 15 日作为我国会计准则体系的基础部分再次颁发。基本准则主要规定了会计确认、计量和报告的基本原则和一般要求，包括企业会计核算的基本前提、会计信息质量要求、会计要素确认与计量和财务报告编制的基本要求。

具体准则是以基本准则为依据，是对各项会计核算业务和报告事项的具体规定，是企业组织会计核算业务的直接依据。它已于 1997 年 5 月 22 日开始陆续发布、试行，经探索集中进行调整修订，于 2006 年 2 月 15 日作为我国会计准则体系的主体部分正式颁发，并从 2007 年 1 月 1 日起逐步由上市公司到全部企业予以实施。

一、会计假设

会计假设也称会计核算的基本前提，是指在特定的现实社会和经济条件下，决定会计运行发展的基本前提和制约条件。会计假设具有超前性、客观性、变动性的特点。会计核算之所以需要一些基本前提或假设，是因为会计实务中存在着一些不确定因素，在会计处理上难以从正面作出肯定的判断和估计，而为了依照现时的情况进行正常的业务处理，就需要依据时空观先行设定一些基本前提。因此，会计假设是指会计人员对那些未经确认的趋势所作出的合乎事理的逻辑推断，并以此作为日常会计处理的必要前提。会计核算的基本前提通常包括四个方面，即会计主体、持续经营、会计分期、货币计量。按我国新《企业会计准则——基本准则》的规定理解，权责发生制和借贷记账法，也应该作为会计核算的基本前提。

(一) 会计主体假设

会计主体又称会计实体，是指独立组织会计核算的特定单位，它规范了会计工作的空间范围。一般来说，会计核算的对象是企业的生产经营活动，而这些生产经营活动也总是与其他企业或单位的生产经营活动有着密切的联系。因此，对于会计人员来说，首先就需要确定会计核算的范围，明确哪些经济活动应当予以确认、计量、报告，也就是要确定会计主体。作为会计主体必须符合以下条件：

(1) 具有一定数量的资产；

(2) 独立进行生产经营活动或其他活动；

(3) 实行独立决算，并编制独立的财务报表。

会计主体假设的提出，其主要意义在于能划定会计所要处理的各项交易或事项范围，能正确进行会计处理，也能将会计主体的经济活动与会计主体所有者的经济活动区别开来。需要指出的是，会计主体不同于法律主体。所谓法律主体又称法人，是指在政府部门注册登记，有独立的财产能够承担民事责任的法律实体。一般来说，法律主体往往是一个会计主体，而会计主体不一定是法律主体。

如会计主体可以是一个有法人资格的企业，也可以是企业下属的二级核算单位，如分厂；而企业下属的二级核算单位却不是法律主体。总而言之，会计主体这个假设，规定的是会计人员的记账立场问题，即为谁记账的问题。

（二）持续经营假设

持续经营，是指会计主体将长期地以它现时的形式，按当前的规模和状态，朝既定目标持续不断地经营下去，不会停止，也不会大规模削减业务，不会面临破产和清算。持续经营假设的提出，其主要意义在于明确了会计工作的时间范围。

企业是否持续经营，在会计原则和会计方法的选择上有较大差别。在持续经营假设的前提下，会计主体便可认定按既定的用途使用资产，企业所负担的债务也将按照既定的合约条件清偿，经营成果就会不断形成，会计人员可在此基础上选择会计原则和会计方法。提出"持续经营"假设是非常必要的，因为在激烈的市场竞争中，任何企业都存在破产、清算的风险，也就是说，企业不能持续经营的可能性总是存在的。但只要没有明显的迹象、证据表明近期可能会出现破产和清算，就假设企业是持续经营的，这样才能以历史成本作为企业资产的计价基础，长期资产的价值才能分期转为费用等等，而持续经营又是会计分期的前提。

值得提出的是，企业需定期对其持续经营的基本前提作出分析和判断，如果判断企业不会持续经营，就应当改变会计核算的原则和方法，并在企业财务会计报告中作相应的披露。也就是说，在企业经济状况恶化，无法持续经营的情况下，允许不采用持续经营这一假设而作出合乎情理的另一种会计处理，即按停业清算的基础进行会计处理。

（三）会计分期假设

会计分期，又称会计期间，是指将企业连续不断的生产经营活动，人为地划分为一个个连续的、等距的期间，以分期结算账目和编制会计报表，并及时向有关各方提供会计主体的会计信息。

最常见的会计期间是一年，以一年确定的会计期间称为会计年度，按年度编制的财务会计报告也称为年报。《中华人民共和国会计法》第十一条规定，我国的会计年度自公历每年 1 月 1 日起至 12 月 31 日止。会计年度确定后，一般按日历确定会计半年度、季度和月度。半年度、季度和月度均称为会计中期。会计期间划分的长短会影响损益的确定，一般来说受生产经营周期市场供求关系变化的影响，会计期间划分得愈短，会计信息质量就愈不可靠；反之，会计信息质量就愈可靠、真实。但是会计期间也不能划分得过长，否则就不能及时提供会计信息，从而影响会计信息使用者及时使用信息。提出"会计分期"这个假设是非常必要的，根据持续经营的基本前提，一个企业将要按当前的规模和状态持续经营下去，要最终确定企业的生产经营成果，只有在企业生产经营结束，变卖其所有的财产，清偿其所有的债务后，再来核算盈亏，这是不可能的。因为有关信息使用者需要随时了解企业的财务状况和财务成果、需要企业定期为其提供决策和征税依据的会计信息,所以为适应定期提供信息的需要,应将持续不断的经营活动人为地划分为各个会计期间,由于采取了会计分期,就产生本期和非本期的区别,从而出现了权责发生制和收付实现制的区别,可以对企业及企业不同时期的财务状况进行比较、分析;也就出现了待摊、预报、预付、预收、递延等各种会计处理方法。

会计分期假设提出的重要意义在于:使企业定期进行结账、报账,为有关方面提供有价值的财务信息;同时,还能正确衡量企业的各期损益。而针对如何确定各期损益这一基本出发点来处理经济业务,由于存在两种不同的标准,从而形成两种会计处理基础,即权责发生制和收付实现制。我国《企业会计准则——基本准则》设定权责发生制为核算前提之一。

(四) 货币计量假设

货币计量是指企业生产经营活动、经营成果等经济活动都必须通过货币计量予以综合反映。在货币计量前提下,企业的会计核算以人民币为记账本位币。业务收支以人民币以外的货币为主的企业,可以选定其中一种货币作为记账本位币。但在编制会计报表时,应折算成人民币反映。在境外设立的中国企业向国内投送的财务会计报告,应当折算为人民币。提出"货币计量"这个假设是非常必要的,这是由货币本身的属性决定的。货币是商品的一般等价物,是衡量一般商品价值的共同尺度,具有价值尺度、流通手段、贮藏手段和支付手段等特点,所以能全面反映企业的生产经营、业务收支等情况。而其他计量单位,如重量、长度等,都只能从一个侧面反映企业的生产经营状况,无法在量上进行汇总计算和比较,不便于会计计量。会计计量是会计核算的关键环节,在企业经营活动中,凡是能够用货币计量的,会计就可以进行核算反映。

需要指出的是货币计量是建立在币值基本稳定的基础上,这实际上也是一种假设。只有在币值稳定或相对稳定的前提下,对于不同时点资产的价值才能具有可比性,对不同会计期间的收入和费用的核算才能进行比较,计算确定其经营成果,会计核算提供的信息才能真实地反映企业的经营状况。但实际上货币本身的价值是有可能变动的,只要在允许的范围内变动,仍然可以认为币值稳定。但是如果币值的变动超过了规定的范围,如发生恶性通货膨胀时,就需要采用特殊的会计准则——《物价变动会计准则》来处理有关会计事项。

当然,统一采用货币尺度,也有一些不利的方面,影响财务状况和经营成果的因素,并不是都能用货币计量的,如企业经营战略、企业开拓市场的能力等等。为此,企业可以采用一些非货币指标作为会计报表的补充。

综上所述,会计假设的意义在于:① 限定了企业会计的空间范围;② 限定了企业会计的时间范围;③ 限定了企业会计的业务范围和计量前提。因此可以这样说:会计假设确定了现代企业会计的理论基础和实务结构。

二、会计信息质量要求

会计的目标和任务是向有关各方提供对决策有用的会计信息,如果提供的会计信息质量低劣甚至是虚假的,那么即使数量再多,也将大大削弱其使用价值,影响会计目标的实现,甚至给会计信息的使用者带来危害。

所谓会计信息质量要求,是指在会计假设的制约下,会计主体在会计核算中对会计对象进行确认、计量和报告的科学规范。会计信息质量要求是人们从会计实践中总结出来的经验,是指导会计核算的基本规则,它体现了社会化大生产对会计核算的基本要求,是企业选择会计核算方法、建立会计核算程序的重要依据,因而,它对企业的会计核算业务处理具有广泛的指导作用。

衡量会计信息质量高低的标准,主要包括会计信息的可靠性和相关性两个方面。所谓可靠性,是指披露的会计信息应该具有客观性、可验证性,也就是说披露的会计信息是实际发生的交易、事项或者是合理的估计(如固定资产折旧)的结果,对此可以通过有关会计凭证、账簿记录进行核实或者验证;所谓相关性,是指所提供的会计信息具有决策的有用性,也就是会计信息的使用者所获得的会计信息具有一定的预测参考价值,有助于其作出正确的决策,而不是误导决策。我国新发布的《企业会计准则——基本准则》规定了保证会计信息质量的八条基本原则。

1. 客观性原则

客观性原则又叫可靠性原则,是指会计核算应当以实际发生的交易或事项为依据,如实反映财务的客观性状况、经营成果和现金流量。客观性原则包括三层含义:一是真实性,二是准确性,三是可检验性。会计信息要有用,必须以真实可靠为基础,如果财务报告所提供的会计信息是不可靠的,就会对会计信息使用者的决策产生误导甚至给企业经济造成损失。

2. 相关性原则

相关性原则,是指企业提供的会计信息应当与财务会计报告使用者的经济决策需要相关,有助于他们对企业过去、现在和未来的情况作出评价或预测。

会计信息质量的相关性原则,需要企业在确认、计量和报告会计信息的过程中,充分考虑使用者的决策模式和信息需要。相关性原则要以客观性原则为基础,两者并不矛盾,也就是说会计信息在客观性的前提下,尽可能地做到相关性,以满足会计信息使用者的决策需要。

3. 清晰性原则

清晰性原则,是指企业提供的会计信息应当清晰明了,便于财务会计报告使用者理解和使用。企业提供会计信息的目的在于使用,而要让使用者有效使用会计信息,就必须要求财务报告所提供的会计信息便于理解、检查和利用。值得注意的是,因为会计信息是一种专业性较强的信息产品,对于某些复杂的信息,如交易本身较为复杂或会计处理较为复杂,但又与使用者的经济决策相关的,就应当在财务报告中予以充分披露,这样才能有利于会计信息使用者准确、完整地把握会计信息的内容。

4. 可比性原则

可比性原则,是指会计核算应当按照规定的会计政策进行,无论是同一企业的不同时期还是不同企业的相同会计期间,它们针对相同或相似业务的会计处理都应采用一致或规定的会计政策,以确保会计信息口径一致、相互可比。确需变更的,应当在附注中说明。

5. 实质重于形式原则

实质重于形式原则,是指会计确认、计量和报告应按交易或事项的经济实质进行,而不应当仅仅是按照它们的法律形式作为会计核算的依据。会计事项中常常会有些外在的法律形式与内在的经济实质不一致的现象,当这两者相背离时,会计的业务处理是偏重其经济实质而非法律形式。比如从外在法律形式看,企业已将商品所有权转移给对方,但企业仍实质享有该资产的未来经济利益,那么就必须贯彻这一原则,否则,就不能真实反映这项会计事项对企业的影响。

6. 重要性原则

重要性原则,是指企业提供的会计信息应当全面反映与企业财务状况和经营成果及现金流量等有关的所有重要交易或事项。在实务中,如果信息的省略或错报会影响信息使用者据此作出决策的,那么该信息就具有重要性。重要性原则的具体应用有赖于职业判断,企业应当根据其所处环境和实际情况,从项目的性质和金额大小两方面加以判断。

7. 谨慎性原则

谨慎性原则,又称稳健原则,它要求企业对交易或事项进行会计确认、计量和报告时应当保持应有的谨慎,不应高估资产或收益,低估负债或者费用;在会计处理上,合理核算尚未发生但可能发生的损失和费用。运用这一原则,并不意味着企业可以漫无边际、任意使用,还必须对谨慎性原则的具体运用作出规定,如果企业故意低估资产或收益,或高估负债和费用,将不符合会计信息的客观性(可靠性)和相关性原则,影响会计信息质量,从而对信息使用者的决策产生误导,这是会计准则所不允许的。

8. 及时性原则

及时性原则，是指企业对于已经发生的交易或事项，应当及时进行会计确认、计量和报告，不得提前或延后。会计信息的价值在于帮助信息使用者作出经济决策，具有时效性，这在当今信息社会尤其显得重要，如不能及时提供信息，那么就不再具有实际意义。在会计确认、计量和报告中贯彻这一原则，一是要求及时收集会计信息；二是要求及时处理会计信息；三是要求及时传递会计信息。在实务中，企业需要在及时性和可靠性原则之间作相应的权衡，以最好地满足信息使用者的经济决策需要为判断标准。

第五节　会计的方法

会计的方法是指为核算和监督会计对象，完成会计任务而采用的各种专门方法和手段。会计方法是人们在长期的会计工作实践中总结创立的，并随着社会生产力的发展、会计内涵的不断发展而逐渐完善。先进、科学的会计方法是全人类共同拥有的财富，具有会计的自然属性。现代的会计方法包括会计核算方法、会计分析方法和会计预测决策方法等。这几种方法各具特点，有一定的独立性，但也密切联系。

在会计工作中，会计核算的方法是基本环节，是最基本的方法，其他的会计方法都要在会计核算提供的资料和信息的基础上进行。会计核算方法的主要内容包括以下一系列专门的方法。

一、设置账户

设置账户是对会计对象的具体内容进行归纳分类的一种专门方法。因为会计对象的具体内容是复杂多样的，所以就必须根据会计对象的特点以及经济管理上的要求，对它们进行科学分类，连续、系统地记录各项经济业务，为经济管理提供所需要的核算指标，而每一个账户都会表示会计内容的某一方面。

二、复式记账

复式记账是指对每一项经济业务都要以相等的金额在两个或两个以上相互关联的账户中进行记录的一种记账方法。采用复式记账可以了解每一笔经济业务的来龙去脉，比如企业增加一台机器，来源是什么？企业银行存款减少 10 000 元，去向又是什么？所以，复式记账一方面是对任何一项经济业务在有关账户中登记其来源,另一方面又要在有关账户中登记其去向。另外,通过账户的平衡关系可以检查账户记录正确与否。

三、填制和审核凭证

会计凭证是将记录经济业务与明确经济责任作为记账依据的书面证明。会计凭证一般按填制的程序和用途可分为原始凭证和记账凭证。企业取得和填制原始凭证要经过会计部门和有关部门审核无误后,才能据以编制记账凭证。填制和审核会计凭证是会计核算的一种专门方法,它可以保证会计核算的质量,并为经济管理提供真实可靠的数据资料,它也是实行会计监督的重要手段。

四、登记账簿

账簿是具有一定格式,相互联结的账页。登记账簿就是将审核无误的会计凭证,在账簿上连续、系统、完整地记录和核算经济业务的一种专门方法,并定期进行对账、结账,为编制会计报表提供完整数据。

五、成本计算

成本计算是按一定对象归集和分配在生产经营过程中发生的各种费用支出,以确定各个对象的总成本和单位成本的一种专门方法。如制造企业在生产经营的各个阶段都会有各种费用发生,利用成本计算所提供的资料,可以考核企业成本水平的变化情况,寻求降低成本、提高经济效益的途径。

六、财产清查

财产清查是指通过盘点实物、核对账目,对各往来款项进行查询核对,以保证账账相符、账实相符的一种专门方法。在清查过程中,将实物盘点的结果与账面结存数进行核对;将企业的债权、债务逐项与有关方面进行核对,如果发现账实不符,应立即查明原因并上报领导,经批准,调整账面记录使之做到账实相符。运用财产清查这一方法,可以查明各项财产物资、货币资金以及债权债务的情况,监督各类财产的安全与完整,明确经济责任,以保证会计核算资料的正确性和真实性。

七、编制会计报表

编制会计报表是以书面报告的形式,为定期总括地反映一个特定单位的财务状况和经营成果而采用的一种会计专门方法。通过编制会计报表,能将分散在账簿中的资料集中起来，经归纳整理加工，以提供全面反映经济活动所需要的有用信息。编制会计报表，向各有关方面提供财务信息，是会计核算职能的集中体现。

会计报表的编制是对企业日常核算的总结，可用来分析考核财务计划和预算的执行情况，为编制财务计划和预算提供重要的依据，也可以为经营决策和国民经济的综合平衡等提供必要的参考资料。

在实际工作中，凭证、账簿、报表是会计核算方法中最基本的三大环节。一般来说，经济业务发生后都要填制凭证，根据审核无误的凭证，用复式记账的方法，按设置的账户，对经济业务分门别类地在各种账簿中进行登记，并根据账簿记录进行成本计算，以正确计算盈亏。一定时期后，通过财产清查，将财产物资实存数与账簿记录数加以检查核对，在账实相符的基础上编制会计报表。值得提出的是，在实际工作中并不完全按固定顺序进行，但不论在何种情况下，缺少了任何一种方法都不可能全面完成会计任务。会计核算方法间的关系如图1-2所示。

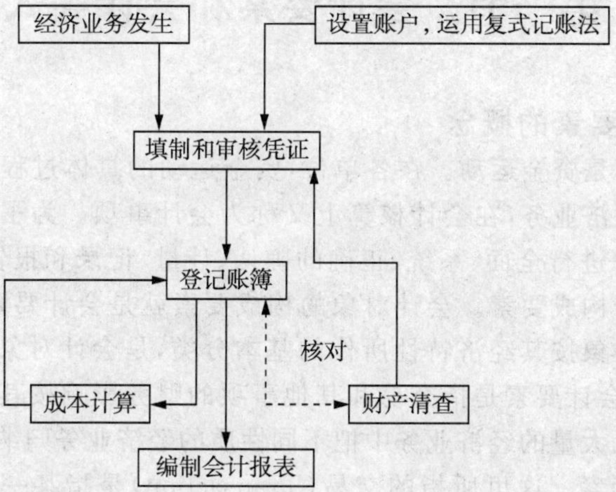

图1-2　会计核算方法间的关系

第二章　会计要素和会计账户

【学习要点】

1. 六个会计要素及之间的关系。
2. 会计要素与会计报表的内在联系。
3. 会计科目的设置与分类。
4. 账户的基本概念及结构。

第一节　会计要素和会计等式

一、会计要素的概念

会计的对象是资金运动。在各单位,资金运动的具体过程总表现为各种各样为数众多的经济业务,在会计核算上又称为会计事项。为了利用复式记账法对这些经济业务进行全面、系统、正确的确认、计量、记录和报告,有必要将会计对象分解为若干构成要素。会计对象的构成要素就是会计要素,也就是说会计要素是将会计对象按其经济特性所作的基本分类,是会计对象的具体化。国际会计准则认为,会计要素是指交易和其他事项的财务影响按其经济特性分成的类别。也就是从大量的经济业务中把不同性质的经济业务归纳为若干类具有独特性质的会计元素。这里所指的交易(Transaction)是指某一会计主体与外部主体之间所发生的价值交换行为,如向供应商购进材料物资,向经销商出售产品等。事项(Event)是指会计主体内部所发生的价值转移行为,如企业生产车间领用原材料,产成品完工入库等;另外还包括一些外部环境因素对企业所产生的直接影响,如给单位造成实际损失的水灾、爆炸等。

二、会计要素的内容

(一) 资产

1. 资产的概念及特征

资产是指企业过去的交易或事项形成的，由企业拥有或者控制的，预期会给企业带来经济利益的资源。一个企业从事生产经营活动必须拥有或控制一定的货币资金、厂房、设备、原材料及商标等等。在会计上，这些企业拥有或控制的资源被称为资产。被确认为资产，必须同时满足以下条件：① 与该资源有关的经济利益很可能流入企业；② 该资源的成本或者价值能够可靠地计量。资产具有以下特征：

(1) 资产预期会给企业带来经济利益。例如，企业购置的设备、采购的原材料等可以用于生产经营过程；制造商品或者提供劳务，对外出售商品后收回货款，那么货款即为企业所获得的经济利益。如果某一项目预期不能给企业带来经济利益，就不能确定为企业的资产，即使前期已确认为资产的项目，如果不能继续再为企业带来经济利益的，也不能再确认为企业的资产。

(2) 资产是企业所拥有或控制的资源。一般情况下，企业拥有资产的所有权。但对于某些特殊的资产，企业虽然对其不拥有所有权，但能够实际控制、支配这些资产。而且这些资产与企业拥有的资产一样能够排他性地为企业带来经济利益，如融资租入固定资产。如果企业既不拥有也不控制资产所能带来的经济利益，就不能将其作为企业的资产予以确认。

(3) 资产是由过去的交易或事项形成的。企业的资产应当由企业过去的交易或事项形成的，只有过去的交易或事项才能产生资产，如果企业预期在未来发生的交易或事项就不形成资产。

(4) 资产可以是有形的也可以是无形的，但应当确认。

(5) 资产可以是货币也可以是非货币形式，但必须能用货币来表现。

2. 资产的分类

企业的资产从其流动性可以分为流动资产和长期资产。

所谓资产的流动性，是指资产的变现能力。

(1) 流动资产。流动资产是指在一年或超过一年的一个营业周期之内变现或耗用的资产，它包括库存现金及各种存款、交易性金融资产、应收及预付账款、存货等。这里所讲的“营业周期”，是指企业在正常的生产经营过程中从取得存货购买设备一直到销售商品，最后收取货款这一时间跨度。

(2) 长期资产。长期资产是指在一年或超过一年的一个营业周期以上被耗用或变现的资产，包括各种长期股权投资、固定资产、无形资产及其他资产等。

(二) 负债

1. 负债的定义与特征

负债是指企业过去的交易或事项形成的，预期会导致经济利益流出企业的现时义务。确认负债，必须同时满足以下条件：① 与该义务有关的经济利益很

可能流出企业;② 未来流出企业的经济利益的金额能够可靠地计量。负债具有以下特征:

(1) 负债是指过去的交易或事项所形成的当前债务。负债是企业当前所承担的义务,企业预期在将来要发生的交易或事项可能产生的债务不会产生负债,不能作为会计上的负债处理。如企业签订的供货合同,不能确认为企业的负债。也就是说,“现时义务”不等同于“未来承诺”。

(2) 负债将要由企业在未来某个时日加以偿还。

(3) 负债在将来必须以债权人能够接受的资源来清偿,其金额能够可靠地计量。

(4) 负债的清偿预期会导致经济利益流出企业。

2. 负债的分类

负债按其流动性可分为流动负债和长期负债。负债的偿还期限短,则流动性强;负债的偿还期限长,则流动性弱。

(1) 流动负债是指企业在一年或超过一年的一个营业周期内偿还的负债,包括短期借款、应付票据、应付账款、预收账款、应付职工薪酬、应付利息、应付股利、应交税费、其他应付款等。

(2) 长期负债是指企业在一年或超过一年的一个营业周期以上的负债,包括长期借款、应付债券、长期应付款等。

(三) 所有者权益

1. 所有者权益的定义与特征

所有者权益,是指所有者在企业资产中享有的经济利益,其金额为资产减去负债后的余额,即企业的净资产。

公司的所有者权益又称为股东权益,其来源包括所有者投入的资本(实收资本)、直接计入所有者权益的利得和损失(资本公积)、留存收益(盈余公积、未分配利润)等。直接计入所有者权益的利得和损失,是指不应计入当期损益,会导致所有者权益发生增减变动的、与所有者投入资本或者向所有者分配利润无关的利得或者损失。利得,是指由企业非日常活动所形成的、会导致所有者权益增加的、与所有者投入资本无关的经济利益的流入,如期末可供出售金融资产的公允价值高于其账面价值的差额;损失,是指由企业非日常活动所发生的、会导致所有者权益减少的、与向所有者分配利润无关的经济利益的流出,如期末可供出售金融资产的公允价值低于其账面价值的差额等。

所有者权益体现的是所有者在企业中的剩余权益,因此,所有者权益的确认主要依赖于其他会计要素,尤其是资产和负债的确认,如企业接受投资者投入的资产,如果资产符合企业资产确认条件时,那么也就相应地符合了所有者权益的确认条件；当该资产的价值能够可靠地计量时，所有者权益的金额也就可以确定。所有者权益具有以下特征：

(1) 企业清算时负债往往具有优先权，所有者权益只有在清偿所有的负债后才返还给所有者；

(2) 所有者权益不像负债那样需要偿还，除非发生减资清算；

(3) 所有者能够参与利润的分配。

2. 所有者权益的分类

所有者权益的具体内容与企业的组织形式有关。在独资和合伙企业，所有者权益表现为业主资本；在公司，所有者权益表现为实收资本(股本)、资本公积、盈余公积和未分配利润等。

(1) 实收资本(股本)。企业的实收资本是指投资者作为资本金实际投入到企业的各种资产的价值。所谓资本金是指投资者在创办企业时，为满足经营的基本需要和承担偿债义务而投入企业的基本资金。股本，是股东作为资本金，以购买股份的方式实际投入到股份公司的各种资产的价值。

(2) 资本公积，是指投资者缴付的出资额超过资本金所占份额的差额，以及其他单位和个人投入企业的、可供企业无偿且无限期使用的资本。在我国，资本公积一般包括资本(股本)溢价、接受捐赠资产价值、法定财产重估增值等。

(3) 盈余公积，是指企业按照规定从净利润中提取的各种积累资金。从性质上讲，盈余公积属于投资增值性质的资本。

(4) 未分配利润，是指企业留待以后年度分配的利润或待分配利润。

盈余公积和未分配利润又称为留存收益。

(四) 收入

1. 收入的定义与特点

收入是指企业在日常活动中形成的、会导致所有者权益增加的、与所有者投入资本无关的经济利益的总流入。收入只有在经济利益很可能流入从而导致企业资产增加或者负债减少，而且经济利益的流入额能够可靠地计量时才予以确认。与利得相比，收入是在日常活动中形成的，这里的“日常活动”是指企业销售商品、提供劳务及让渡资产使用权等活动；而利得是非日常活动形成的。收入具有以下特征：

(1) 收入从企业的日常经营活动中产生，而不是从偶发的交易或事项中产生，如处置固定资产的收入等。

(2) 收入可能表现为企业资产的增加，如销售产品取得银行存款；或负债的减少，如用商品抵偿债务；或两者兼而有之，比如销售的商品价款中，一部分收到货币，另一部分用于抵债。

(3) 收入能引起企业所有者权益的增加。无论是资产的增加、负债的减少，或是同时引起资产增加和负债减少，都会使企业的所有者权益增加。

需要指出的是:收入不包括为第三方或客户代收的款项,因为代收的款项虽然增加了企业的资产,但同时也增加了等额的企业负债,不会增加企业的所有者权益,不属于企业经济利益的流入。

2. 收入的种类

按照企业所从事的日常活动的性质,收入有三种来源:

(1) 销售商品取得的收入;

(2) 提供劳务取得的收入;

(3) 让渡资产使用权所取得的收入等。

按照日常活动在企业所处的地位,收入可分为主营业务收入和其他业务收入。

(1) 主营业务收入,是指企业为完成经营目标而从事的日常活动中主要项目所取得的收入,如工业企业销售商品和提供工业性劳务所取得的收入。

(2) 其他业务收入,是指企业除主营业务以外的其他日常活动所取得的收入。如工业企业销售材料、固定资产出租、包装物出租、无形资产转让、运输等非工业性劳务所获得的收入。

(五) 费用

1. 费用的定义与特点

费用,是指企业在日常活动中发生的、会导致所有者权益减少的、与向所有者分配利润无关的经济利益的总流出。费用只有在经济利益很可能流出从而导致企业资产减少或负债增加,而且经济利益的流出额能够可靠地计量时才予以确认。费用具有以下特征:

(1) 费用是企业在日常活动中发生的经济利益的流出,而不是从偶发的交易或事项中发生的经济利益的流出。不属于日常活动的耗费就不能确认为费用。如自然灾害损失,应确认为营业外支出而不是费用。

(2) 费用可表现为资产的减少或负债的增加,或两者兼而有之。

(3) 费用将引起所有者权益的减少。无论是资产的减少、负债的增加,或是同时引起资产减少和负债增加,都会使企业的所有者权益减少。如果经济利益的流出最终不会导致所有者权益减少,则不属于费用范畴。如用银行存款偿还应付账款,该偿还行为导致经济利益流出,但没有导致所有者权益减少,而是使负债减少了,因此不应将该项经济利益流出作为费用确认。

2. 费用的分类

按其经济用途,费用可以分为成本费用和期间费用两部分。

(1) 成本费用,是指企业为生产产品、提供劳务等而发生的可归属于产品成本、劳务成本等的费用。成本费用按其计入产品成本和劳务成本方式不同，又可分为直接费用和间接费用。直接费用是指为生产产品或提供劳务所消耗的直接材料、直接人工和动力；间接费用主要指制造费用。

(2) 期间费用，是指企业发生的不产生经济利益的支出，或者即使能够产生经济利益，但不符合或不再符合资产确认条件的费用。企业发生的交易或事项导致其承担了一项负债而又不确认为一项资产的，应当在发生时确认为期间费用，不计入生产经营成本，而计入当期损益。期间费用包括销售费用、管理费用、财务费用。

(六) 利润

1. 利润的定义

利润是指企业在一定会计期间的经营成果，包括收入减去费用后的净额、直接计入当期利润的利得和损失等。直接计入当期利润的利得和损失，是指应当计入当期损益、会导致所有者权益发生增减变动、与所有者投入资本或向所有者分配利润无关的利得或损失。利润的多少取决于收入和费用，直接计入当期利润的利得和损失金额的计量比较。

2. 利润的构成

利润总额是指营业利润加上营业外收入，减去营业外支出的金额。

(1) 营业利润，是指企业在销售商品或提供劳务等日常活动中所产生的，是营业收入减去营业成本，营业税金及附加、销售费用、管理费用、财务费用和资产减值损失，加或减公允价值变动收益和投资收益后的金额。

(2) 营业外收入，是指企业发生的与其生产经营无直接关系的各项收入。如固定资产盘盈、处置固定资产净收益、非货币性交易收益、债务重组收益、罚款净收入等。

(3) 营业外支出，是指企业发生的与其生产经营无直接关系的各项支出。如固定资产盘亏、处置固定资产净损失、出售无形资产损失、债务重组损失、罚款支出、捐赠支出、非常损失等。

三、会计恒等式

前述会计要素在数量上存在特定的平衡关系，这种平衡关系，用公式来表示，被称之为“会计恒等式”或“会计方程式”，有时也简称“会计等式”。

(一) 静态会计等式

企业开展生产经营活动，必须拥有一定数量和质量的资产，也就是能给企业带来经济利益的经济资源。资产来源于两个渠道：企业所有者提供和债权人提供。例如,企业的投资者在开办企业之初向企业投资 200 万元,在经营过程中,企业又向银行借款 30 万元,那么这些资金就会转变为企业的物质资源。企业资产的提供者对资产有求索权:投资者要求分享企业的利润,并享有对企业的经营管理权和其他权利;债权人要求定期收回对企业的贷款,并能获得一定的贷款报酬。在会计上称这种求索权为权益。权益与资产各自具有特定的经济含义,它们分别反映企业经济活动的不同侧面。

资产表明企业拥有多少经济资源以及哪些经济资源,权益则体现谁拥有这些资源及对企业经济资源所具有的权力。两者相互依存、互为条件。资产不可能脱离权益而存在,没有资产,就没有有效的权益;有一定数额的资产,就必然有相同数额的权益;有一定数额的权益,也必然有相同数额的资产。所以,任何一个企业的资产总额与权益总额必然相等。这种关系可用公式表示为:

资产=权益

该等式为会计基本等式。企业所拥有的资产有两个来源渠道,也就是权益分为两部分:所有者权益和债权人权益。因此,上述公式可表示为:

资产=负债+所有者权益

这一等式是会计恒等式,也是会计静态等式,它反映了某一时点企业资产、负债和所有者权益三者之间的平衡关系,是编制资产负债表的基础。

企业的所有者权益是企业资产的主要来源,即企业资产的绝大部分应该是投资者投入形成及资产在运营过程中形成。债权人权益是资产的另一个重要来源,债权的形成有多种方式:企业可以向银行等金融机构借款,可以通过发行公司债券向社会公众筹款,也可以暂时占用结算过程中的应付未付款项等。债权人权益和所有者权益虽然都是对企业资产的要求权,但两者性质不同(详见第七章)。

【例 2-1】 光明公司由甲乙两位投资者各出资 200 万元(甲以 120 万元的设备和 80 万元的货币资金,乙以 40 万元的存货和 160 万元的货币资金)于 1 月 1 日设立。设立之日,甲、乙均已履行了出资义务,同时,光明公司还以投入资金为担保取得银行借款 80 万元。所有款项的往来均通过银行办理。那么,光明公司在设立之日的资产、负债及所有者权益之间的数量关系如表 2-1 所示。

表 2-1 ××××年1月1日

资产	金额	负债及所有者权益	金额
银行存款	3 200 000	银行借款	800 000
存货	400 000		
设备	1 200 000	实收资本	4 000 000
合计	4 800 000	合计	4 800 000

从表 2－1 可得知，光明公司设立之日（1 月 1 日）的资产为 480 万元，分别以银行存款、存货、设备这三种形式存在。同时，也说明了当日光明公司 480 万元的资产来自两条渠道，投资者投入 400 万元，从银行借入 80 万元；在此基础上，形成有关方面对企业的权益总数为 480 万元，其中银行作为债权人的权益 80 万元，所有者权益 400 万元，用公式表示，则为：

资产（320＋40＋120）＝负债（80）＋所有者权益（400）　　（金额单位：万元）

这里，负债和所有者权益代表了两种不同的资产来源，上述会计等式反映了企业在静态情况下的财务状况，也明确了资产、负债、所有者权益三者之间的关系，是一个基本的会计等式。

（二）动态会计等式

企业在生产经营过程中会取得收入，并为取得收入而发生相应的费用。收入和费用相配比，其差额为企业的经营成果，即利润。用公式表示如下：

收入－费用＝利润

上述公式表示企业的经营状况在动态情况下，企业的收入、费用和利润之间的平衡关系。如果收入大于费用，企业盈利；如果收入小于费用，则表示企业在经营过程中发生了亏损。它表明，从动态考察，某一期间的利润，是已实现的收入减去费用的差额。因此，我们称之为动态会计等式。该等式构成利润表的基本框架。

【例 2－2】　光明公司在 1 月份发生商品销售收入为 100 万元，销售款已经收取并存入银行，为了取得这些收入，发生营业成本（耗用存货 28 万）和期间费用（付款 12 万元）共计为 40 万元，这样，通过收入和费用的比较，1 月份就获得利润 60 万元，其数量关系是收入（100 万）－费用（40 万）＝利润（60 万）（金额单位：万元）。上述数量关系可用表 2－2 表示。

表 2－2

	项目	金额
	收入	1 000 000
减	费用	400 000
	利润	600 000

（三）扩展的会计等式

企业在任一时点上，如会计年度开始之际，基本会计等式是：资产＝负债＋所有者权益。随着企业生产经营活动的进行，在会计期间，如会计年度内，企业一方面会取得收入,并由此增加资产(或减少负债);另一方面要发生费用,并由此减少资产(或增加负债),所以在会计期间,基本的会计等式就转化为下列扩展的会计等式:

资产=负债+所有者权益+利润
=负债+所有者权益+(收入-费用)

或: 资产+费用=负债+所有者权益+收入

在会计年度结束之际,将收入与费用相配比后,计算出利润(或亏损),一部分分配给投资者,退出企业;另一部分形成企业的留存收益,归入所有者权益项目。于是,会计期末结账之后,会计等式又恢复为期初的会计等式:资产=负债+所有者权益。

例如:当我们观察光明公司1月1日的资金运动时,是处于相对静止状态。1月1日至1月31日,这期间的资金发生了显著的变动,既有资源被耗费,又有新的资源流入企业;既有收入的发生,又有费用的支出。但当到了1月31日这个时点,资金运动又是处于静止状态,只不过这时的相对静止状态与1月1日的情况不同,是包含了1月份的收入、费用影响的结果。这些情况如表2-3所示。

表2-3 金额单位:万元

序号	时间	资金运动
①	期初(1月1日)	资产(480)=负债(80)+所有者权益(400)
②	期间(1月)	收入(100)-费用(40)=利润(60)
③=①+②	期末(1月31日)	资产(540)=负债(80)+所有者权益(460)

由此可见,企业的资金运动总是一种由相对静止到显著变动,再到新的相对静止,再到新的显著变动的不断交替过程。无论何时,资产、负债和所有者权益总是保持数量上的平衡关系。

四、交易或事项的发生对会计恒等式的影响分析

一个企业的交易或事项尽管是多种多样的,但就一个会计主体来看,任何交易和事项的发生,要么引起会计等式的左方或者右方某一要素增加,某一要素减少;要么引起会计等式左右两方的要素同时发生等额的增减变动。上述会计等式总是成立,而决不会破坏会计等式的平衡关系。

假定益民公司2007年6月1日的资产、负债和所有者权益如表2-4所示。该公司6月份发生以下交易与事项:

【例 2-3】 收到投资者投入的机器设备一台，价值 400 000 元。

此项交易与事项发生后，公司固定资产增加了 400 000 元，同时增加实收资本 400 000 元。一项资产增加，一项所有者权益增加，会计等式左右两方同时等额增加。

资产＝负债＋所有者权益

固定资产　　实收资本

＋400 000　＋400 000

该项交易与事项发生后，益民公司的资产、负债及所有者权益平衡表依然保持平衡，有关金额变动如表 2-5 所示。

表 2-4　资产、负债和所有者权益平衡表　　单位：千元

资产	金额	负债和所有者权益	金额
货币资金	520	短期借款	360
应收账款	800	应付款项	905
存货	1 345	实收资本	3 000
固定资产	2 500	盈余公积	700
		资本公积	200
合计	5 165	合计	5 165

表 2-5　资产、负债和所有者权益平衡表　　单位：千元

资产	金额	负债及所有者权益	金额
货币资金	520	短期借款	360
应收账款	800	应付款项	905
存货	1 345	实收资本	3 000＋400
固定资产	2 500＋400	盈余公积	700
		资本公积	200
合计	5 565	合计	5 565

【例 2-4】 向银行借入短期借款 50 000 元，存入银行。

该项交易与事项发生后，企业银行借款增加 50 000 元，银行存款增加50 000 元。一项资产增加，一项负债增加，会计等式左右两方同时等额增加。

资产＝负债＋所有者权益

银行存款　短期借款

＋50 000　＋50 000

该项交易与事项发生后,益民公司的资产、负债及所有者权益平衡表有关金额变动如表 2-6 所示。

表 2-6　资产、负债和所有者权益平衡表　　单位:千元

资产	金额	负债及所有者权益	金额
货币资金	520+50	短期借款	360+50
应收账款	800	应付款项	905
存货	1 345	实收资本	3 000+400
固定资产	2 500+400	盈余公积	700
		资本公积	200
合计	5 615	合计	5 615

【例 2-5】 企业因缩减生产规模,按照法定程序减少注册资本 10 000 元,以现金支付。

该项交易与事项发生后,企业实收资本减少 10 000 元,现金减少 10 000 元。一项资产减少,一项所有者权益减少,会计等式左右两方同时等额减少。

资产=负债+所有者权益

现金　　实收资本

−10 000　　−10 000

该项交易与事项发生后,益民公司的资产、负债及所有者权益平衡表有关金额变动如表 2-7 所示。

表 2-7　资产、负债和所有者权益平衡表　　单位:千元

资产	金额	负债和所有者权益	金额
货币资金	520+50−10	短期借款	360+50
应收账款	800	应付款项	905
存货	1 345	实收资本	3 000+400−10
固定资产	2 500+400	盈余公积	700
		资本公积	200
合计	5 605	合计	5 605

【例 2-6】 用银行存款归还短期借款 300 000 元。

该项交易与事项发生后,企业银行存款减少 300 000 元,短期借款减少 300 000 元。一项资产减少,一项负债减少,会计等式左右两方同时等额减少。

资产=负债+所有者权益

银行存款　短期借款

−300 000　−300 000

该项交易与事项发生后，益民公司的资产、负债及所有者权益平衡表有关金额变动如表 2－8 所示。

表 2－8　资产、负债和所有者权益平衡表　　单位：千元

资产	金额	负债和所有者权益	金额
货币资金	520＋50－10－300	短期借款	360＋50－300
应收账款	800	应付款项	905
存货	1 345	实收资本	3 000＋400－10
固定资产	2 500＋400	盈余公积	700
		资本公积	200
合计	5 305	合计	5 305

【例 2－7】　用银行存款购买一台机器设备，计 150 000 元。

该项交易与事项发生后，企业银行存款减少 150 000 元，固定资产增加 150 000 元。一项资产增加，一项资产减少，会计等式左右两方总额不变。

资产＝负债＋所有者权益

银行存款

－150 000

固定资产

＋150 000

该项交易与事项发生后，益民公司的资产、负债及所有者权益平衡表有关金额变动如表 2－9 所示。

表 2－9　资产、负债和所有者权益平衡表　　单位：千元

资产	金额	负债和所有者权益	金额
货币资金	520＋50－10－300－150	短期借款	360＋50－300
应收账款	800	应付款项	905
存货	1 345	实收资本	3 000＋400－10
固定资产	2 500＋400＋150	盈余公积	700
		资本公积	200
合计	5 305	合计	5 305

【例 2－8】　经批准，投资者再投资 200 000 元，并以投资款偿还前欠应付供货单位账款。

该项交易与事项发生后，使企业的实收资本增加 200 000 元，应付账款减少

200 000 元。一项负债减少,一项所有者权益增加,会计等式左右两方总额不变。

资产＝负债＋所有者权益

应付账款　实收资本

－200 000　＋200 000

该项交易与事项发生后,益民公司的资产、负债及所有者权益平衡表有关金额变动如表 2－10 所示。

表 2－10　资产、负债和所有者权益平衡表　　单位:千元

资产	金额	负债和所有者权益	金额
货币资金	520＋50－10－300－150	短期借款	360＋50－300
应收账款	800	应付款项	905－200
存货	1 345	实收资本	3 000＋400－10＋200
固定资产	2 500＋400＋150	盈余公积	700
		资本公积	200
合计	5 305	合计	5 305

【例 2－9】　用盈余公积 180 000 元向投资者分配股利。

该项交易与事项发生后,使企业的盈余公积减少 180 000 元,应付股利增加 180 000 元。一项负债增加,一项所有者权益减少,会计等式左右两方总额不变。

资产＝负债＋所有者权益

应付股利　盈余公积

＋180 000　－180 000

该项交易与事项发生后,益民公司的资产、负债和所有者权益平衡表有关金额变动如表 2－11 所示。

表 2－11　资产、负债和所有者权益平衡表　　单位:千元

资产	金额	负债和所有者权益	金额
货币资金	520＋50－10－300－150	短期借款	360＋50－300
应收账款	800	应付款项	905－200＋180
存货	1 345	实收资本	3 000＋400－10＋200
固定资产	2 500＋400＋150	盈余公积	700－180
		资本公积	200
合计	5 305	合计	5 305

【例 2-10】 向银行借入短期借款 30 000 元偿还前欠购货款。

该项交易与事项发生后，使企业的短期借款增加 30 000 元，应付账款减少 30 000 元。一项负债增加，另一项负债减少，会计等式左右两方总额不变。

资产＝负债＋所有者权益

短期借款

＋30 000

应付账款

－30 000

该项交易与事项发生后，益民公司的资产、负债和所有者权益平衡表有关金额变动如表 2-12 所示。

表 2-12 资产、负债和所有者权益平衡表 单位：千元

资产	金额	负债和所有者权益	金额
货币资金	520＋50－10－300－150	短期借款	360＋50－300＋30
应收账款	800	应付款项	905－200＋180－30
存货	1 345	实收资本	3 000＋400－10＋200
固定资产	2 500＋400＋150	盈余公积	700－180
		资本公积	200
合计	5 305	合计	5 305

【例 2-11】 将资本公积 100 000 元转作资本。

该项交易与事项发生后，企业资本公积减少 100 000 元，实收资本增加 100 000元。一项所有者权益增加，另一项所有者权益减少，会计等式左右两方总额不变。

资产＝负债＋所有者权益

实收资本

＋100 000

资本公积

－100 000

该项交易与事项发生后，益民公司的资产、负债和所有者权益平衡表有关金额变动如表 2-13 所示。

表 2-13　资产、负债和所有者权益平衡表　单位:千元

资产	金额	负债和所有者权益	金额
货币资金	520+50−10−300−150	短期借款	360+50−300+30
应收账款	800	应付款项	905−200+180−30
存货	1 345	实收资本	3 000+400−10+200+100
固定资产	2 500+400+150	盈余公积	700−180
		资本公积	200−100
合计	5 305	合计	5 305

从以上举例可以看出,一个企业在经营中所发生的交易或事项是多种多样的,但从它们对资产、负债和所有者权益所引起的变化,概括起来不外乎有以下四种类型、九种情况:

第一种类型:一项资产增加,一项权益(负债或所有者权益)增加,会计等式左右两方等额增加,保持平衡。如【例 2-3】,【例 2-4】。

第二种类型:一项资产减少,一项权益(负债或所有者权益)减少,会计等式左右两方等额减少,保持平衡。如【例 2-5】,【例 2-6】。

第三种类型:资产方面一个项目增加,另一个项目减少,会计等式左右两方总额不变,仍保持平衡。如【例 2-7】。

第四种类型:权益(负债和所有者权益)方面一个项目增加,另一个项目减少,会计等式左右两方总额不变,仍保持平衡。如【例 2-8】,【例 2-9】,【例 2-10】,【例 2-11】。

上述四种类型用图 2-1 表示如下:

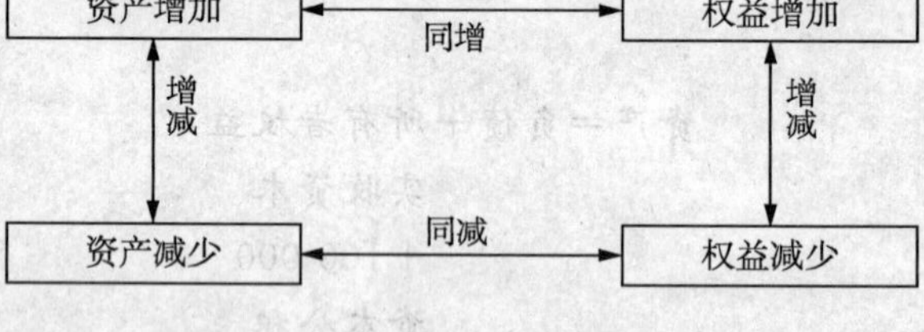

图 2-1

上述九种情况如表 2-14 所示。

在扩展的会计等式下:资产+费用=负债+所有者权益+收入,则经济业务有 25 种类型,这里不作详细说明,但不管是哪种情况都不会影响会计要素间的平衡关系。

表 2-14

交易或事项	会计等式		
	资产＝	负债＋	所有者权益
例 2-3	＋		＋
例 2-4	＋	＋	
例 2-5	－		－
例 2-6	－	－	
例 2-7	±		
例 2-8		－	＋
例 2-9		＋	－
例 2-10		±	
例 2-11			±

综上所述，可以得出如下结论：

(1) 当交易或事项的发生，引起会计等式一方会计要素（资产、费用方，或者负债、所有者权益、收入方）发生变化时，至少一方的两个项目一增一减，增减数额相等，不会影响会计等式的平衡关系。

(2) 当交易或事项的发生，引起会计等式两方会计要素发生变化时，两方相关要素会同时增加和减少，增加和减少的数额相等，不会影响会计等式的平衡关系。

也就是说，无论发生什么样的交易或事项，都不会影响会计等式的恒等关系。任何时日、任何单位的会计等式左方总金额和右方总金额必然相等。

交易或事项的发生不会影响会计等式的平衡相等关系。会计等式的这种平衡相等关系，是设置账户、复式记账、试算平衡以及编制会计报表的理论依据。

第二节　会计科目

一、会计科目的概念和意义

（一）会计科目的概念

任何一个单位时刻都在发生着各种各样的交易、事项，这些交易、事项虽各具不同性质，但都属于会计核算对象的内容。为了能从数量上核算这些交易、事项，了解会计对象增减变动的基本内容，我们就将会计对象分成资产、负债、所有者权益、收入、费用、利润六大会计要素。然而这六大会计要素仍难以满足各有关方面对会计信息的需要,因为会计要素又包含着各种各样的具体内容,如:所有者要了解利润构成及其分配情况,了解资产构成情况;债权人要了解流动比率、速动比率等有关指标,以判断其债权的安全性等。为此,还必须将会计要素按照各自不同的特点进行进一步分类,将具体内容相同的归为一类,设置一个科目,将符合这类信息特征的交易、事项放在这个科目项下进行核算。例如,资产可以划分为“库存现金”、“银行存款”、“应收账款”、“固定资产”、“无形资产”、“长期股权投资”等会计科目,这些会计科目虽然都同属于资产,但相互之间既有科学的联系,又有严格的界限,不可以相互混淆。因此,所谓会计科目,是指根据管理需要和信息使用者的具体要求,对会计要素的内容所作的进一步分类。

目前,我国会计科目的名称、核算内容和使用方法都是由国家授权财政部统一制定的,而每一个会计科目都有明确含义,该科目名称下会计核算内容和范围在微观上满足会计主体进行会计核算的需要;在宏观上保证会计报表逐级汇总后会计核算指标口径上一致。

(二)会计科目的意义

会计科目的设置,对于会计实务工作中正确核算和监督企业单位的经济活动,有着十分重要的意义。

1. 会计科目是规范会计核算和加强会计监督的重要手段

会计科目的核算内容和会计科目之间的相互关系都是按统一制度规定的。一般说来,会计科目名称的规范、分类、解释口径等,既决定着企业单位会计核算的详略程度,也决定着企业单位编制对内对外会计报表的要求和内容。各单位原则上都必须按有关会计科目的规定处理会计业务,防止会计核算内容的混乱,以及不合理、不合法的经济业务随意记入会计系统,以利于加强对会计工作的宏观调控和有效监督。

2. 会计科目是设置账户的依据

会计科目是账户的名称,账户的设置依存于会计科目,没有会计科目,就无法设置账户。如:“固定资产”账户,就是根据“固定资产”这个会计科目在账簿中开立的户头,按照“固定资产”会计科目所界定的核算内容范围,将属于固定资产的金额计入“固定资产”账户中。一旦会计科目重新制订,账户也要重新设置。可见,会计科目是账户的依据,账户是会计科目在记账工作中的具体运用,它们共同构成复式记账应用的基础和条件。

3. 会计科目是编制记账凭证的基础

记账凭证是确定所发生的经济业务应记入何种科目,以及分门别类登记账簿的凭据。所以,填制记账凭证是会计账务处理的第一步。通过这第一步,可以将经过审核无误的原始凭证进行科学分类,使其定位于合适的会计科目上,起到专业梳理的作用，为登记账簿提供依据。

4. 会计科目构成会计报表的主要项目

实务中提供会计信息的主要手段是编制会计报表。为了及时并且保证会计信息质量，会计报表中许多项目与会计科目是一致的，并根据会计科目的本期发生额或余额填列。资产、负债、所有者权益这三大会计要素组成资产负债表，收入、费用、利润这三大会计要素构成利润表；而会计科目正是对会计要素具体内容进行进一步分类的项目。所以，资产负债表和利润表的表内主要项目就是会计科目，或由相关的会计科目的数据相加减，经计算整合而成。

二、会计科目设置的原则

会计科目是复式记账、编制记账凭证和会计报表的基础，为了更好地发挥会计科目的作用，在其设置过程中应努力遵循以下一些基本原则。

1. 统一性和灵活性相结合原则

会计科目应当符合会计准则和会计制度的统一规定，对会计核算指标口径加以规范，才便于对各项指标逐级汇总，提供国家和企业主管部门进行宏观管理所需要的会计信息。由于会计科目设置的科学性会直接影响会计报表的内容和对外提供会计信息的质量，因此，对会计科目设置的统一性应注意以下几点：

(1) 强调会计科目的统一、科学、规范。不管是哪一个行业，凡经济业务相同、会计处理方法相同的，要求设置的会计科目名称、使用说明、文字表述等，尽量统一。

(2) 要求财务、会计政策的内容以及一些基本概念、定义要和《企业会计准则》相一致。

(3) 为了满足会计电算化的需要，会计科目要进行统一编码。但是，会计核算又是在一个特定的会计个体内进行的，每个会计核算单位都有自己的具体情况和特点，因此，需要根据自己单位的具体情况及投资者的要求，视投资规模大小、业务种类和内容繁简，设置适合本单位会计核算要求的会计科目。这就是说在不违反统一规定，不影响会计信息质量、会计报表指标汇总和对外统一会计报表的前提下，会计主体可以根据本单位实际情况，自行增设、分拆或合并会计科目，对于不存在的交易或事项，可以不设置相关的会计科目。

2. 简明扼要、规范实用原则

为了便于理解和运用，必须对每个会计科目都规定其特定的核算内容，根据会计准则的要求，编写会计科目说明，阐明有关基本概念、定义及会计政策等内容，尽量做到简单、确切、规范，科目的名称应含义明确、通俗易懂、内涵确切、外延清晰。为了便于分类排列与记账，尤其是便于会计电算化处理，每一会计科目都要编列固定的号码，称会计科目编号。我国一般采用四位数字编号，其中第一位数字表示会计科目的类别，分别按资产类科目、负债类科目、共同类科目、所有者权益类科目、成本类科目、损益类科目的顺序排列。在各类科目之间和某些科目之间留有一定的空号，以方便增添新的会计科目。需要指出的是：在企业会计准则及其应用指南中所用的会计科目编号，是提供给企业填制会计凭证、登记账簿、查阅会计科目、采用会计软件系统的参考。企业也可以根据会计准则及其应用指南的规定，结合本单位实际情况，自行确定会计科目编号。

3. 清晰性原则

会计科目的设置，原则上每一个会计科目应反映一项特定的经济内容，不能模棱两可、相互包含、相互混淆。提供清晰、明确、便于理解的会计信息，便于本单位会计人员进行账务处理，也便于外部人员正确阅读和理解会计核算资料，从而充分发挥会计这一国际通用商业语言的作用。

例如，在资产要素中可分成流动资产、固定资产等，因为它们具有不同的经济内容，而流动资产各组成部分又具有不同的经济内容，相应分为“库存现金”、“银行存款”、“应收账款”、“原材料”、“库存商品”等，由此产生了“库存现金”、“银行存款”、“应收账款”、“原材料”、“库存商品”等会计科目。

4. 相对稳定原则

会计科目的设置，在一定时期内应保持稳定，以保证会计信息的连贯性、可比性，同时还有利于提高会计工作的效率。但同时，会计科目的设置要适应社会经济环境的变化和本单位经营方向的调整以及业务规模的发展。例如，一个企业在开办初期一般没有能力开展投资业务，所以暂时不用设置“长期股权投资”会计科目。随着企业自身业务的拓展和资本的积累，企业开展了长期投资业务，而且受经济环境的影响使对外长期投资时刻处于风险之中，这时候，企业就应该设置“长期股权投资”及“长期股权投资减值准备”会计科目，以便反映企业长期投资资产的实际价值。所以，相对稳定性并不排斥对会计科目的适时增补、修订。

只是变动不可过于频繁，这样就可以使不同时期的会计核算指标具有可比性，为企业内部经营管理和为企业外部有关各方提供一系列有用的分类指标。

三、会计科目的分类

每个会计科目都有特定的核算内容，但各会计科目之间又有内在的联系，也就是说各会计科目之间既有严格的区别，又有内在的联系，相互补充地形成了一个完整的会计科目体系。为了正确地运用会计科目，我们可以将会计科目按其所反映的经济内容、隶属关系进行分类。

1. 按反映的经济内容分类

会计科目按其反映的经济内容分类是一种基本的分类方式，也是了解会计科目性质的直接依据。会计科目按其所反映的经济内容不同可以分为资产类、负债类、共同类、所有者权益类、成本类、损益类六类科目。

按经济内容分类，会计科目可以分为六类，即：资产类、负债类、所有者权益类、收入类、费用类、利润类，在六个要素中，利润的最终所有权归属所有者，所以将利润类会计科目并入所有者权益里，而不再作为一个类别单独设置会计科目。费用类中的成本不能直接抵减当期收入，故单独设置“成本类”这一类会计科目，而将可以直接抵减收入的费用和收入放在一类合并，并称之为损益类。还有一些项目具有双重性质，也就是同时具有资产负债性质，所以单独设置一类，即“共同类”。具体内容如下：

(1) 资产类科目：如库存现金、银行存款、应收账款、原材料、固定资产、无形资产等。

(2) 负债类科目：如短期借款、应付账款、应付职工薪酬、应交税费、应付债券等。

(3) 共同类科目：如衍生工具、套期工具、被套期项目等。

(4) 所有者权益类科目：如实收资本、资本公积、盈余公积、本年利润、利润分配、一般风险准备等。

(5) 成本类科目：如生产成本、制造费用、劳务成本、研发支出、工程施工、工程结算等。

(6) 损益类科目：如主营业务收入、主营业务成本、营业外收入、营业外支出、资产减值损失、以前年度损益调整等。

2. 按隶属关系分类

会计科目按级次也就是按反映信息的详细程度不同，又称按隶属关系分类。会计科目按隶属关系分类，可以分为总分类科目和明细分类科目两大类。这是因为会计核算既需要提供总括的会计数据，又要提供比较详细的会计数据。

总分类科目又称总账科目，或一级科目，是对会计对象的具体内容进行总括地分类核算的科目，比如“库存现金”、“固定资产”、“应交税费”等都是总分类科目。

明细分类科目又称明细科目，或细目，是提供详细的补充说明总账科目会计核算资料的科目，它可以分成二级科目、三级科目，如需要还可分为四级科目等级次。此时，二级科目又称“子目”，是对总分类科目的进一步分类。如“原材料”总分类科目下可以设置“主要材料”、“辅助材料”、“零配件”等子目，各子目金额之和应与总分类科目金额相等；三级科目又称“细目”，是提供更详细、更具体的会计核算资料的科目，如“主要材料”二级科目下可设置“钢块”、“角钢”、“圆钢”等细目，各细目金额之和应与子目金额相等。各级次会计科目的隶属关系是：

一级科目金额＝所属二级科目金额之和

二级科目金额＝所属三级科目金额之和

依次类推。各级会计科目的关系如表 2－15 所示。

表 2－15　会计科目按隶属关系分类

总分类科目（一级科目）	明细科目	
	二级科目（子目）	三级科目（细目）
原材料	原料及主要材料	钢板
		角钢
		圆钢
	辅助材料	沙石
		石灰

一级科目的名称和核算内容，一般由财政部会计准则委员会统一规定，企业不得随意变更。同时，企业也可以根据自身业务的特点和经营需要，将一些二级科目作为一级科目设置和使用；同样，明细科目也可以在总分类科目下设置。需要指出的是：并不是每一个总分类科目下都要设置明细科目，也有一些明细科目，是会计制度规定的，如“应交税费”下设的明细科目“应交增值税”等。

四、会计科目一览表

财政部会计准则委员会规定，企业应当按照 2006 年新会计准则及其应用指南规定设置会计科目，使用统一的会计核算指标、口径进行账务处理，在不违反统一规定的前提下，可根据企业实际情况灵活自行增设、分拆、合并会计科目。

2006 年颁布的新企业会计准则应用指南中共设置了六大类 156 个会计科目，表 2－16 是《企业会计准则应用指南——会计科目和账务处理》中的部分常用会计科目（一级科目）。

表 2－16

顺序号	编号	名称	顺序号	编号	名称
略	略	一、资产类	略	略	应付股利
		库存现金			长期借款
		银行存款			长期应付款
		其他货币资金			未确认融资费用
		交易性金融资产			递延所得税负债
		应收票据			三、共同类
		应收账款			衍生工具
		其他应收款			四、所有者权益类
		坏账准备			实收资本
		预付账款			资本公积
		材料采购			盈余公积
		原材料			本年利润
		材料成本差异			利润分配
		库存商品			五、成本类
		长期股权投资			生产成本
		固定资产			制造费用
		累计折旧			劳务成本
		固定资产清理			六、损益类
		在建工程			主营业务收入
		无形资产			其他业务收入
		长期待摊费用			营业外收入
		递延所得税资产			主营业务成本
		待处理财产损溢			营业税金及附加
		二、负债类			其他业务成本
		短期借款			销售费用
		应付票据			管理费用
		应付账款			财务费用
		预收账款			公允价值变动损益
		其他应付款			营业外支出
		应付职工薪酬			资产减值损失
		应交税费			所得税费用
		应付利息			

第三节　账　户

一、账户的概念和意义

1. 账户的概念

账户是根据会计科目开设的,具有一定格式和结构,用于分类、连续反映各项交易或事项增减变动情况及其结果的工具。任何一个账户都需要具备一个名称,会计科目就是账户的名称。账户的名称决定了账户所记录、反映的交易事项的内容。会计科目只是对会计对象的具体内容进行分类,每一类有一个名称,但没有一定的格式,不能把发生的交易事项连续、系统地记录下来,使信息使用者获取有用的会计信息。

因此,设置账户,运用账户的记录反映会计要素增减变化的数量和结果,有着十分重要的意义。

2. 设置账户的重要意义

(1) 借助账户能把数据转换为初始信息。从会计的观点来看,区分数据(原始资料)与信息的最原始界限是账户。所谓数据都是未经确认,并且没有按账户分类和正式记录的原始资料。人们大多认为,这些数据不能给有关各方提供有用信息,只有当数据记入账户,才转化为以账户为标志的信息(初始信息)。

(2) 借助账户可控制信息数量,提高信息质量。人们往往要求会计提供的不是零碎的、单个的信息,也不需要提供重复的信息。而会计的原始数据往往是大量而分散的,借助账户可以把单个的、重复的数据进行分类、归并汇总、整理和加工,就可向信息使用者提供大量有质量的信息。

二、会计科目与账户的相同点与不同点

会计科目是账户的名称,而账户除了有名称(会计科目)之外,还有结构、方向、用途等,因此,会计科目与账户既有相同点又有不同点。

1. 会计科目与账户的相同点

(1) 两者的经济内容相同。账户是会计科目的具体运用,会计科目要反映的经济内容就是账户所要登记的内容。

(2) 两者的使用目的相同,都是为了反映会计要素具体内容的增减变化。

(3) 会计科目是账户的设置依据。会计科目是账户的名称,是设置账户的依据。一个会计科目可以对应地设置一个账户。

2. 会计科目与账户的不同点

(1) 两者在结构上存在差异。会计科目只是会计要素分类核算的标志，本身没有结构；而账户则具有一定的结构，可以连续、系统地记录交易或事项的具体内容，反映企业经营活动的增减变化及其结果。

(2) 两者在程序上存在差异。在进行会计核算时，首先要设置会计科目，然后再根据会计科目设置账户，也就是先设置会计科目，后设置账户。

(3) 两者在形式和内容上存在差别。会计科目是被核算会计要素的形式，账户是被核算会计要素的内容。在实际工作中，会计科目和账户往往相互混用，不加区别。

三、账户的结构

账户要完成分类、记录、整理会计数据的任务。在设置账户时，除了要给予账户一个含义明确、概念清楚、简明扼要、通俗易懂的名称（即会计科目）外，还应赋予其便于连续记录、归集整理、分类核算、综合加工的一定的结构。

1. 账户的基本结构

账户的结构是指用来记录交易或事项的账户的组成部分以及各部分之间的依存关系，它取决于其所反映的资金运动的量变特征，也就是指账户应由哪几部分组成，以及如何在账户中记录会计要素的增加、减少及余额的情况等。由于企业的交易或事项发生引起的会计要素变动，从数量上看不外乎增加和减少两种情况，变化的结果则是增加或减少后的余额，因此，账户的结构就相应地设计为两个部分，分别用来记录各会计要素的增加金额和减少金额，即左右两方，一方登记增加额，另一方登记减少额，至于哪一方登记增加、哪一方登记减少，则要视账户本身的性质和所记录的交易、事项的内容而定。账户的每一方根据实际需要分为若干栏次，用以登记有关的数据资料。无论何种记账方法、何种性质的账户，左右两方增减意义都是相反的，也就是，如果左方记增加，则右方记减少；如果左方记减少，则右方记增加。一般而言，账户的基本结构应包含以下具体内容：

(1) 账户的名称（会计科目作为账户的名称）；

(2) 日期（即记录交易、事项的日期）；

(3) 凭证编号（即说明账户记录的依据来源），为以后查账提供便利；

(4) 摘要（即对交易、事项内容的概括说明）；

(5) 金额（即账户增加、减少的金额及余额）。

其简要格式用"T"型或"丁"型表示,将每一个账户都设计成左右两方。在借贷记账法下,账户的左方称为"借方",右方称为"贷方",甚至在"T"型或"丁"字型账户中可以不写借、贷二字。其账户的结构如表 2-17 所示。

表 2-17

账户名称(会计科目)

如果给予这种"T"型账户于内容,其基本格式有以下两种情况,如表 2-18,表 2-19 所示。

表 2-18

账户名称(会计科目)

本期增加额	本期减少额

表 2-19

账户名称(会计科目)

本期减少额	本期增加额

2. 账户的发生额及余额

账户是分类反映会计要素具体内容的一种工具,而会计要素的每一项具体内容都是随时变化的。由于会计实行分期核算,因此账户中记录的金额有本期发生额,是一个动态指标,说明在某一会计期间各会计要素金额的增减变动情况;也有余额,是一个静态指标,说明在某一会计时点上各会计要素增减变化的结果。

账户的发生额是指一定的会计期间内账户左右两方所登记的交易、事项增加或减少的金额,也称本期发生额,分为本期增加发生额和本期减少发生额。

本期增加发生额也称本期增加额,是指在一定会计期间内账户所登记的交易、事项增加的金额合计。

本期减少发生额也称本期减少额,是指在一定会计期间内账户所登记的交易、事项减少的金额合计。

账户的余额是指账户结存的金额,即到某一时点为止,账户左右两方增加金额与减少金额相抵后的差额，分为期初余额和期末余额。

期初余额，是指会计期间开始时的余额，如月初余额、季初余额、年初余额、上期期末余额就是本期期初余额。

期末余额，是指会计期间结束时的余额，如月末余额、季末余额、年末余额、本期期末余额就是下期期初余额。

期末余额，在没有期初余额的情况下是指本期增加发生额与本期减少发生额相抵后的余额。在有期初余额的情况下，期末余额应是期初余额加上本期增加发生额之和，与本期减少发生额相抵之后的差额。综上所述，通过账户记录的金额可提供期初余额、本期增加发生额、本期减少发生额和期末余额四个核算指标，它们之间的数量关系是：

期末余额＝期初余额＋本期增加发生额－本期减少发生额

3. 账户的完整结构

任何一种账户的设置都要满足会计记录的要求，它的基本结构都必须包括三个重要部分，即借方部分、贷方部分和余额部分，所以在实际工作中，会计人员一般采用“三栏式”账户来进行会计核算。“三栏式”账户的三栏，主要指“借方”、“贷方”、“余额”。会计实务中，常用账户的基本格式，如表 2－20 所示。

表 2－20　账户的基本格式

账户名称（会计科目）

年月日	凭证号码	摘要	借方							贷方							借或贷	余额						
			万	千	百	十	元	角	分	万	千	百	十	元	角	分		万	千	百	十	元	角	分

“年月日”栏，用来登记会计人员根据会计凭证记账的时间；

“凭证号码”栏，用来登记据以记账的会计凭证的编号；

“摘要”栏，用来登记交易或事项的简要说明；

“借方”栏，用来登记该账户的增加数或减少数；

“贷方”栏，用来登记该账户的减少数或增加数；

“借或贷”栏，用来登记到本次记录为止余额的所在方向；

“余额”栏，用来登记该记录对象的余额。

四、总分类账户和明细分类账户

与会计科目按隶属关系分为总分类科目和明细分类科目(子目、细目)一样,账户也相应地分为总分类账户(一级账户)和明细分类账户(二级、三级账户)。

总分类账户又称总账账户。总账,是根据总分类科目设置的,它只有货币指标,提供总括、综合的价值核算资料,是统驭账户、控制账户。但是,总分类账户并不能提供各项会计要素的增减变动情况和结果,以及经营成果形成的详细资料,所以,除了要进行总分类核算外,还应进行相应的明细分类核算。

明细分类账户又称明细账户,明细账,是根据明细分类科目设置的。它根据每一个总分类账户所核算的内容,按详细类别来设置,提供比总分类账户更加详细、具体的会计核算资料,以满足会计主体经营管理上的需要,是辅助账户、被控制账户。明细分类账户是总分类账户的具体化,但是究竟具体到什么程度,取决于各会计主体的实际需要和具体情况,并不是越细越好,只要满足需要,又能简化核算就行。

在会计核算中,对总分类账户和明细分类账户采用平行登记法,即交易、事项发生后,既要在总分类账户中登记,又要在其所属的明细分账户中登记。平行登记法可以归纳如下:

(1)时间相同。每一项交易或事项发生后,在同一会计期间既要记入有关总分类账户,又要记入其所属的明细分类账户。

(2)方向相同。每一项交易或事项发生后,记入总分类账户的方向与记入明细分类账户的方向相同。

(3)金额相同。每一项交易或事项发生后,记入总分类账户的金额与记入明细分类账户的金额相同。

下面以应收账款为例,说明总分类账户和明细分类账户的平行登记。

表 2-21 应收账款总分类账户

账户名称:应收账款

200×年		凭证号数	摘 要	本期增加	本期减少	金额
月	日					
5	1	略	期初余额			50 000
	10		出售产品货款未收	30 000		80 000
	15		收到欠款		40 000	40 000
	31		出售产品货款未收	20 000		60 000
5	31		本期发生额及余额	50 000	40 000	60 000

表 2－22　应收账款明细分类账户

账户名称：光明公司

200×年		凭证号数	摘　要	本期增加	本期减少	金额
月	日					
5	1	略	期初余额			30 000
	10		出售产品货款未收	20 000		50 000
	15		收到欠款		30 000	20 000
	31		出售产品货款未收	10 000		30 000
5	31		本期发生额及余额	30 000	30 000	30 000

表 2－23　应收账款明细分类账户

账户名称：宏谊公司

200×年		凭证号数	摘　要	本期增加	本期减少	金额
月	日					
5	1	略	期初余额			20 000
	10		出售产品货款未收	10 000		30 000
	15		收到欠款		10 000	20 000
	31		出售产品货款未收	10 000		30 000
5	31		本期发生额及余额	20 000	10 000	30 000

平行登记的结果是：

(1) 总分类账户的期初余额，应与其所属的各明细分类账户的期初余额之和核对相符。如上例：50 000＝30 000＋20 000。

(2) 总分类账户的本期借方发生额，应与其所属的各明细分类账户的本期借方发生额之和核对相符。如上例：50 000＝30 000＋20 000。

(3) 总分类账户的本期贷方发生额，应与其所属的明细分类账户的本期贷方发生额之和核对相符。如上例：40 000＝30 000＋10 000。

(4) 总分类账户的期末余额，应与其所属的各明细分类账户的期末余额之和核对相符。如上例：60 000＝30 000＋30 000。

如有不符，则表明记账出现差错，应查明原因，予以更正。

知识扩展

某公司 200×年 1 月 1 日，资产、负债、所有者权益资料如下：

1. 厂房一栋,价值 300 000 元,办公楼一栋,价值 200 000 元;
2. 各种设备价值 600 000 元 ;
3. 国家投入 500 000 元;
4. 法人投入 400 000 元;
5. 外商投入 300 000 元;
6. 各种材料价值 250 000 元;
7. 在产品价值 36 000 元,产成品价值 24 000 元;
8. 银行存款 160 000 元,现金 2 000 元;
9. 向银行借入 200 000 元;
10. 应收账款 75 000 元;
11. 应付账款 80 000 元;
12. 以前年度未分配利润 57 000 元,盈余公积 110 000 元。

要求:(1) 根据上述资料,划分资产、负债、所有者权益项目。
(2) 汇总各要素,检查其平衡关系。
(3) 若本月发生下列经济事项,请验证会计要素间的平衡关系是否发生变化:

① 外商追加投资 150 000 元,款项已存入银行;
② 用银行存款偿付以前欠贷款 20 000 元;
③ 收回应收账款 15 000 元,款项存入银行;
④ 将盈余公积 30 000 元转增资本。

第三章 复式记账

【学习要点】

1. 复式记账的概念和特点。
2. 借贷记账法的记账符号、记账规则、账户结构及试算平衡。
3. 用借贷记账法处理简单的交易与事项。
4. 编制“试算平衡表”。

第一节 记账方法简介

设置账户，仅仅是对会计要素作出了进一步分类，为会计信息的加工处理提供了必要的条件。那么我们要用什么方式记录交易或事项呢？这就涉及记账方法。记账方法，是通过账户(会计科目)记录交易或事项的手段，也就是指在账簿中登记各项交易或事项的方法。记账方法的构成要素主要包括记录方式、记账符号、记账规则、对账方法和平衡公式等。记账方法按构成要素的不同可以分成两大类：单式记账法和复式记账法。

一、单式记账法

单式记账法是对交易或事项只在账上进行单方面记录的一种记账方法。一般只登记现金、银行存款的收付业务，以及人欠、欠人(债权、债务)等各项往来账款。例如，“用现金购进 500 元原材料”这笔交易，只记“库存现金”的减少 500 元，不记“原材料”的增加 500 元。即使有对原材料增减数的记录，也不与来自同一笔交易或事项、理应同时记录的数据，如库存现金减少数或欠人款增加数发生联系。因此，在记账之后，各个账户之间不出现数字上的平衡关系。单式记账不能反映交易或事项的全貌，其提供的信息是不完整的，账户记录的正确性也难以检查。在现代会计中，经济活动简单的单位，或备查账簿的登记仍采用单式记账。由于单式记账不能适应复杂的商品生产和交换的需要，于是在15世纪末16世纪初逐渐被复式记账所取代。

二、复式记账法

复式记账法是相对于单式记账法而言的。在会计发展史上，先有单式记账法，以后才发展为复式记账法。复式记账法是比较完整的记账方法，它是指对发生的每一项交易或事项，都要同时以相等的金额在两个或两个以上相互联系的账户中进行记录的记账方法。

例如，同样的"用现金500元购进原材料"这笔交易，按复式记账法就要同时记录"库存现金"的减少500元，和"原材料"的增加500元。复式记账法具有以下特点：① 对发生的每一项交易或事项都在两个或两个以上相互联系的账户中进行登记。这样，通过账户记录，可以全面、完整、系统地反映交易或事项的全过程及其结果，也可以反映交易或事项的来龙去脉。② 以相等的金额在有关账户中进行记录，便于进行核对，进行试算平衡，以检查账簿记录是否正确。在我国，复式记账法一般按记账符号、记账规则的不同，分为借贷记账法、增减记账法、收付记账法。企业从20世纪90年代初开始，行政事业单位从20世纪90年代末开始，都已统一采用借贷记账法。借贷记账法是以"借"、"贷"为记账符号，以"有借必有贷，借贷必相等"为记账规则的一种复式记账方法。

三、单式记账法与复式记账法的比较

假设业主李明投资设立杭益公司，某年某月杭益公司发生以下交易或事项(增值税事项忽略不计)：

(1) 投入货币资金200 000元，存入银行。

(2) 投入机器设备计300 000元。

(3) 向银行借款100 000元，款项存入银行。

(4) 购买原材料16 000元，货款已用银行存款支付。

(5) 购买原材料4 000元，货款尚未支付。

(6) 归还银行短期借款20 000元。

(7) 购置机器一台，价值28 000元。

(8) 用现金支付本月职工工资5 000元。

(9) 用现金支付本月水电费1 800元。

(10) 销售产品一批，取得收入50 000元。

分别采用单式记账法和复式记账法登记有关账簿，列表比较如表 3-1 所示。

表 3-1

单位：元

交易或事项	单式记账法	复式记账法	
①	银行存款＋200 000	银行存款 ＋200 000	业主权益（资本）＋200 000
②	机器＋300 000	机器＋300 000	业主权益（资本）＋300 000
③	银行存款＋100 000	银行存款＋100 000	银行借款（负债）＋100 000
④	银行存款－16 000	银行存款－16 000	原材料＋16 000
⑤	应付账款＋4 000	应付账款＋4 000	原材料＋4 000
⑥	银行存款－20 000	银行存款－20 000	银行借款（负债）－20 000
⑦	银行存款－28 000	机器＋28 000	银行存款－28 000
⑧	库存现金－5 000	库存现金－5 000	工资费用＋5 000
⑨	库存现金－1 800	库存现金－1 800	水电费＋1 800
⑩	银行存款＋50 000	银行存款＋50 000	收入＋50 000

由表 3-1 可见，单式记账法的优点是比较简单，易于掌握，但也存在以下缺点：

(1) 采用单方面的记录方式。因为采用单方面的记录方式，所以它是一种不完整的记账方法。重点考虑的是现金、银行存款、债权债务方面的交易或事项，不能全面、系统地反映交易或事项的来龙去脉。如“银行存款”增加 50 000 元，是从哪里来的，是销售收回的货款还是最初业主的投资？又如现金减少 5 000 元用于何处？是用于购买原材料还是用于支付工资？以上都不清楚。

(2) 没有一套完整的账户体系。一般只设置“库存现金”、“银行存款”、“应收账款”、“应付账款”等账户，而没有设置相对应的账户，因此，没有形成完整的账户体系。

(3) 账户之间没有数字平衡关系。由于账户之间没有形成一定的联系，不出现账户之间的数字平衡关系，所以，它不能、也不便于相互核对，不便于检查和发现记账的差错。

(4) 在会计期末进行汇总反映企业的财务状况和经营情况时，要翻看原始资料。如月末要知道现金结存多少，都从哪里来，用于何处，就需要将所有的原始资料有关现金的部分全部查找一遍。既麻烦又易出差错。

相对于单式记账法，复式记账法克服了单式记账法的缺点，其优点表现为以下几方面：

(1) 对发生的每一项交易或事项都在两个或两个以上相互联系的账户中进行登记，这样通过账户记录可以全面、完整、系统地反映交易或事项的全过程及其结果，也可反映交易或事项的来龙去脉。

(2) 以相等的金额在有关账户中进行记录，便于进行核对、进行试算平衡，以检查账户记录是否正确。

(3) 在会计期末，可以很方便地汇总反映企业的财务状况和经营情况。以库存现金和银行存款为例，假设杭益公司在月初有库存现金 10 000 元，有银行存款 100 000 元，那么上述交易或事项发生后，在月末我们可以从账中知道，该公司库存现金结存数 3 200 元。本月用于发放工资 5 000 元，支付水电费 1 800 元，银行存款月末结存 386 000 元。主要来源是业主投资了 200 000 元，借款 100 000 元，销售收入 50 000 元，本月主要用于购买价值 16 000 元的原材料，价值 28 000 元机器和归还 20 000 元的借款。这些都可以在账簿上直接得出结果，不用再去翻看原始资料，既清楚明了又不易出差错。

第二节　借贷记账法

一、借贷记账法的由来

借贷记账法起源于公元 13 世纪意大利的威尼斯，这一时期商品经济发展较快，萌生了金融资本。当时经营钱庄的商人也就是借贷资本家，一方面收存有多余钱款的商人的游资，给予利息；另一方面又将钱借给急需资金的商人，以收取更高的利息。借贷资本家为了清楚地反映与客户之间的往来，就需要以人名记账，把贷放出去的款项记在借主(Debtor)的名下，表示债权；把收进的存款记在贷主(Creditor)名下，表示债务。钱商在中间划账，借、贷形成的利差就构成了钱商的收入，并因此产生了“借”和“贷”这一对概念。当时，借贷两字分别表示债权、债务的变化，具有现实意义。但借和贷本来的含义并没有流行多久，随着商品经济的发展，借贷记账法不仅应用于金融业，而且还应用于工商业以及行政事业等各种单位。也就是说，会计对象除债权、债务外，还扩展到财产、物资、损益等。因此，借贷两字作为记账的术语，已完全与原有的含义无关，成了记账的符号及会计上的专门术语。借贷记账法经过几百年的锤炼，为世界各国会计界所认可。1905 年，借贷记账法从日本传入我国，并率先在中国银行的前身——大清银行中施行，以后逐渐推广到工商企业及其经济单位。

在现代会计中，“借”、“贷”两字并无借入和贷出的含义，而只是作为记账符号，它代表了账户的两个方向，人们通常称账户的左方为借方(Debit)，简写为Dr.；右方称为贷方(Credit)，简写为Cr.，其意义视账户的性质而言。

随着改革开放的进一步深入，借贷记账法受到中国会计界的极大重视，我国1993年起实施的《企业会计准则》明确规定，境内企业都必须采用借贷记账法。

二、借贷记账法及特点

所谓借贷记账法，是以“借”、“贷”作为记账符号，反映会计要素增减变动情况的一种复式记账法。它具有以下一些特点：

(1) 以借和贷作为记账符号。在各账户中，借方登记资产和费用的增加数，负债、所有者权益，收入的减少数(或转销数)；贷方登记负债，所有者权益和收入的增加数，以及资产和费用的减少数(或转销数)。

(2) 借贷记账法的记账规则是：“有借必有贷，借贷必相等。”任何交易或事项的发生必须记入一个或几个账户的借方，同时记入另一个账户或者几个账户的贷方，记入借方的数额同记入贷方的数额必须相等。

(3) 可以不要求对账户固定分类。即可以设置双重性质的账户，这些账户可以根据余额来确定其性质，如为借方余额就是资产类账户；若为贷方余额，就是负债类账户。

三、借贷记账法的记账符号

借贷记账法的记账符号是“借(Dr.)”，“贷(Cr.)”。这对记账符号包含三种意义：

(1) 表明在账户中借方和贷方两个相对的部位，用来指明交易、事项的发生引起数量增减变化时，在账户中应记入的两个不同方向。

(2) 表明构成会计分录的相对应的借方账户和贷方账户的相互关系，可以用来明确一笔交易、事项所引起的会计要素具体项目金额增减变化的来龙去脉。

(3) 表明已登记在不同类别账户中借方和贷方的金额是增加还是减少，用来说明账户的性质。

四、借贷记账法的账户结构

借贷记账法下账户的基本结构是：每一账户分为“借方”和“贷方”，“T”字形账户中左方为借方，右方为贷方。借贷记账法账户的基本结构如表3-2和表3-3所示。

表 3-2 借贷记账法账户的基本格式

账户名称(会计科目)

年		凭证编号	摘要	借方	贷方	借或贷	余额
月	日						

表 3-3 借贷记账法"T"字形账户

借方	账户名称(会计科目)	贷方

采用借贷记账法,所有账户借方和贷方都要按相反的方向记录,即一方登记增加额,另一方登记减少额。例如:借方登记增加额,则贷方就用来登记减少额;如果借方登记减少额,则贷方就用来登记增加额;至于哪一方登记增加额、哪一方登记减少数,根据账户所反映的经济内容而定。

(一) 资产类账户的结构

资产类账户的结构是:账户的借方登记资产的增加数,贷方登记资产的减少数。在一个会计期间,在账户的借方记录的合计数称作借方本期发生额合计,账户的贷方记录的合计数称作贷方本期发生额合计。每一个会计期末,将每一个资产类账户借方发生额合计与贷方发生额合计进行比较,其差额与期初余额合并一起计算,计算的结果称作期末余额。资产类账户的期末余额一般在借方,称作借方余额。每一个资产类账户的本会计期间期末余额都将转入下期,成为下一会计期间的期初余额。资产类账户的结构如表 3-4 所示。

表 3-4 资产类账户结构

借方	资产类账户	贷方
期初余额 ×××		
本期增加额 ×××		本期减少额 ×××
本期发生额合计 ×××		本期发生额合计 ×××
期末余额 ×××		

资产类账户的期末余额计算如下式所示:

期末借方余额=期初借方余额+本期借方发生额-本期贷方发生额

（二）负债及所有者权益类账户的结构

负债及所有者权益类账户的结构与资产类账户的结构相反。账户的贷方登记负债及所有者权益的增加额，借方登记负债及所有者权益的减少额。负债及所有者权益类账户的期末余额一般在贷方，本期期末余额即为下期期初余额。因此，期初余额也在贷方。负债及所有者权益类账户结构如表3－5所示。

表3－5　负债及所有者权益类账户结构

借方　　　　负债及所有者权益类账户　　　　贷方

		期初余额	×××
本期减少额	×××	本期增加额	×××
本期发生额合计	××	本期发生额合计	×××
		期末余额	×××

负债及所有者权益类账户的期末余额计算如下式所示：

期末贷方余额＝期初贷方余额＋本期贷方发生额－本期借方发生额

（三）收入和费用类账户结构

企业在生产经营过程中，必然要取得各种收入，同时必然会发生各种费用和成本支出。

收入类账户的结构与所有者权益类账户结构一致：本期收入的增加记入收入账户的贷方，本期收入的减少记入收入账户的借方，期末，将本期收入的增加额减去本期收入的减少额后的差额，从收入账户转入所有者权益类账户“本年利润”账户的贷方，结转后，收入账户期末一般无余额。

费用类账户的结构与所有者权益类账户的结构相反：本期费用的增加记入费用账户的借方，本期费用的减少记入费用账户的贷方，本期费用的增加额减去本期费用的减少额后的差额，从费用账户转入所有者权益类账户“本年利润”账户的借方，结转后，费用账户期末一般无余额。

收入和费用类账户结构如表3－6，表3－7所示。

表3－6　收入类账户结构

借方　　　　收入类账户　　　　贷方

本期减少额或转销额	×××	本期增加额	××
本期发生额合计	×××	本期发生额合计	×××

表 3-7 费用类账户结构

借方	费用类账户		贷方
本期增加额	×××	本期减少额或转销额	×××
本期发生额合计	×××	本期发生额合计	×××

上述借贷记账法下各类账户的基本结构如表 3-8 所示。

表 3-8 各类账户基本结构

借方	账户名称(会计科目)		贷方
(1)资产	+	(1)资产	—
(2)负债	—	(2)负债	+
(3)所有者权益	—	(3)所有者权益	+
(4)成本费用	+	(4)成本费用	—
(5)收入	—	(5)收入	+
期末余额:资产		期末余额 负债及所有者权益	

表 3-8 表明:借字表示资产增加,负债及所有者权益减少,成本费用增加,收入减少(或转销);

贷字表示资产减少,负债及所有者权益增加,成本费用减少(或转销)、收入增加。

也就是说,不同性质的账户,“借”、“贷”两方各自所代表的经济内容不同。

五、借贷记账法的记账规则

当交易、事项发生时,如何运用借贷记账法把每一项经济业务记入相互联系的两个或两个以上的账户,是需要遵循一定的记账规则的。

在对每一项交易、事项进行账务处理时,应考虑下述规则:

(1)交易或事项发生以后,应同时至少在两个账户中相互联系地进行记录。

(2)所记入账户可以是等式同一方向,也可以是不同方向。也就是说,每一笔交易或事项发生后,必须记入一个账户的借方和另一个账户的贷方;也可以是记入一个账户的借方和几个账户的贷方;或者是记入几个账户的借方和一个账户的贷方。总之,有借必有贷。

(3)所记入两个账户的金额,借方和贷方必须相等。也就是说,本期发生的全部交易或事项进行账务处理后,记入所有账户借方的发生额合计,应当与记入所有账户贷方的发生额合计相等。亦即:借贷必相等。

综上所述，借贷记账法的记账规则，概括地说就是“有借必有贷，借贷必相等。”

【例 3－1】 金达公司收到投资方华明公司的投资款 300 000 元，存入开户银行。

分析：金达公司收到这笔业务存款，银行存款增加，银行存款是资产。资产账户的结构是：资产的增加记借方，故应借记“银行存款”账户。存款来自投资者投入的资本，则金达公司的实收资本也增加，实收资本是所有者权益，所有者权益账户的结构是：增加记贷方，故应贷记“实收资本”账户。借贷金额相等，如表 3－9 所示。

表 3－9

借方　实收资本	贷方
	300 000

借方　银行存款	贷方
300 000	

【例 3－2】 金达公司从银行提取现金 1 000 元，以备零用。

分析：这笔经济业务金达公司收到现金，现金增加，现金是资产，资产账户的结构是：资产的增加记借方，故应借记“库存现金”账户。银行存款减少，银行存款是资产，资产账户的结构是：资产的减少记贷方，故应贷记“银行存款”账户。借贷金额相等，如表 3－10 所示。

表 3－10

借方　银行存款	贷方
	1 000

借方　库存现金	贷方
1 000	

【例 3－3】 金达公司以现金 200 元支付厂部办公用品。

分析：这笔经济业务金达公司的管理费用增加，管理费用是费用，费用账户的结构是：费用的增加记借方，故应借记“管理费用”账户。现金减少，现金是资产，资产账户的结构是：资产的减少记贷方，故应贷记“库存现金”账户。借贷金额相等，如表 3－11 所示。

表 3－11

借方	库存现金	贷方		借方	管理费用	贷方
		200	←——→	200		

【例 3－4】 以银行存款 2 000 元,缴纳应交税金。

分析:这笔经济业务金达公司上交税金,应交税金减少,应交税金是负债,负债账户的结构是:负债的减少记借方,故应借记“应交税费”账户。以银行存款缴纳税金,银行存款减少,银行存款是资产,资产账户的结构是:资产的减少记贷方,故应贷记“银行存款”账户。借贷金额相等,如表 3－12 所示。

表 3－12

借方	银行存款	贷方		借方	应交税费	贷方
		2 000	←——→	2 000		

【例 3－5】 购买原材料一批,计 6 000 元,已验收入库,货款尚未支付。

分析:这笔经济业务金达公司购进原材料,原材料增加,原材料是资产,资产账户的结构是:资产的增加记借方,故应借记“原材料”账户。买入材料未付款,应付账款增加,应付账款是负债,负债账户的结构是:负债的增加记贷方,故应贷记“应付账款”账户。借贷金额相等,如表 3－13 所示。

表 3－13

借方	应付账款	贷方		借方	原材料	贷方
		6 000	←——→	6 000		

【例 3－6】 采购员张某预借差旅费 1 000 元,以现金付讫。

分析:这笔经济业务金达公司采购员张某在尚未出差前借走现金,对于金达公司来说,是发生一笔应向张某收回的债权,也就是其他应收款增加,其他应收款是资产,资产账户的结构是:资产的增加记借方,故应借记“其他应收款”账户。张某预借的差旅费是从金达公司的库存现金中支付的,库存现金减少,库存现金是资产，资产账户的结构是：资产的减少记贷方，故应贷记“库存现金”账户。借贷金额相等，如表 3－14 所示。

表 3－14

借方	库存现金	贷方		借方	其他应收款	贷方
		1 000	←→	1 000		

【例 3－7】 签发一张期限为三个月的商业汇票，归还前欠光明公司贷款 6 000 元。

分析：这笔经济业务金达公司支付前欠货款，应付账款减少，应付账款是负债，负债账户的结构是：负债的减少记借方，故应借记“应付账款”账户。此笔货款不是以现款支付的，而是一张三个月的商业汇票；应付票据增加，应付票据是负债，负债账户的结构是：负债的增加记贷方，故应贷记“应付票据”账户。借贷金额相等，如表 3－15 所示。

表 3－15

借方	应付票据	贷方		借方	应付账款	贷方
		6 000	←→	6 000		

【例 3－8】 生产产品领用材料 12 000 元。

分析：这笔经济业务金达公司生产产品领用材料，生产成本增加，生产成本是成本，成本类账户的结构是：成本的增加记借方，故应借记“生产成本”账户。领用材料用于产品生产，原材料减少，原材料是资产，资产账户的结构：资产的减少记贷方，故应贷记“原材料”账户。借贷金额相等，如表 3－16 所示。

表 3－16

借方	原材料	贷方		借方	生产成本	贷方
		12 000	←→	12 000		

【例 3-9】 金达公司以资本公积 30 000 元转增资本。

分析:这笔经济业务金达公司用资本公积转增资本,资本公积减少,资本公积是所有者权益,所有者权益账户的结构是:所有者权益的减少记借方,故应借记“资本公积”账户。实收资本增加,实收资本也是所有者权益,所有者权益账户的结构是:所有者权益的增加记贷方,故应贷记“实收资本”账户。借贷金额相等,如表3-17 所示。

表 3-17

借方	实收资本	贷方
		30 000

借方	资本公积	贷方
30 000		

【例 3-10】 华达公司代金达公司偿还银行短期借款 18 000 元,作为华达公司对金达公司的追加投资。

分析:此笔经济业务金达公司的短期借款减少,短期借款是负债,负债账户的结构是:负债的减少记借方,故应借记“短期借款”账户。这笔由华达公司代为偿还的短期借款作为金达公司实收资本的增加,实收资本是所有者权益,所有者权益账户的结构是:所有者权益增加记贷方,故应贷记“实收资本”账户。借贷金额相等,如表 3-18 所示。

表 3-18

借方	实收资本	贷方
		18 000

借方	短期借款	贷方
18 000		

综上所述,在借贷记法下,对任何类型的交易或事项一律采用“有借必有贷,借贷必相等”的记账规则。

六、借贷记账法的试算平衡

(一) 试算平衡原理

借贷记账法下的试算平衡,是根据“资产=负债+所有者权益”这一会计等式之间存在的对应统一的平衡关系来检查各类账户的记录是否正确。

综前所述，在借贷记账法下，每笔交易、事项都必须根据“有借必有贷，借贷必相等”的规则记账，并据以记入相互联系的两个或两个以上的有关账户，这样登记后，不仅所有账户的借方和贷方本期发生额合计必然相等，同时，由于每个账户的余额都是根据一定期间该账户累计发生额计算求得，因此，所有账户借方和贷方的期末余额合计数也必然相等。这种平衡关系可用公式表示为：

全部账户本期借方发生额合计＝全部账户本期贷方发生额合计

全部账户期末借方余额合计＝全部账户期末贷方余额合计

需要指出的是：试算平衡只是通过借贷方金额是否平衡来检查账户记录是否正确，如果借贷方金额不平衡，肯定记账有错；如果借贷方金额平衡，只能推断账户记录基本正确，不能肯定记账没有错，有许多错误只通过试算平衡并不能被发现，而且这些错误对借贷双方的平衡并不发生影响。这些错误有：

(1) 一笔经济业务应借应贷的账户相互颠倒，或误用了账户名称；

(2) 一笔经济业务的记录全部漏记或重记了相同金额；

(3) 借方和贷方的各项金额偶然一多一少，恰好相互抵销。

发生了以上错误，就需要通过其他方法进行检查验证。

(二) 试算平衡表的编制

按借贷记账法的记账规则登记每一项经济业务时，在有关账户之间就发生应借应贷的相互关系，账户之间这种应借、应贷相互对照的关系就称为账户对应关系，发生对应关系的账户称为对应账户。通过账户的对应关系，可以了解经济业务的内容及其内在联系；同时，还可以发现对经济业务的处理及经济业务本身是否合理、合法。

如前述【例 3－1】，这笔业务在登账后，“银行存款”和“实收资本”就发生对应关系。“银行存款”称为“实收资本”的对应账户；反之，“实收资本”也称为“银行存款”的对应账户。通过账户的对应关系，可以了解经济业务的内容和来龙去脉。

为了保证账户对应关系的正确性，在每一笔经济业务发生后，在登账前应根据所涉及账户及其借贷方向和金额编制会计分录，据以登记。

所谓会计分录，就是指按复式记账的要求，对每项交易和事项确定其应借应贷账户及金额的记录。一笔完整的会计分录应包含以下内容：

(1) 一组对应的记账符号，即“借”、“贷”；

(2) 一组具有对应关系的账户，即：借方账户、贷方账户；

(3) 一组等额记入对应账户的金额，即：借方金额、贷方金额。

会计分录按照其涉及对应账户的多少分为简单分录和复合会计分录两种。

1. 简单分录

简单分录,是指一个账户的借方只同另一个账户的贷方发生对应关系的会计分录,即一借一贷的会计分录。这是数量最多的一种会计分录。

现将上述实例的10笔交易和事项做成如下会计分录:

① 借:银行存款　　300 000
　　贷:实收资本　　300 000

② 借:库存现金　　1 000
　　贷:银行存款　　1 000

③ 借:管理费用　　200
　　贷:库存现金　　200

④ 借:应交税费　　2 000
　　贷:银行存款　　2 000

⑤ 借:原材料　　6 000
　　贷:应付账款　　6 000

⑥ 借:其他应收款——张某　　1 000
　　贷:库存现金　　1 000

⑦ 借:应付账款　　6 000
　　贷:应付票据　　6 000

⑧ 借:生产成本　　12 000
　　贷:原材料　　12 000

⑨ 借:资本公积　　30 000
　　贷:实收资本　　30 000

⑩ 借:短期借款　　18 000
　　贷:实收资本　　18 000

2. 复合会计分录

复合会计分录,是指一个账户借方同几个账户贷方发生对应关系,或几个账户的借方同一个账户的贷方发生对应关系的会计分录,即:一借多贷或多借一贷的会计分录。

【例3-11】 计提本月固定资产折旧26 000元,其中:车间20 000元,厂部6 000元。

这笔交易或事项发生后,使成本类账户的制造费用增加20 000元,同时使费用类账户的管理费用增加6 000元,成本费用增加记借方,资产类账户的累计折旧增加了26 000元(累计折旧增加表明固定资产价值减少),应记入"累计折旧"账户的贷方。借贷金额相等。如表3-19所示。

表 3-19

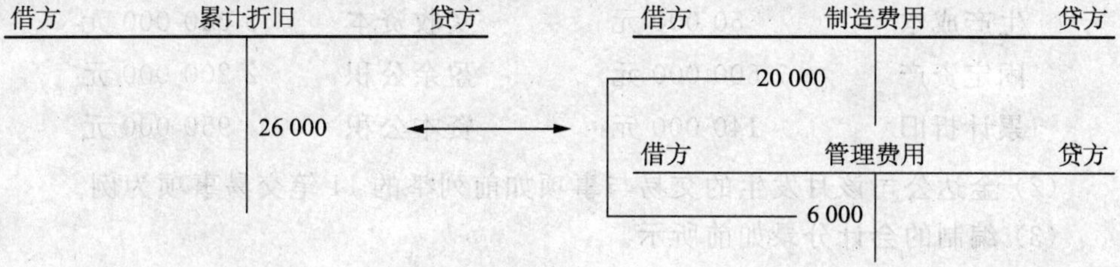

编制如下会计分录：

⑪ 借：制造费用　　20 000
　　　管理费用　　6000
　　贷：累计折旧　　26 000

这笔交易或事项也可以编制两笔简单分录，即为：

(1) 借：制造费用　　20 000
　　　贷：累计折旧　　20 000

(2) 借：管理费用　　6 000
　　　贷：累计折旧　　6 000

由此可以看出，复合会计分录实际上是由几个简单会计分录组合而成，编制复合会计分录是为了集中反映交易、事项的全部对应关系，简化会计核算手续。

为了保持账户对应关系清楚，一般不宜把不同类型的交易或事项合并在一起编制多借多贷的会计分录。因为多借多贷复合分录账户的对应关系不清楚，不便于了解经济业务的内容。所以，编制会计分录可以一借一贷、一借多贷、多借一贷，慎用多借多贷。

会计分录的书写格式：一是书写借贷记账符号要先借后贷；二是"借方"在上，"贷方"在下，"借"、"贷"前后错开，也就是"贷"向右错一格，数字金额则贷方末位比借方末位向右错三位。在实际工作中，会计分录是编制记账凭证的基本内容。

3. 试算平衡表的编制

(1) 金达公司总分类账户的×月期初余额如下：

库存现金	6 000 元	短期借款	680 000 元
银行存款	850 000 元	应付票据	92 000 元
应收账款	600 000 元	应付账款	120 000 元
其他应收款	16 000 元	应交税费	40 000 元

原材料	100 000 元		
生产成本	50 000 元	实收资本	5 000 000 元
固定资产	7 600 000 元	盈余公积	2 200 000 元
累计折旧	140 000 元	资本公积	950 000 元

(2) 金达公司该月发生的交易与事项如前列举的 11 笔交易事项为例。

(3) 编制的会计分录如前所示。

(4) 根据以上会计分录过入各账户,期末结出账户的本期发生额及期末余额,如表 3-20 所示。

表 3-20

借方　库存现金	贷方
期初余额 6 000	③200
②1 000	⑥1 000
本期发生额 1 000	本期发生额 1 200
期末余额 5 800	

借方　银行存款	贷方
期初余额 850 000	②1 000
①300 000	④2 000
本期发生额 300 000	本期发生额 3 000
期末余额 1 147 000	

借方　应收账款	贷方
期初余额 600 000	
本期发生额—	本期发生额—
期末余额 600 000	

借方　其他应收款	贷方
期初余额 16 000 —	
⑥1 000	
本期发生额 1 000	本期发生额—
期末余额 17 000	

借方　原材料	贷方
期初余额 100 000	⑧12 000
⑤6 000	
本期发生额 6 000	本期发生额 12 000
期末余额 94 000	

借方　生产成本	贷方
期初余额 50 000	
⑧12 000	
本期发生额 12 000	本期发生额—
期末余额 62 000	

借方　固定资产	贷方
期初余额 7 600 000	
本期发生额—	本期发生额—
期末余额 7 600 000	

借方　累计折旧	贷方
	期初余额 140 000
	⑪26 000
本期发生额—	本期发生额 26 000
	期末余额 166 000

借方　短期借款	贷方
⑩18 000	期初余额 680 000
本期发生额 18 000	本期发生额—
	期末余额 662 000

借方　应付票据	贷方
	期初余额 92 000
	⑦6 000
本期发生额—	本期发生额 6 000
	期末余额 98 000

借方　应付账款	贷方
⑦6 000	期初余额 120 000
	⑤6 000
本期发生额 6 000	本期发生额 6 000
	期末余额 120 000

借方　应交税费	贷方
④2 000	期初余额 40 000
本期发生额 2 000	本期发生额—
	期末余额 38 000

借方 实收资本	贷方
	期初余额 5 000 000 ①300 000 ⑨30 000 ⑩18 000
本期发生额—	本期发生额 348 000
	期末余额 5 348 000

借方 盈余公积	贷方
	期初余额 2 200 000
本期发生额—	本期发生额—
	期末余额 2 200 000

借方 资本公积	贷方
⑨30 000	期初余额 950 000
本期发生额 30 000	本期发生额—
	期末余额 920 000

借方 管理费用	贷方
③200	
⑪6 000	
本期发生额 6 200	本期发生额—
期末余额 6 200	

借方 制造费用	贷方
⑪20 000	
本期发生额 20 000	本期发生额—
期末余额 20 000	

（5）根据账户记录进行试算平衡，如表 3－21 所示。

表 3－21 发生额及余额试算平衡表

会计科目	期初余额		本期发生额		期末余额	
	借方	贷方	借方	贷方	借方	贷方
库存现金	6 000		1 000	1 200	5 800	
银行存款	850 000		300 000	3 000	1 147 000	
应收账款	600 000		—	—	600 000	
其他应收款	16 000		1 000	—	17 000	
原材料	100 000		6 000	12 000	94 000	
生产成本	50 000		12 000		62 000	
固定资产	7 600 000		—	—	7 600 000	
累计折旧		140 000	—	26 000		166 000
短期借款		680 000	18 000	—		662 000
应付票据		92 000	—	6 000		98 000
应付账款		120 000	6 000	6 000		120 000
应交税费		40 000	2 000	—		38 000
实收资本		5 000 000	—	348 000		5 348 000
盈余公积		2 200 000	—	—		2 200 000
资本公积		950 000	30 000	—		920 000
管理费用			6 200	—	6 200	
制造费用			20 000	—	20 000	
合计	9 222 000	9 222 000	402 200	402 200	9 552 000	9 552 000

(三) 试算平衡表的作用

1. 可以大致反映出企业本会计期间的财务状况

试算平衡表集中了全部账户的本期发生额,动态地反映了经济活动所引起的会计要素的增减变化,还列示了全部账户的期初余额和期末余额,静态地反映各会计要素增减变化的结果。

2. 可以检验会计记录的准确性

试算平衡表编制的理论基础是“资产=负债+所有者权益”这一会计等式,以及“有借必有贷,借贷必相等”的记账规则,所以,可以检验总分类账户记录的正确性和完整性。

3. 是编制资产负债表的基础资料

资产负债表和试算平衡表都是依据会计等式设计的,由于试算平衡表集中的是本期发生的交易、事项所涉及的全部账户,其中有相当一部分总分类账户的期末余额可直接列入资产负债表,还有一部分总分类账户的余额经计算和调整后,也可以列入资产负债表。

知识扩展

宏丰公司精简人员,员工李华拿出积蓄 30 000 元,开办一家咖啡厅,当起了个体户。李华是一个没有受过任何会计知识训练的人,他将一个月来发生的收支情况全部记录下来:

(1) 预付三个月的房租 3 000 元;

(2) 购入各种咖啡、饮料共计 3 000 元,本月耗用了 2 000 元;

(3) 支付电话费 200 元;

(4) 支付各项杂费 800 元;

(5) 支付员工工资 2 000 元;

(6) 购买空调器 1 800 元;

(7) 赊购其他各种备料计 680 元;

(8) 获取营业收入 10 000 元;

李华知道你正在学习会计知识,要你帮他做以下工作:① 整理资料,编制合适的账户试算表;② 编制收益表,告诉李先生咖啡厅的盈亏情况;③ 咖啡厅所处地段附近正好有地铁,还有一家大型体育场馆,体育馆需要招聘一名管理人员,月薪 1 800 元,你认为李先生会作出怎样的选择?为什么?

第四章 费用的归集和营业收入的确认

【学习要点】

1. 工业企业筹资、供应、生产、销售过程中的主要经济业务内容。
2. 账户和借贷记账法在各过程的具体应用。

第一节 制造企业生产经营过程

制造企业的主要经营业务一般包括三个阶段，即供应过程、生产过程和销售过程。企业的生产经营资金，按照这三个阶段从货币资金开始，然后是储备资金、生产资金、成品资金，最后又回到货币资金。依照此过程不断地循环周转，在循环周转过程中，会不断发生各种经济业务，企业的各个会计要素也因此不断地发生变化。

一、供应过程的主要经济业务

供应过程一是指从采购材料开始，一直到材料验收入库为止的材料采购过程；二是指购进设备或是建造厂房的过程。这时，企业的资金由货币资金形态转化为固定资金形态和储备资金形态。在上述两个过程中，一方面是设备厂房、材料的取得；另一方面要与供应单位或有关单位进行款项结算，同时还要核算为取得厂房、设备、材料的成本。因此，设备的购进、厂房的建造、材料采购费用的支付、货款的结算、材料采购成本的计算、材料的验收入库等，均为供应过程的主要经济业务。

二、生产过程的主要经济业务

生产过程是指从原材料投入生产到产品完工验收入库的整个过程。在这一过程中会发生各种材料费用、固定资产折旧、工资费用和其他费用。因此，这一过程既是产品的制造过程,又是物化劳动和活劳动的耗费过程,它是制造企业生产经营的中心环节。这个过程所发生的各项生产耗费,最终都要归集、分配计入各种产品中去。因此,这时企业的资金由固定资金形态、储备资金形态转化为生产资金形态,随着产品的完工又从生产资金形态转化为成品资金形态。这个过程的生产费用的归集和分配,企业同职工间的工资结算,以及与其他单位的有关结算等,都是生产过程的主要经济业务。

三、销售过程的主要经济业务

销售过程是指从生产过程制造完工的产成品验收入库开始,到产品销售给购买方,最后收回货款为止的过程。在这个过程中,是产品的价值和使用价值实现的过程。一方面企业要组织商品发运,并支付运输费等销售费用;另一方面还要与有关单位发生货款结算,同时还要正确计算销售产品的成本。所以,销售产品、支付销售费用、结算货款、计算销售产品成本等,都是销售过程的主要经济业务。在这个过程中,随着产品的销售、货款的回收,企业的成品资金形态又转化成货币资金形态。

第二节　供应过程费用的归集

企业为了正常进行产品的生产,就必须购建设备、厂房及采购材料等。因此,固定资产的购建成本和材料采购费用的归集及采购成本的计算,就构成生产供应过程成本和费用归集核算的主要内容。

一、固定资产购入业务的核算

《企业会计准则》规定,同时具有以下特征的有形资产,应作为固定资产。这些特征是:

(1) 为生产商品、提供劳务、出租或经营管理而持有;

(2) 使用寿命超过一个会计年度。使用寿命是指企业使用固定资产的预计期间,或者该固定资产所能生产产品或提供劳务的数量。

固定资产应按取得时的实际成本入账。实际成本是指为购建某项固定资产达到可使用状态前所发生的一切合理、必要的支出,包括买价、运杂费、包装费、安装费、税金等。

（一）账户设置

1. “固定资产”账户

“固定资产”账户是用来核算和监督企业固定资产的增减变动和结存情况的账户。该账户属于资产类账户，按照固定资产的种类设置明细账，进行明细分类核算。账户的借方登记取得的固定资产原始价值，贷方登记处置固定资产的原始价值，期末借方余额表示结存固定资产的原始价值。

2. “在建工程”账户

“在建工程”账户是用来核算购建、安装固定资产实际成本的账户。该账户属于资产类账户，账户的借方登记购建、安装固定资产时发生的价款、包装费、运杂费、安装费等；贷方登记购建、安装完毕交付使用的固定资产购建、安装时的全部支出；期末借方余额表示尚未完工，或已完工但尚未交付使用的购建、安装固定资产的实际成本。

（二）固定资产购入业务的总分类核算

固定资产取得方式主要有外购、自行建造、投资者投入、接受捐赠、盘盈、融资租入等。这里仅介绍外购这种方式。

1. 购入不需要安装的固定资产

【例 4-1】 企业购入不需要安装的机器设备一台，买价 16 000 元，包装费、运杂费 4 000 元，税金 2 000 元，全部款项已用银行存款支付。

这项经济业务的发生，涉及“固定资产”和“银行存款”两个账户。一方面使企业的固定资产增加，应记入“固定资产”账户的借方；另一方面使银行存款减少，应记入“银行存款”账户的贷方。这项经济业务应编制的会计分录如下：

借：固定资产　　22 000

　贷：银行存款　　22 000

2. 购入需要安装的固定资产

【例 4-2】 企业购入需要安装的设备一台，买价 25 000 元，包装费和运杂费 380 元，共计 25 380 元。全部款项已用银行存款支付。在安装过程中，耗用材料 1 800 元，耗用人工 680 元。安装完毕，经验收合格交付使用。

这项经济业务的发生涉及“在建工程”、“银行存款”、“原材料”、“应付职工薪酬”、“固定资产”五个账户。在购入安装时，这项经济业务使企业在建工程支出增加，应记入“在建工程”账户的借方；另一方面又使银行存款减少，应记入“银行存款”账户的贷方；原材料减少，应记入“原材料”账户的贷方；应付职工薪酬的增加，应记入“应付职工薪酬”账户的贷方。在安装完毕、交付使用时，应按该项工程的实际成本记入“固定资产”账户的借方，“在建工程”账户的贷方。这项经济业务应编制的会计分录如下：

(1) 购入安装时:

借:在建工程　　27 860

　贷:银行存款　　25 380

　　原材料　　1 800

　　应付职工薪酬　　680

(2) 安装完毕交付使用时:

借:固定资产　　27 860

　贷:在建工程　　27 860

上述固定资产购入和安装业务的会计分录登账结果,如图 4-1 所示。

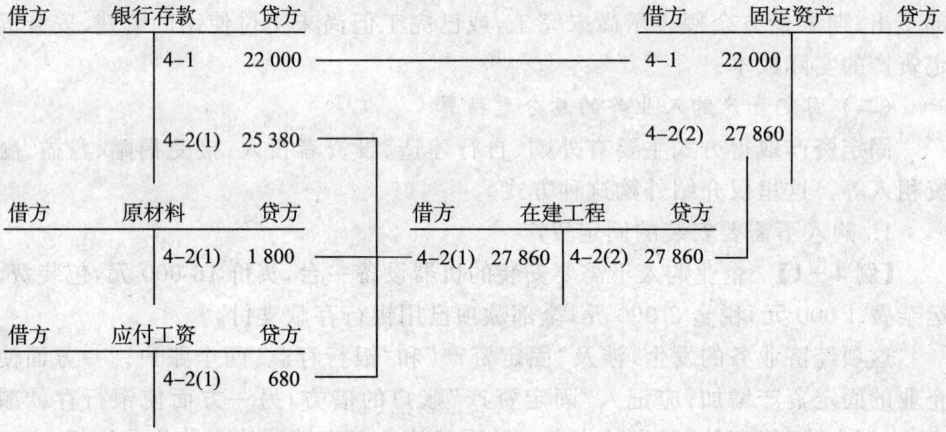

图 4-1

二、购入材料费用的归集和采购成本的计算

(一) 材料的概念

材料是存货的一种,所谓存货是指企业在正常生产经营过程中持有以备出售的产成品或商品,或者仍然处在生产过程中的在产品,或者将在生产过程或提供劳务过程中耗用的材料、物料等。存货主要包括各类材料、商品、在产品、半成品、产成品等。

材料是指直接用于产品制造并构成产品实体,或有助于产品形成但不构成产品实体的物品。主要包括原料及主要材料、辅助材料、外购半成品、修理用备件、包装材料、燃料等。

正常进行生产经营活动,除了购建固定资产以外,还必须通过供应单位取得必要的材料。购进和储存材料物资的目的除了满足生产的需要,还可以转卖。

在材料物资采购过程中会发生以下两种情况：一是购进材料并由仓库验收入库保管，以备生产车间或管理部门领用；二是与供应单位或其他单位办理结算。购进材料的买价加上各种采购费用（包括运输费、装卸费、入库前的挑选整理费等）构成材料的采购成本。

（二）账户设置

1.“材料采购”账户

“材料采购”账户是用来核算和监督企业外购材料的买价和采购费用，并据以计算采购成本的账户。该账户属于资产类账户，按材料品种或类别设置明细账，进行明细分类核算。账户的借方登记外购材料的买价和采购费用，贷方登记已验收入库材料的实际采购成本，期末一般无余额。如有余额，一定在借方，表示尚未验收入库在途材料的实际采购成本。

2.“原材料”账户

“原材料”账户是用来核算和监督企业库存材料增减变动和结存情况的账户。该账户属于资产类账户，按材料的品种、类别、保管地点（仓库）、规格设置明细账，进行明细分类核算。账户的借方登记入库材料的实际采购成本；贷方登记领用材料的实际成本；期末余额在借方，表示期末结存材料的实际成本。

3.“应付票据”账户

“应付票据”账户是用来核算和监督企业对外发生债务时所开出、承兑的商业汇票（包括商业承兑汇票和银行承兑汇票）的账户。该账户属于负债类账户，按供应单位名称设置明细账，进行明细分类核算。账户的贷方登记企业开出、承兑的商业汇票或以承兑汇票抵付的货款；借方登记收到银行付款通知后实际支付的款项；期末贷方余额，表示应付未付，尚没有到期的应付票据的金额。

4.“预付账款”账户

“预付账款”账户是用来核算和监督企业因向供应单位预付购买材料等款项，而与供应单位发生的债权结算业务情况的账户。该账户属于资产类账户，按供应单位名称设置明细账，进行明细分类核算。账户的借方登记企业预付款项，贷方登记结转预付款项，期末借方余额表示尚未结转的预付款项。

5.“应交税费”账户

“应交税费”账户是用来核算和监督企业按照税法等规定计算应交纳的各种税费，包括增值税、消费税、营业税、所得税、资源税、土地增值税、城市维护建设税、房产税、土地使用税、车船使用税、教育费附加、矿产资源补偿费等。该账户属于负债类账户，按税费项目设置明细账，进行明细分类核算。账户的贷方登记应交纳的各项税费、销项税额、出口退税和进项税额转出；借方登记进项税额和实际已交纳的各项税费；期末贷方余额表示企业应交未交的各项税费，借方余额表示企业多交税费或未抵扣的增值税额。其中“应交税费——应交增值税(进项税额)”是企业购入货物或接受应税劳务而支付的,准予从销项税额中抵扣的增值税额。“应交税费——应交增值税(销项税额)”是企业销售或提供应税劳务而收取的增值税额。

(三) 材料采购业务的账户处理

【例 4-3】 华明厂从 A 公司购入甲材料 1 000 千克,单价 12 元,计 12 000 元,运费 100 元,增值税进项税额 2 040 元(12 000×17%),上述款项已用银行存款支付,材料已运达企业,并已验收入库。

这项经济业务的发生涉及“材料采购”、“应交税费——应交增值税”、“银行存款”三个账户。一方面使采购成本增加,应记入“材料采购”账户的借方,支付进项增值税应记入“应交税费——应交增值税”账户的借方;另一方面使银行存款减少,应记入“银行存款”账户的贷方。这项经济业务应编制的会计分录如下:

借:材料采购——甲材料	12 100	
应交税费——应交增值税(进项税额)	2 040	
贷:银行存款		14 140

【例 4-4】 从 B 公司购入乙材料 3 000 千克,单价 10 元,计 30 000 元,购入丙材料 2 000 千克,单价 8 元,计 16 000 元,增值税进项税额 7 820 元。全部款项已用银行存款支付,材料已运达企业并已验收入库。

这项经济业务的发生涉及“材料采购”、“应交税费——应交增值税”、“银行存款”三个账户。一方面使采购成本增加,应记入“材料采购”账户的借方,支付进项增值税应记入“应交税费—应交增值税”账户的借方;另一方面使银行存款减少,应记入“银行存款”账户的贷方。这项经济业务应编制的会计分录如下:

借:材料采购——乙材料	30 000	
——丙材料	16 000	
应交税费——应交增值税(进项税额)	7 820	
贷:银行存款		53 820

【例 4-5】 向 A 公司购进丁材料 1 000 千克,单价 10 元,计 10 000 元,增值税进项税额 1 700 元,运费 300 元,企业开出并承兑半年期商业承兑汇票一张,但材料尚未运达企业。

这项经济业务涉及“材料采购”、“应交税费——应交增值税”、“应付票据”三个账户。一方面使采购成本增加,应记入“材料采购”账户的借方、支付进项增值税应记入“应交税费——应交增值税”账户的借方;另一方面使应付票据增加，应记入“应付票据”账户的贷方。这项经济业务应编制的会计分录如下：

借：材料采购——丁材料　　10 300

　　应交税费——应交增值税（进项税额）　　1 700

　贷：应付票据　　12 000

【例 4－6】 华明厂用银行存款 10 000 元向 B 工厂预付购买戊材料支出。

这项经济业务涉及“预付账款”、“银行存款”两个账户。一方面使预付账款增加，应记入“预付账款”账户的借方；另一方面使银行存款减少，应记入“银行存款”账户的贷方。这项经济业务应编制的会计分录如下：

借：预付账款——B 工厂　　10 000

　贷：银行存款　　10 000

【例 4－7】 B 工厂发运来已预付货款的材料，并已验收入库。戊材料计 1 500千克，单价 8 元，计 12 000 元，运费 300 元，进项增值税 2 040 元，并以银行存款补付剩余款项。

这项经济业务的发生涉及“材料采购”、“应交税费——应交增值税”、“银行存款”、“预付账款”四个账户。

(1) 收到戊材料。按照应计入购入戊材料成本的金额，借记“材料采购”，进项增值税记入“应交税费——应交增值税”账户的借方，按应支付的金额；贷记“预付账款”。应编制的会计分录如下：

借：材料采购——戊材料　　12 300

　　应交税费——应交增值税（进项税额）　　2 040

　贷：预付账款——B 工厂　　14 340

(2) 补付剩余款项，应编制的会计分录如下：

借：预付账款——B 工厂　　4 340

　贷：银行存款　　4 340

【例 4－8】 用银行存款支付上述【例 4－4】购入乙、丙材料运费 500 元，乙材料负担 300 元，丙材料负担 200 元。

这项经济业务的发生，涉及“材料采购”、“银行存款”两个账户。一方面使采购成本增加，应记入“材料采购”账户的借方；另一方面使银行存款减少，应记入“银行存款”账户的贷方。这项经济业务应编制的会计分录如下：

借：材料采购——乙材料　　300

　　　　　　——丙材料　　200

　贷：银行存款　　500

【例 4－9】 计算并结转已验收入库材料的实际采购成本。

甲材料的采购成本＝12 000(买价)＋100(运费)＝12 100

乙材料的采购成本＝30 000(买价)＋300(运费)＝30 300

丙材料的采购成本＝16 000(买价)＋200(运费)＝16 200

戊材料的采购成本＝12 000(买价)＋300(运费)＝12 300

尚未运达企业的在途材料的实际成本10 300元。

这项经济业务的发生,涉及"原材料"、"材料采购"两个账户。一方面使库存材料增加,应记入"原材料"账户的借方;另一方面使入库材料采购成本结转,应记入"材料采购"账户的贷方。这项经济业务应编制的会计分录如下:

借:原材料——甲材料　　12 100
　　　　——乙材料　　30 300
　　　　——丙材料　　16 200
　　　　——戊材料　　12 300
　贷:材料采购——甲材料　　12 100
　　　　　　——乙材料　　30 300
　　　　　　——丙材料　　16 200
　　　　　　——戊材料　　12 300

(四) 材料采购成本的构成及计算

购入材料的采购成本,一般由买价和采购费用组成。所谓买价指企业购入材料时,按供货单位的发票价格支付的货款。采购费用是指在采购过程中发生的各种费用,包括材料的运输费、装卸费、保险费、仓储费,运输途中的合理损耗及入库前的挑选整理费等。材料采购成本的计算,是按材料的品种、类别,将买价、采购费用加以归集,计算出总成本及单位成本。计算采购费用时,凡能分得清是为采购哪种材料所支付或发生的,应直接计入该种材料的采购成本;凡分不清的,如为运输两种以上材料而支付的运输费,应按合理的分配标准(材料体积、重量等)分配计入各种材料的采购成本。材料采购成本的计算是在材料采购的明细账上进行的。以【例4－8】中乙、丙两种材料运费500元为例,计算分配材料运费,运费按乙、丙两种材料的重量比例分配。

运费分配率＝运费/材料重量总计

运费分配率＝500/(3 000＋2 000)

＝0.1(元/千克)

乙材料应分配的运费＝3 000×0.1＝300(元)

丙材料应分配的运费＝2 000×0.1＝200(元)

根据【例4－3】～【例4－9】的材料采购业务填入表4－1至表4－6及图4－2。

表 4-1　材料采购明细账

材料名称：甲材料　　　　单位：元

200×年		凭证号数	摘　要	借　方			贷方
月	日			买价	运输费	合计	
略	略	略	购入 1 000 千克@12 元	12 000		12 000	
			发生的运输费		100	100	
			结转的采购成本				12 100
			本期发生额	12 000	100	12 100	12 100

表 4-2　材料采购明细账

材料名称：乙材料　　　　单位：元

200×年		凭证号数	摘　要	借　方			贷方
月	日			买价	运输费	合计	
略	略	略	购入 3 000 千克@10 元	30 000		30 000	
			发生的运输费		300	300	
			结转的采购成本				30 300
			本期发生额	30 000	300	30 300	30 300

表 4-3　材料采购明细账

材料名称：丙材料　　　　单位：元

200×年		凭证号数	摘　要	借　方			贷方
月	日			买价	运输费	合计	
略	略	略	购入 2 000 千克@8 元	16 000		16 000	
			发生的运输费		200	200	
			结转的采购成本				16 200
			本期发生额	16 000	200	16 200	16 200

表 4-4　材料采购明细账

材料名称：丁材料　　　　单位：元

200×年		凭证号数	摘　要	借　方			贷方
月	日			买价	运输费	合计	
略	略	略	购入 1 000 千克@10 元	10 000		10 000	
			发生的运输费		300	300	
			本期发生额	10 000	300	10 300	

表 4-5 材料采购明细账

材料名称:戊材料　　　　　　　　　　　　　　　　　　　　　单位:元

200×年		凭证号数	摘要	借方			贷方
月	日			买价	运输费	合计	
略	略	略	购入 1 500 千克@8 元	12 000		12 000	
			发生的运输费		300	300	
			结转的采购成本				12 300
			本期发生额	12 000	300	12 300	12 300

表 4-6 材料采购成本计算单　　　　　　　　　　　　　　单位:元

	甲材料(1 000 千克)		乙材料(3 000 千克)		丙材料(2 000 千克)		戊材料(1 500 千克)	
	总成本	单位成本	总成本	单位成本	总成本	单位成本	总成本	单位成本
买价	12 000		30 000		16 000		12 000	
运输费	100		300		200		300	
合计	12 100	12.10	30 300	10.10	16 200	8.10	12 300	8.20

材料至期末验收入库,期末“材料采购”账户出现借方余额 10 300 元,为企业的在途材料。材料采购业务的账务处理如图 4—2 所示。

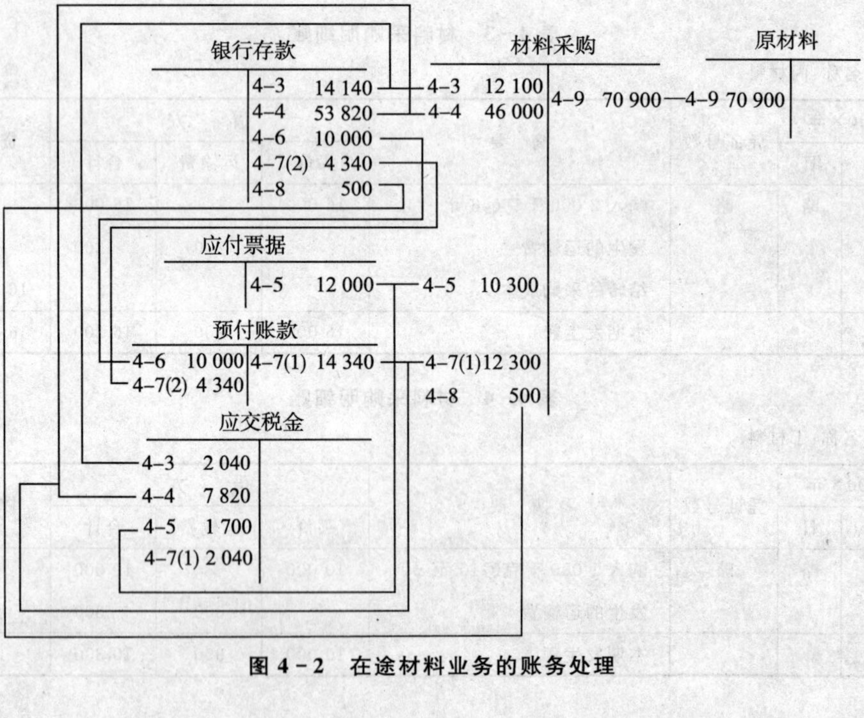

图 4-2 在途材料业务的账务处理

第三节　产品生产过程费用的归集

一、费用和产品成本的概念

费用是指企业为销售商品、提供劳务等日常活动所发生的经济利益的流出。也就是说，凡与销售商品、提供劳务的过程无关的经济利益流出，一般不作为费用。费用包括生产费用和期间费用。所谓生产费用，即是指在一定时期产品生产过程中发生或支出的耗费；所谓期间费用，即是指与生产产品无直接关系，属于某一时期耗用的费用，包括管理费用、财务费用、销售费用。期间费用不参与成本计算，直接计入当期损益。

产品成本是指产品制造企业为制造一定种类和一定数量的产品所支付的各项费用的总和。

产品成本与生产费用既有联系，又有区别。生产费用强调的是期间，也就是强调一定时期的发生数。产品成本强调的是对象，也就是强调一定对象的负担数。前者是企业在一定时期内生产过程中发生的各种耗费，后者则是生产费用的对象化。两者也有着密切的联系，费用的发生过程也是成本的形成过程，也就是说费用是产品成本形成的基础。另外，两者在某些项目的名称上也相同。

二、费用的种类

为了正确地对费用进行核算，需要对费用进行科学分类。费用按是否构成产品成本或劳务成本，作如下分类。

1. 直接费用

直接费用是指与产品生产或提供劳务直接相关的费用，包括直接材料、直接人工，在产品生产过程或劳务提供过程中耗费的燃料、动力、外部加工费等其他直接费用。这些费用发生时，直接记入产品成本或劳务成本。

2. 间接费用

间接费用是指各生产单位为组织、管理生产所发生的各种费用，包括间接材料、间接人工（如各生产单位组织管理人员工资、固定资产折旧、修理费、组织管理生产消耗的材料费）以及其他间接费用。这些费用不能直接记入各产品成本，应按适当的方法分配计入各产品的成本或劳务成本。

3. 期间费用

期间费用包括管理费用、财务费用和产品销售费用。管理费用是指企业行政管理部门为组织和管理生产经营活动而发生的各项费用,包括行政管理部门人员的工资及福利费、办公费、折旧费、工会经费、职工教育经费、业务招待费、坏账损失、房产税、土地使用税、印花税、劳动保险费等。为筹集生产经营所需资金而发生的各项费用称为财务费用;为销售产品而发生的各种费用称为销售费用。这些费用都不能计入产品成本或劳务成本,应按一定的期限进行汇总,直接计入当期损益。

三、账户设置

1.“生产成本”账户

“生产成本”账户是用来归集和分配产品生产过程中发生的各项费用,正确计算产品生产成本的账户。该账户属于成本类账户,按产品品种设置明细账,进行明细分类核算。账户的借方登记应计入产品生产成本的各项费用,包括直接计入产品生产成本的直接材料和直接人工,以及分配计入产品生产成本的制造费用;贷方登记完工入库产品的生产成本,期末借方余额表示尚未完工产品的成本。

2.“制造费用”账户

“制造费用”账户是用来核算和监督企业生产车间为生产产品而发生的各项间接生产费用,包括工资及福利费、折旧费、修理费、办公费、水电费及物料消耗等。该账户按不同的生产车间(分厂)及制造费用的项目设置明细账,进行明细分类核算。账户的借方登记实际发生的各项制造费用,贷方登记月度终了将全部制造费用分配计入有关产品成本的金额,月末一般无余额。

3.“累计折旧”账户

“累计折旧”账户是用来核算和监督固定资产累计折旧情况的账户,是“固定资产”账户的调整账户。企业固定资产在其较长的使用期内保持原有实物形态,而其价值随着固定资产的损耗而逐渐减少;固定资产由于损耗而减少的价值就是固定资产的折旧。折旧应作为折旧费用计入产品成本和期间费用。因此,计提折旧就表明产品成本的增加或期间费用的增加。由于管理的需要,“固定资产”账户始终反映企业现有固定资产的原始价值,为了便于计算和反映固定资产的账面净值,就需要专门设置一个用来反映固定资产损耗价值的账户,即“累计折旧”账户。该账户只进行总分类核算,不进行明细分类核算。如确因管理需要,可以抽查固定资产卡片上记载的资料即可知道固定资产已提折旧的情况。该账户的贷方登记固定资产因计提折旧而减少的金额,即固定资产折旧增加的金额;借方登记已提固定资产折旧的转销数额;期末贷方余额表示现有固定资产已计提的累计折旧额。

4."应付职工薪酬"账户

"应付职工薪酬"账户是用来核算和监督企业应付给职工的各种薪酬。职工薪酬包括:① 职工工资、奖金、津贴和补贴;② 职工福利费;③ 医疗保险费、养老保险费、失业保险费、工伤保险费和生育保险费等社会保险费;④ 住房公积金;⑤ 工会经费和职工教育经费;⑥ 非货币性福利;⑦ 因解除与职工的劳动关系给予的补偿;⑧ 其他与获得职工提供的服务相关的支出。

该账户属于负债类账户。账户的贷方登记实际发生的应付职工的各种薪酬数额;借方登记实际已经支付的数额;期末一般无余额,如有余额在贷方,表示期末企业应付未付的职工薪酬。

该账户可按"工资"、"职工福利"、"社会保险费"、"住房公积金"、"工会经费"、"职工教育经费"、"非货币性福利"、"辞退福利"、"股份支付"设置明细账,进行明细分类核算。

5."库存商品"账户

"库存商品"账户是用来核算和监督已生产完工并验收入库产品的增减变动及结存情况的账户。该账户属于资产类账户,按产成品的种类、品种和规格设置明细账,进行明细分类核算。账户的借方登记已经完成全部生产过程并已验收入库的产成品的实际成本;贷方登记出库产成品的实际成本;期末余额在借方,表示库存产成品的实际成本。

6."管理费用"账户

"管理费用"账户是用来核算和监督企业行政管理部门为组织和管理企业生产经营活动而发生的各种费用。该账户属于损益类账户,按管理费用项目设置明细账,进行明细分类核算。账户的借方登记发生的各项管理费用,贷方登记全部转入当期损益的数额,期末结转后本账户无余额。

7."财务费用"账户

"财务费用"账户是用来核算和监督企业为筹集生产经营所需资金而发生的费用。该账户属于损益类账户,按费用项目设置明细账,进行明细分类核算。账户的借方登记企业发生的各项财务费用,贷方登记期末转入当期损益的数额,期末结转后本账户无余额。

四、生产费用的归集

生产费用按不同产品分别归集计算,得出为生产某种产品而耗用的生产费用时,即为该产品的生产成本。

生产费用的归集过程,也就是产品成本的核算过程。其程序是:第一,确定成本计算对象。所谓成本计算对象,就是指生产费用归属对象。不同类型的企业由于生产特点和管理要求不同,成本计算对象也不同。但是不论采用什么方法,最终都要按产品品种计算出产品成本。第二,按成本项目分配归集生产费用。计入产品成本生产费用应按成本项目进行归集。所谓成本项目,即是把企业在生产经营过程中各阶段所发生的各项费用按其经济用途归类。制造企业的产品成本项目,一般分为直接材料、直接人工和制造费用。第三,计算产品的总成本和单位成本。编制各项费用分配表,将费用分配计入各账户及产品成本计算单的有关成本项目中,计算出各成本计算对象的总成本和单位成本。

(一)材料费用的归集

材料费用是指企业在生产过程中实际消耗的原料及主要材料、辅助材料、外购半成品、燃料动力等。材料费用的归集,就是将企业在月份内耗用的材料按材料的用途和类别,根据归类后的领料凭证,编制"材料费用分配表",据此将耗用的材料费用分别计入"生产成本"、"制造费用"和"管理费用"账户。耗用材料用于产品生产的,计入"生产成本"账户;用于各车间(分厂)组织与管理生产耗用的,计入"制造费用"账户;用于行政管理部门为组织与管理企业经营耗用的,计入"管理费用"账户。华明厂5月份发生以下经济业务:

【例4-10】 华明机器厂本月仓库发出的材料(月末根据各种材料领料凭证汇总整理)如表4-7所示。

表4-7 材料耗用汇总表

	M材料		N材料		合计
	数量(千克)	金额(千克)	数量(千克)	金额(元)	金额(元)
一、产品耗用					
A产品	100	50 000			50 000
B产品	84	42 000			42 000
二、车间耗用			20	2 000	2 000
三、厂部耗用			50	5 000	5 000
合计	184	92 000	70	7 000	99 000

这项经济业务的发生涉及"生产成本"、"制造费用"、"管理费用"、"原材料"四个账户。一方面使生产成本、制造费用、管理费用增加,应计入"生产成本"、"制造费用"、"管理费用"账户的借方;另一方面使原材料减少,应记入"原材料"账户的贷方。根据这项经济业务应编制的会计分录如下:

借：生产成本——A 产品	50 000	
——B 产品	42 000	
制造费用	2 000	
管理费用	5 000	
贷：原材料——M 材料		92 000
——N 材料		7 000

（二）人工费用的归集

"人工费用"即"职工薪酬"，其最基本的内容是工资和福利费。这里，工资包括了一切构成工资总额的部分，如奖金、津贴、补贴等。职工福利费一般都是用于改善职工生活条件，对于非独立法人和非对外营利性的职工医院、浴室、食堂餐饮等，均可在福利费中列支。职工福利费的计提则是按照其他相关的法规或制度办理。五险一金（医疗保险费、养老保险费、失业保险费、工伤保险费和生育保险费、住房公积金）也纳入职工薪酬。

企业应当根据职工提供服务的受益对象，对发生的职工薪酬分别按以下情况进行处理：生产工人的职工薪酬，借记"生产成本"账户，贷记"应付职工薪酬"账户；车间管理人员的职工薪酬，借记"制造费用"账户，贷记"应付职工薪酬"账户；管理部门人员的职工薪酬，借记"管理费用"账户，贷记"应付职工薪酬"账户；销售人员的职工薪酬，借记"销售费用"账户，贷记"应付职工薪酬"账户。如果企业生产多种产品，生产工人的职工薪酬就需要采用一定的方法，在各种产品之间进行分配。常用的分配方法是按各产品实耗（或定额）工时比例进行分配。计算公式如下：

$$\text{直接人工费用分配率}=\frac{\text{生产人员职工薪酬总额}}{\text{各种产品生产工时（实际或定额）总数}}$$

$$\begin{matrix}\text{某种产品应分配}\\\text{直接人工费用}\end{matrix}=\begin{matrix}\text{直接人工费用}\\\text{分配率}\end{matrix}\times\begin{matrix}\text{该产品生产工时}\\\text{（实际或定额）总数}\end{matrix}$$

【例 4－11】 月末，根据工资的下列用途，分配结转工资费用。生产工人工资 88 000 元，车间管理人员工资 40 000 元，厂部管理人员工资 30 000 元。

这项经济业务涉及"生产成本"、"制造费用"、"管理费用"、"应付职工薪酬——工资"四个账户。一方面使生产成本增加，应记入"生产成本"账户的借方；制造费用增加，应记入"制造费用"账户的借方；管理费用增加，应记入"管理费用"账户的借方；另一方面使应付职工薪酬增加，应记入"应付职工薪酬——工资"账户的贷方。

借:生产成本　　　　　　　　　　　　　　　　　　88 000
　制造费用　　　　　　　　　　　　　　　　　　40 000
　管理费用　　　　　　　　　　　　　　　　　　30 000
　贷:应付职工薪酬——工资　　　　　　　　　　　　　158 000

【例 4-12】 月末,按职工工资总额的 14%计提职工福利费,

生产工人福利费	88 000×14%=12 320(元)
车间管理人员福利费	40 000×14%=5 600(元)
厂部管理人员福利费	30 000×14%=4 200(元)
合计	158 000×14%=22 120(元)

这项经济业务涉及"生产成本"、"制造费用"、"管理费用"、"应付职工薪酬——职工福利"四个账户。一方面使生产成本、制造费用、管理费用增加,应记入"生产成本"、"制造费用"、"管理费用"账户的借方;另一方面使应付福利费增加,应记入"应付职工薪酬——职工福利"账户的贷方。根据这项经济业务应编制的会计分录如下:

借:生产成本　　　　　　　　　　　　　　　　　　12 320
　制造费用　　　　　　　　　　　　　　　　　　5 600
　管理费用　　　　　　　　　　　　　　　　　　4 200
　贷:应付职工薪酬——职工福利　　　　　　　　　　　22 120

实际工作中,生产工人工资及福利费的分配是通过编制"工资及福利费"分配表进行的,具体如表 4-8 所示。

表 4-8　工资及福利费分配表

	分配标准	应付工资		应付福利费		合计
	实际工时	分配率	分配额	分配率	分配额	
生产成本						
——A 产品	6 000	8	48 000	1.12	6 720	54 720
——B 产品	5 000	8	40 000	1.12	5 600	45 600
合计	11 000	8	88 000	1.12	12 320	100 320

【例 4-13】 月末,按职工工资总额的 10%,计算职工住房公积金。

该企业职工住房公积金由企业负担 50%,职工个人负担 50%,企业按职工工资总额的 10%为职工交纳住房公积金,职工个人负担部分由企业为职工代扣代缴。

生产A产品生产工人住房公积金	48 000×10%＝4 800(元)
生产B产品生产工人住房公积金	40 000×10%＝4 000(元)
车间管理人员住房公积金	40 000×10%＝4 000(元)
厂部管理人员住房公积金	30 000 ×10%＝3 000(元)
合计	15 800(元)

这项经济业务涉及“生产成本”、“制造费用”、“管理费用”、“应付职工薪酬——住房公积金”四个账户。一方面使生产成本、制造费用、管理费用增加，应记入“生产成本”、“制造费用”、“管理费用”账户的借方；另一方面使应付住房公积金增加，应记入“应付职工薪酬——住房公积金”账户的贷方。根据这项经济业务应编制的会计分录如下：

借：生产成本——A产品　　4 800
　　　　　　——B产品　　4 000
　　制造费用　　4 000
　　管理费用　　3 000
　贷：应付职工薪酬——住房公积金　　15 800

【例4－14】　以银行存款支付职工工资158 000。

这项经济业务涉及“应付职工薪酬——工资”账户和“银行存款”账户。一方面记入“应付职工薪酬——工资”账户的借方，表示职工薪酬的支付；另一方面记入“银行存款”账户的贷方，表示银行存款的减少。根据这项经济业务应编制的会计分录如下：

借：应付职工薪酬——工资　　158 000
　贷：银行存款　　158 000

【例4－15】　企业以银行存款30 000元交纳上月职工住房公积金。

这项经济业务涉及“应付职工薪酬——住房公积金”账户和“银行存款”账户。一方面记入“应付职工薪酬——住房公积金”账户的借方，表示住房公积金的交纳；另一方面记入“银行存款”账户的贷方，表示银行存款的减少。根据这项经济业务应编制的会计分录如下：

借：应付职工薪酬——住房公积金　　30 000
　贷：银行存款　　30 000

（三）制造费用的归集

制造费用是指企业车间（分厂）为组织和管理生产所发生的各种费用，包括车间管理人员及其他人员的工资、福利费、折旧费、修理费、办公费、水电费等。企业发生的各项制造费用，应按费用发生的地点和用途在“制造费用”账户进行归集。

【例 4-16】 华明厂用银行存款支付车间水电费 1 000 元。

这项经济业务涉及"制造费用"、"银行存款"两个账户。一方面使制造费用增加,应记入"制造费用"账户的借方;另一方面使银行存款减少,应记入"银行存款"账户的贷方。根据这项经济业务应编制的会计分录如下:

借:制造费用　　1 000
　贷:银行存款　　1 000

【例 4-17】 华明厂以现金购买车间办公用品 400 元。

这项经济业务涉及"制造费用"、"库存现金"两个账户。一方面使制造费用增加,应记入"制造费用"账户的借方;另一方面使现金减少,应记入"库存现金"账户的贷方。根据这项经济业务应编制的会计分录如下:

借:制造费用　　400
　贷:库存现金　　400

【例 4-18】 华明厂计提车间固定资产折旧 2 000 元。

这项经济业务涉及"制造费用"、"累计折旧"两个账户。一方面使制造费用增加,应记入"制造费用"账户的借方;另一方面使累计折旧增加,应记入"累计折旧"账户的贷方。根据这项经济业务应编制的会计分录如下:

借:制造费用　　2 000
　贷:累计折旧　　2 000

华明厂于月末汇总计算制造费用发生总额,如表 4-9 所示。

表 4-9　制造费用总分类账

年　月　日	凭证字号	摘　　要	借方	贷方	借/贷	余额
略	4-10	耗用材料	2 000			2 000
	4-11	车间管理人员工资	40 000			42 000
	4-12	计提职工福利费	5 600			47 600
	4-13	计提职工住房公积金	4 000			51 600
	4-16	车间水电费	1 000			52 600
	4-17	车间办公用品	400			53 000
	4-18	计提车间固定资产折旧	2 000			55 000

第四节　产品销售过程费用的归集和营业收入的确认

产品销售过程是产品价值的实现过程。在销售过程中，企业一方面要将库存商品及时销售给购买单位；另一方面要支付包装费、运杂费等销售费用，并按购买者能接受的价格，办理货款结算业务，收回货款，实现销售收入。这时，企业的经营资金就从成品资金形态转化为货币资金形态，完成了一次资金的循环。

一、产品销售过程的费用归集

（一）产品销售过程中费用的概念

产品销售过程中的费用就是指营业费用，是指企业在销售、提供劳务的过程中发生的，应由本企业负担的费用，包括运输费、包装费、装卸费、保险费、广告费、差旅费、专设销售机构人员的工资等。

产品销售过程中的费用属于期间费用，不计入产品成本，直接计入当期损益。

（二）账户设置

“销售费用”账户，是用来核算和监督企业销售过程中发生的各项费用的账户。该账户属于损益类账户，按费用项目开设明细账，进行明细分类核算。账户的借方登记各项销售费用的发生额，贷方登记期末转入当期损益的数额，期末结转后本账户应无余额。

（三）产品销售费用的归集

【例 4－19】 华明厂以银行存款 500 元，支付销售甲产品的运输费。

这项经济业务涉及“销售费用”、“银行存款”两个账户。一方面使销售费用增加，应记入“销售费用”账户的借方；另一方面使银行存款减少，应记入“银行存款”账户的贷方。根据这项经济业务应编制的会计分录如下：

借：销售费用　　　　500

　贷：银行存款　　　　500

【例 4－20】 华明厂以银行存款 8 000 元，支付产品广告费。

这项经济业务涉及“销售费用”、“银行存款”两个账户。一方面使销售费用增加，应记入“销售费用”账户的借方；另一方面使银行存款减少，应记入“银行存款”账户的贷方。根据这项经济业务应编制的会计分录如下：

借:销售费用　　　　8 000

　贷:银行存款　　　　8 000

【例 4-21】　华明厂以现金 100 元,支付丙产品的装卸费。

这项经济业务涉及“销售费用”、“现金”两个账户。一方面使销售费用增加,应记入“销售费用”账户的借方;另一方面使现金减少,应记入“现金”账户的贷方。这项经济业务应编制的会计分录如下:

借:销售费用　　　　100

　贷:现金　　　　100

产品销售过程中费用的归集的账务处理如图 4-3 所示。

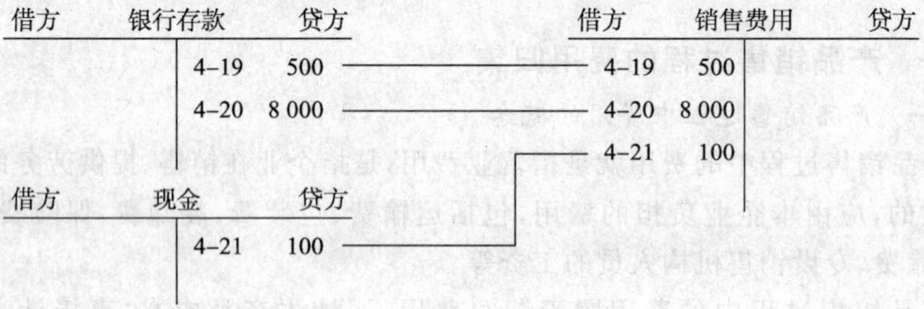

图 4-3

二、营业收入的确认

(一) 收入及确认

收入是指企业在一定时期内由于销售商品或提供劳务以及让渡资产使用权等日常活动中形成的经济利益的总流入。

收入按经营业务的主次可分为主营业务收入和其他业务收入。主营业务收入,对制造企业来说主要指出售产品及提供工业性劳务所获得的收入。其他业务收入又称附营业务收入,指企业除主要经营活动以外的业务所创造的收入,如材料销售、固定资产出租、无形资产使用权转让、运输等非工业性的劳务所获得的收入。

营业(销售)收入的确认是一个十分重要的问题。收入的确认应当遵循实现原则,确认收入时要注意收入是否已实现,是否已盈得,是否可以计量。按分期结账的原则,凡是确认为当期的收入,就必须与当期费用相匹配,计算当期财务成果,并计算和上缴当期税金,结转当期利润。

《企业会计准则——收入》准则规定,销售商品的收入,只有在符合以下全部条件的情况下才能予以确认:

(1) 企业已将商品所有权上的主要风险和报酬转移给购货方；

(2) 企业既没有保留通常与所有权相联系的继续管理权，也没有对已售出的商品实施控制；

(3) 与交易相关的经济利益能够流入企业；

(4) 相关的收入和成本能够可靠地计量。

第(1)条中所谓的风险是指商品所有者承担该商品价值发生损失的可能性，如商品价值发生减值、商品发生毁损的可能性。所谓的报酬是指商品所有者预期可获得的商品中包含的未来经济利益，如商品价值的增加以及商品的使用所形成的经济利益。当一项商品发生的任何损失由买方承担，带来的经济利益也归买方所有时，意味着该商品所有权上的全部风险和报酬已转移给买方，此时才可以确认收入，否则应暂缓确认收入。比如，A 企业委托 B 企业代销商品，A 企业将代销商品交付 B 企业时，商品所有权上主要风险和报酬并未转移，只有当 B 企业售出商品并提供了代销清单时，A 企业才能根据代销清单确认收入。再比如，某企业为推销一项新产品，规定凡购买新产品者均有一个月的试用期，如不满意可在一个月内退货。在此情况下，该企业尽管已售出商品并已收到货款，但由于无法估计退货的可能性，因此，该企业在售出商品时不能确认收入，而只能等买方正式接受商品或退货期满时再确认收入。

根据第(2)条规定，企业将商品所有权上的主要风险和报酬转移给买方后，仍然保留与所有权有关的继续管理权，或仍然对售出的商品实施控制的，不能确认为销售收入。如 A 企业将一批商品销售给某中间商，合同规定，A 企业有权要求中间商将售出的商品转移或退回，在这种情况下，A 企业仍对产品拥有实际控制权，因而不能确认收入。但如果企业保留的是与所有权无关的继续管理权或实际控制权，则不受本条件限制。如房地产企业将开发的房地产售出后，保留了对该房产的物业管理权，由于此项管理权与房产所有权无关，所以应确认房地产销售收入，而提供物业管理所取得的收入则确认为劳务收入。

根据第(3)条规定，企业在销售商品时，如果估计货款收回的可能性不大，即使收入确认的其他条件均已满足，也不应当确认收入。比如，企业在销售商品时得知买主在另一项交易中发生巨额亏损，导致资金周转困难，此时应推迟确认收入，直至不确定因素消除。

根据第(4)条规定，相关的收入和成本不能可靠地计量时，即使其他条件均已满足，也不能确认收入。比如，因为某个不确定的因素必须对售价进行调整时，在新的售价确定前不应确认收入。

(二) 账户设置

1. “主营业务收入”账户

“主营业务收入”账户是用来核算和监督企业销售产品或提供劳务所发生的收入的账户。该账户属于损益类账户,按产品类别(或劳务)设置明细账,进行明细分类核算。账户的贷方登记经确认已实现的销售产品或提供劳务收入以及让渡资产使用权所形成的收入;借方登记发生销售退回或折让时冲减的主营业务收入和期末转入“本年利润”账户贷方的销售收入净额,结转后该账户无余额。

2.“主营业务成本”账户

“主营业务成本”账户是用来核算和监督企业经营主营业务而发生的实际成本的账户。该账户属于损益类账户,按销售产品的类别或品种设置明细账,进行明细分类核算。账户的借方登记已销售产品、提供劳务的实际成本;贷方登记应冲减的销售退回的产成品和劳务的成本以及期末销售成本的结转数;结转后该账户期末无余额。

3.“营业税金及附加”账户

“营业税金及附加”账户是用来核算和监督企业销售产品、提供劳务等应缴纳的消费税、营业税、城市维护建设税、教育费附加等税费的账户。该账户属于损益类账户,按销售产品的类别或品种设置明细账,进行明细分类核算。账户的借方登记企业按规定计算的应缴纳的消费税、营业税等税费数额,贷方登记期末转入“本年利润”账户的数额,期末结转后本账户应无余额。

4.“其他业务收入”账户

“其他业务收入”账户是用来核算和监督企业其他业务活动取得的收入的账户。该账户属于损益类账户,按其他业务的类别设置明细账,进行明细分类核算。账户的贷方登记企业取得的其他业务收入,借方登记期末结转记入“本年利润”账户贷方的数额,结转后本账户无余额。

5.“其他业务成本”账户

“其他业务成本”账户是用来核算和监督企业除产品销售以外的其他销售或其他业务所发生的支出,包括销售材料的成本,提供劳务而发生的相关成本、费用,以及其他业务活动发生的营业税金及附加等。该账户属于损益类账户,按其他业务的种类设置明细账,进行明细分类核算。账户的借方登记发生的其他业务成本数额,贷方登记期末结转记入“本年利润”账户借方的数额,结转后本账户无余额。

【例 4-22】 华明机器厂销售给 M 公司 A 产品 200 台,每台售价 400 元;B 产品 200 台,每台售价 300 元。“增值税专用发票”列示销项增值税 23 800 元。以上产品已经发运,款项均已通过银行收取。

这项经济业务涉及“银行存款”、“应交税费——应交增值税”、“主营业务收入”三个账户。一方面使银行存款增加，应记入“银行存款”账户的借方；另一方面使销售收入增加及向购货方收取的销项增值税，应记入“主营业务收入”、“应交税费——应交增值税”账户的贷方。根据这项经济业务应编制的会计分录如下：

借：银行存款　　163 800

　贷：主营业务收入　　140 000

　　　应交税费——应交增值税　　23 800

【例 4-23】 华明厂提供技术劳务，收到现金 180 元。

这项经济业务涉及“库存现金”、“其他业务收入”两个账户。一方面使现金增加，应记入“库存现金”账户的借方；另一方面使其他业务收入增加，应记入“其他业务收入”账户的贷方。根据这项经济业务应编制的会计分录如下：

借：库存现金　　180

　贷：其他业务收入　　180

【例 4-24】 收到甲公司预付的购买 A、B 产品货款 100 000 元，存入银行。

这项经济业务的发生涉及“银行存款”、“预收账款”两个账户。一方面使银行存款增加，应记入“银行存款”账户的借方；另一方面使预收账款增加，应记入“预收账款”账户的贷方。根据这项经济业务应编制的会计分录如下：

借：银行存款　　100 000

　贷：预收账款　　100 000

【例 4-25】 按合同向甲公司发出 A 产品 200 台，售价 400 元；B 产品 250 台，售价 300 元，增值税率为 17%。

这项经济业务涉及“应交税费——应交增值税”、“预收账款”、“主营业务收入”三个账户。一方面使预收账款减少，应记入“预收账款”账户的借方；另一方面，取得销售产品的收入，向购货方收取的销项增值税，应记入“主营业务收入”、“应交税费——应交增值税”账户的贷方。根据这项经济业务应编制的会计分录如下：

借：预收账款　　181 350

　贷：主营业务收入　　155 000

　　　应交税费——应交增值税（销项税额）　　26 350

【例 4-26】 收回上述销售 A、B 两种产品的剩余货款 81 350 元，存入银行。

这项经济业务涉及“银行存款”、“预收账款”两个账户。一方面使银行存款增加，应记入“银行存款”账户的借方；另一方面，应记入“预收账款”账户的贷方。根据这项经济业务应编制的会计分录如下：

借:银行存款　　81 350
　贷:预收账款　　81 350

【例 4-27】 华明厂将一项专利权以 100 000 元出租给 N 公司,款已收到。

这项经济业务涉及“银行存款”、“其他业务收入”两个账户。一方面使银行存款增加,应记入“银行存款”账户的借方;另一方面,出租无形资产获得的收入,应记入“其他业务收入”账户的贷方。根据这项经济业务应编制的会计分录如下:

借:银行存款　　100 000
　贷:其他业务收入　　100 000

【例 4-28】 华明厂应缴纳上述专利权出租的营业税 5 000 元(100 000×5%)。

这项经济业务的发生涉及“其他业务成本”、“应交税费——应交营业税”两个账户。一方面使其他业务成本增加,(转让无形资产营业税)应记入“其他业务成本”账户的借方;另一方面应交的营业税应记入“应交税费——应交营业税”账户的贷方。根据这项经济业务编制的会计分录如下:

借:其他业务成本　　5 000
　贷:应交税费——应交营业税　　5 000

【例 4-29】 华明厂结转应交纳城市维护建设税 3 818.2 元。

这项经济业务涉及“营业税金及附加”、“应交税费”两个账户。一方面计征的税费,应记入“营业税金及附加”账户的借方;应交城建税应记入“应交税费”账户的贷方。根据这项经济业务应编制的会计分录如下:

借:营业税金及附加　　3 818.2
　贷:应交税费——应交城建税　　3 818.2

知识扩展

第一,中国的会计制度对各类期间费用的具体内容有着极为详尽的明确规定,但据调查,不同企业的会计人员由于认识不同,在具体费用的归类上意见并不一致。M 公司 A 会计人员将招待银行人员的费用计入管理费用的“交际费”以后,另一 B 会计人员向 A 提出,应将这笔费用转入财务费用的“其他项目”,理由是“该项费用纯属为申请贷款而发生的,理应构成企业债务成本的内在因素。”对这一做法:

1. 如果你作为一个审计人员,在审计时会提出异议吗?

2. 如果提出异议,会如何进行处理?

第二，某设备公司为光明公司安装一台精密专用设备，按双方认可的合同规定，这台精密设备总造价 100 000 元，增值税税率 17%，安装日期 2007 年 12 月 20 日—12 月 31 日，调试期 2008 年 1 月 1 日—1 月 3 日。合同规定，设备调试合格后，光明公司才予以确认，否则可以收回已支付的货款，但在设备安装完毕预付货款 80 000 元，调试合格后再付 37 000 元。2007 年 12 月 29 日，光明公司开出一张面额为 80 000 元的转账支票，设备公司收到后作如下账务处理：

借：银行存款	80 000	
应收账款	37 000	
贷：主营业务收入		100 000
应交税费——应交增值税（销项税额）		17 000

假如你作为某设备公司的一名财务主管，那么：

1. 请指出上述账务处理妥当吗？
2. 如不妥当违背了什么原则？
3. 如欠妥当请予以纠正。

第五章　权责发生制和账项调整

【学习要点】

1. 划分会计期间及收入和费用合理配比的意义。
2. 收付实现制和权责发生制的区别。
3. 权责发生制下确定一个会计期间的收入及费用。
4. 账项调整及编制账项调整分录。

第一节　会计期间及收入和费用合理配比

一、会计期间的重要意义

会计期间是指在会计上对会计主体持续不断的经营活动过程，人为地按时间划分为若干个相等的期间段，从而分期处理会计事项、结算会计账目和编制会计报表。会计期间是会计核算的一项基本假设，是会计核算的前提条件。

企业的生产经营是连续不断进行的，在时间上具有不间断性。要对连续不断的经营活动过程进行计量、记录和报告，从而提供有用的会计信息。但如果提供的会计信息要等到全部经济活动结束后才能确认、计量、记录和报告的话，那么这与信息使用者需要及时掌握企业的经济信息是相矛盾的。所以在会计上，设定企业的经营活动是可以间断的，并且可以划分成各个相等的期间。《企业会计制度》将我国的会计期间划分为年度、半年度、季度和月份，即应当按年度、半年度、季度和月份分期结算账目，编制会计报表。其中，半年度、季度和月度均称为会计中期，年度、半年度、季度和月份的划分均按公历起讫日期确定。

正确确定会计期间有以下重要意义：

(1) 能使企业定期且及时地（既不提前，也不延后）反映经济活动过程及财务成果。

(2) 能满足企业内外信息使用者的需要。

(3) 强化会计信息的预计性质。

(4) 使现代会计理论得到完善和发展。

二、收入和费用合理配比

企业的生产经营活动会给企业带来一定的营业收入，同时必然发生相应的经营费用，并将收入和费用配合起来进行比较。所以，各个会计期间盈亏的正确计算，取决于各该期间的相关收入和费用的正确配比。收入和费用的合理配比是会计核算的一般原则。

就企业而言，由于有会计期间的假设，所以收入的实现与有关费用的发生在时间上有时一致、有时不一致，或不完全不一致。所以，收入和费用的合理配比就显得尤为重要。具体内容如下：

(1) 在正确确定已发生的费用内，有哪些与已实现的收入有关。

(2) 在正确确定尚未发生的费用内，有哪些与已实现的收入有关。

(3) 正确确定利润与亏损。

【例 5-1】 某公司 6 月 8 日销售产品 100 件，单位售价 60 元，货款收到存入银行。该产品单位销售成本 40 元，在销售过程中发生包装费 380 元，运费 120 元，已用现金支付；装卸费 160 元，尚未支付。本例中：

(1) 实现的收入＝6 000 元；

(2) 与实现收入有关，已发生的费用＝4 000＋380＋120＝4 500(元)；

(3) 与实现收入有关，尚未支出的费用＝160(元)；

(4) 本期利润＝6 000－(4 000＋500＋160)＝1 340(元)。

第二节　收付实现制和权责发生制

一、收入和费用的收支期间和应归属期间

所谓收入和费用的收支期间是指收入用货币资金收到，费用用货币现金支付的会计期间；所谓收入和费用的应归属期间是指收入应取得，费用应负担的会计期间。

由于企业经营活动是持续进行的，收入和费用不断地发生和实现，有些收入和费用在相邻的会计期间是相互交错的。比如：本期确认的收入，可能本期尚未收到；而本期收到的收入并不是本期应获得的收入。本期已支付的费用，有可能并不是本期应负担的费用；而本期应负担的费用，有可能本期尚未支付。所以，为了正确将收入和费用合理配比，从而正确计算本期盈亏，这就涉及收入和费用

的收支期间和应归属期间。

在商品经济条件下,进行商品交易,既有现销交易也有赊销交易等,从不同的商品交易方式看,对于售货单位来讲,会有现销、应收和预收等收入方式;对于购货单位来讲,会有现购、应付和预付等支出方式。现销、现购的收支期与应归属期是一致的;而应收、应付、预收、预付均属于收支期与应归属期不一致的收入和费用。如何确认本期的收入和费用,在会计上有两种会计处理基础或标准,即权责发生制和收付实现制。

二、收付实现制和权责发生制

(一)收付实现制的概念

收付实现制又称实收实付制、现收现付制、现金制。它是按款项是否在本期实际收到或付出为标准来确定本期收入和费用的一种方法。

(二)权责发生制的概念

权责发生制又称应收应付制、应计制。它是以权利和责任的发生与否为标准来确定本期收入和费用的一种方法,也是会计核算的基本原则之一。

(三)收付实现制和权责发生制的区别

1. 收入和费用归属期间处理不同

在生产经营实践中,由于有会计期间的会计假设,就会产生收入和费用的收支期间和应归属期间不一致的情况,这种不一致的情况主要表现为以下几个方面:

(1)本期收到但属于以后会计期间应获得的收入,即预收收入。

(2)应属于本期的,但尚未收到的收入,即应计收入。

(3)本期已支付的费用,但应由以后会计期间负担的,即预付费用。

(4)应由本期负担的,但尚未支付的费用,即应计费用。

收付实现制下不考虑收入和费用的应归属期间。一方面只要收入在本期收到,不论它应归属哪个会计期间,都作为本期的收入处理;另一方面只要费用在本期支付,也不论它应由哪个会计期间负担,都作为本期的费用处理。反之,凡未收到的收入和凡未支付的费用,即使应归属本期,也不作为本期的收入、费用入账。因此,在期末结账时,对各种应收、应付、预收、预付款项,都无须进行调整。

权责发生制下必须考虑收入和费用的应归属期间。即对收入的实现强调以受益期为标志,而不考虑款项是否或何时收到;对费用的发生强调以承担责任为标志,而不考虑款项是否或何时支付。

2. 盈利计算不同

由于收付实现制和权责发生制在收入和费用的收支期间和应归属期处理不同，就必然会导致盈利计算的不同，现举实例说明如下：

【例 5-2】 某商品流通企业 7 月份发生以下经济业务：

(1) 7 月 1 日，购进办公用品 600 元，款项尚未支付；

(2) 7 月 8 日，将原购进商品 20 件出售，售价 4 000 元，收到货款（商品原进价成本 2 000 元）；

(3) 7 月 9 日，预收货款 2 500 元，存入银行；

(4) 7 月 10 日，用银行存款预付下半年度仓库租金 1 800 元；

(5) 7 月 15 日，购进办公用品，计 800 元，已用现金支付；

(6) 7 月 18 日，出售原购进 30 件商品，价款 6 000 元，未收到货款（该商品原进价成本 3 000 元）；

(7) 7 月 20 日，用银行存款支付本月水电费 500 元；

(8) 1 月份已预付全年的保险费 1 200 元；

(9) 估计第三季度短期借款利息 1 800 元；

(10) 本月固定资产折旧 880 元。

收付实现制下，收入、费用、利润的处理和计算如下（计量单位：元）：

本月收入　　(2)4 000＋(3)2 500＝6 500

本月费用　　(4)1 800＋(5)800＋(7)500＝3 100

本月利润　　6 500－3 100＝3 400

权责发生制下，收入、费用、利润的处理和计算如下（计量单位：元）：

本月收入　　(2)4 000＋(6)6 000＝10 000

本月费用　　(1)600＋(2)2 000＋(4)300＋(5)800＋(6)3 000＋(7)500＋(8)100＋(9)600＋(10)880＝8 780

本月利润　　10 000－8 780＝1 220

通过上例对比不难看出：在收付实现制下共出售两批商品，一批因收到货款而作为本期的收入，但这种收入 4 000 元却不能与取得时的成本相比较，这样计算出来的盈亏是不合理的。另一批出售商品因未收到货款，而不作为本期收入；而对于预收的货款，却作为本期收入。也就是说，采用收付实现制，期末不需要进行账项调整，因为在账簿中日常记录的收入和费用就是本期的收入和费用，会计处理较简单，适用于业务简单，不需计算成本和利润的事业、机关等单位。

权责发生制下出售两批商品，不论款项是否收到，均作为本期收入，并且与购进成本相比较计算盈亏。对于预收的货款不作为本期收入,预付租金只承担其中属于本期的部分,应归属本期费用的还有本期办公费、水电费、保险费、借款利息、固定资产折旧费。所以采用权责发生制,不仅要根据账簿的日常记录确定本期的收入和费用,还需要在月末按应收应付原则进行账项调整,会计处理较复杂,但最终计算的财务结果较客观、真实、合理,适用于企业。

第三节 账项调整

一、账项调整的意义

所谓账项调整就是指期末按权责发生制要求,对部分会计事项予以调整的核算工作。这些会计事项是指收入和费用收支期与归属期不一致的业务。账项调整包括对收入(应计收入、预收收入)、费用(应计费用、预计费用)的调整。账项调整时所编制的会计分录,就是调整分录。这样,在月末按应归属原则进行一系列调整,就能如实反映企业在特定会计期间的财务状况和经营成果。

二、有关收入的账项调整

(一) 应计收入的账项调整

1. 应计收入的概念

所谓应计收入,是指应归属于本期但尚未收到款项的收入。应计收入虽然在本期内尚未收到对方款项,但产品和劳务已提供,所以应构成本期收入,作为本期收入处理。因此,期末应将其调整入账,记入本期收入。

2. 账户设置

(1)“应收账款”账户,是用来核算和监督企业因销售产品、材料、提供劳务等业务,应向购货单位或接受劳务单位收取款项的账户。该账户属于资产类账户,按购货单位名称设置明细账,进行明细分类核算。账户的借方登记应收款项的发生额;贷方登记应收款项的收回数;期末余额在借方,表示已发生但尚未收回的应收款项。

(2)“其他应收款”账户,是用来核算和监督企业除应收票据、应收账款、预付账款以外的其他各种应收、暂付款项,包括各种赔款、罚款、备用金等的账户。该账户属于资产类账户,按不同的债务人设置明细账,进行明细分类核算。账户的借方登记其他应收款项的发生额;贷方登记其他应收款项的收回数;期末借方余额,表示已发生但尚未收回的其他应收款项。

3. 账务处理

【例 5 - 3】 7 月，华明厂向丁公司出租包装物一批，按协议规定受租单位 12 月份支付半年租金 1 200 元。这笔租金收入华明厂要到 12 月才能收到，但应归属于 7—12 月这 6 个月，平均每个月分摊 1/6。所以，这项经济业务发生后(7—11 月)，应编制如下调整分录：

借：应收账款　　200

　贷：其他业务收入　　200

12 月份收到租金时，作如下会计分录：

借：银行存款　　1 200

　贷：应收账款　　1 000

　　其他业务收入　　200

如果华明厂不经过上述调整，将使 7—11 月的收入每月减少 200 元，那么 12 月份的收入将增加，利润就会虚增。

【例 5 - 4】 华宏厂应收 M 公司因合同违约罚金 500 元。

这项经济业务涉及“其他应收款”、“营业外收入”两个账户。一方面使其他应收账款增加，应记入“其他应收款”账户的借方；另一方面使营业外收入增加，应记入“营业外收入”账户的贷方。根据这项经济业务应编制的调整分录如下：

借：其他应收款　　500

　贷：营业外收入　　500

(二) 预收收入的账项调整

1. 预收收入的概念

所谓预收收入，是指以前会计期间已经收到入账，但应归属本期或以后各期的收入。企业在平时的一些交易中，在按合同规定提供产品或劳务之前，会预先收到对方单位的款项，但这些款项还不是应获得的收入，而只是一种预收性质的营业收入，也就是具有负债的性质，不能作为收入处理，只有提供产品或劳务以后，才能确认为本会计期间的收入。

2. 账户设置

“预收账款”账户，是用来核算和监督企业按照合同规定向购货单位预收的货款的账户。该账户属于负债类账户，按购买单位设置明细账，进行明细分类核算。账户的贷方登记企业向购货单位预收的货款数，以及销售实现时购货方补付的货款；借方登记产品销售或劳务的售价及退回多付的货款；期末余额在贷方，表示预收货款的结存数。

预收货款不多的企业，可以不设置预收账款账户，而将预收的货款直接记入“应收账款”账户的贷方。

3. 账务处理

【例5－5】 华宏厂于1月1日预收承租设备单位交来的半年的租金4 800元。

这项经济业务的发生涉及“银行存款”、“预收账款”、“其他业务收入”三个账户。预收半年的租金,一方面使银行存款增加,应记入“银行存款”账户的借方;另一方面使预收账款增加,应记入“预收账款”账户的贷方。月末账项调整时,把每个月应得的租金收入800元(4 800÷6)从“预收账款”账户的借方转入“其他业务收入”账户的贷方。根据这项经济业务应编制的会计分录如下:

(1) 1月初预收租金时:

借:银行存款	4 800	
贷:预收账款		4 800

(2) 每月末调整账项时:

借:预收账款	800	
贷:其他业务收入		800

三、有关费用的账项调整

(一) 应计费用的账项调整

1. 应计费用的概念

所谓应计费用,是指应由本期和以后各期负担但尚未支付的费用。企业在日常业务活动中,有些费用在本期已经受益,应归属于本期,但由于这些费用尚未支付,所以平时未予以记录或不可能记录,对于这些费用,应在期末调整入账。

2. 账户设置

(1)“应付账款”账户,是用来核算和监督企业因购买材料、商品和接受劳务等应付给供应单位款项的账户。该账户属于负债类账户,按供应单位设置明细账,进行明细分类核算。账户的贷方登记应付供应单位款项;借方登记已偿还供应单位款项;期末余额在贷方,表示尚未支付的应付款项。

(2)“其他应付款”账户,是用来核算和监督企业应付、暂收其他单位或个人款项的账户。该账户属于负债类账户,按应付和暂收款项的类别或单位、个人设置明细账户,进行明细分类核算。账户的贷方登记企业发生的各种应付、暂收款项;借方登记偿还的款项;期末余额在贷方,表示尚未归还的应付、暂收款项。

3. 账务处理

【例5－6】 华宏厂1月估计本季度短期借款利息1 200元。

按有关制度规定,短期借款利息一般按季度结算,所以上例借款利息应在3

月份结算，但按应归属原则，华宏厂应在1月末、2月末进行预提，每月预提应支付数的1/3，即400元。预提时应编制的会计分录如下：

借：财务费用　　400
　贷：应付利息　　400

3月末实际支付时，应编制的会计分录如下：

借：应付利息　　800
　财务费用　　400
　贷：银行存款　　1 200

如果3月末接银行通知支付本季度借款利息1 300元，则应编制如下会计分录：

借：应付利息　　800
　财务费用　　500
　贷：银行存款　　1 300

【例5-7】 华宏厂基本生产车间于10月份租入机器一台，按规定于12月末支付第四季度租金3 000元。

这项经济业务涉及"制造费用"和"其他应付款"两个账户。租金费应记入"制造费用"账户的借方；应付未付的租金应记入"其他应付款"账户的贷方。这笔租金于12月才支付，但费用的应归属期为10、11、12三个月。因此，10、11月末应作如下调整分录：

借：制造费用　　1 000
　贷：其他应付款　　1 000

12月末支付租金时，作如下会计分录：

借：制造费用　　1 000
　其他应付款　　2 000
　贷：银行存款　　3 000

（二）预付费用的账项调整

1. 预付费用的概念

所谓预付费用，是指已经实际发生或本期已付款入账，但应由本期和以后各期分别负担的费用。

2. 账户设置

"长期待摊费用"账户，是用来核算和监督企业发生的不能全部计入当年损益，应当在以后年度内分期摊销的各项费用的账户。该账户属于资产类账户，按费用的种类设置明细账，进行明细分类核算。账户的借方登记发生和实际支付的摊销期限在一年以上的各项费用；贷方登记分期摊销的费用数；期末余额在借方,表示已发生或支付但尚未计入费用的数额。

3. 账务处理

【例 5-8】 华宏厂1月将租入设备进行改良,支付改良费用36 000元,租赁期限为三年。

这项经济业务涉及"长期待摊费用"、"银行存款"、"制造费用"三个账户。改良费用的支出,应记入"长期待摊费用"账户的借方,"银行存款"账户的贷方;费用的摊销应记入"制造费用"账户的借方,冲销长期待摊费用应记入"长期待摊费用"账户的贷方。根据这项经济业务应作如下会计分录:

(1) 支付改良费用时:

借:长期待摊费用	36 000	
贷:银行存款		36 000

(2) 当月摊销时,应作调整分录如下:

借:制造费用	1 000(36 000÷3÷12)	
贷:长期待摊费用		1 000

如果将发生(或支付)的费用全部记入当月不作上述调整的话,那么费用发生或支付月份就多计费用,利润就会减少。而以后月份的费用就少计,会虚夸利润。

(三) 其他费用项目调整

为了正确计算本期的盈亏,还有一些费用项目需进行调整。如固定资产应计提折旧。固定资产折旧其实质是固定资产原始价值的减少,本来是可以直接计入固定资产账户贷方冲减固定资产原始价值,但这样处理后,固定资产原值和已提折旧均不能随时查明,而且因为固定资产的投资是一次性的,而折旧是分次的,又不需支付,为了遵循权责发生制原则,应按期计提折旧,计入有关费用账户。这样也可以实现会计期间收入与费用的正确配比。为了既保持固定资产原始价值,又能反映经过每个会计期间折旧费用调整后的固定资产净值,需设置"固定资产"账户、"累计折旧"账户。

【例 5-9】 华宏厂月末计提固定资产折旧共计38 000元,其中车间16 000元,厂部12 000元,销售机构10 000元。

这项经济业务的发生涉及"制造费用"、"管理费用"、"销售费用"、"累计折旧"四个账户。一方面使制造费用、管理费用、销售费用增加,应记入"制造费用"、"管理费用"、"销售费用"账户的借方;另一方面使累计折旧增加,应记入"累计折旧"账户的贷方。根据这项经济业务应编制的会计分录如下:

借:制造费用	16 000
管理费用	12 000

销售费用　　10 000
贷:累计折旧　　38 000

知识扩展

张新勇是M公司的一名财务主管,他在对M公司2007年12月的凭单审核中,发现这样一些会计事项的处理:

1. M公司收到在新产品发布会上客户的订单及预交的贷款100 000元,新产品预计两个月后才能投放市场。记账凭证和账簿记录如下:

借:银行存款　　100 000
　应收账款　　134 000
　贷:主营业务收入　　200 000
　　应交税费　　34 000

2. 厂部办公室新购进电脑三台,总价30 000元,记账凭证和账簿记录如下:

借:管理费用　　30 000
　贷:银行存款　　30 000

3. 财务预付2008年的半年报刊费6 000元,记账凭证和账簿记录如下:

借:管理费用　　6 000
　贷:银行存款　　6 000

4. 因机器设备检修,本月车间房屋未提折旧。该房屋的原始价值1 000 000元,月折旧率为1.5%,未作账务处理。

这些账务处理都是由刚进公司的职校毕业生小王做的,张主管要求小王作出解释。小王经过思考后作如下陈述:对于业务1,小王认为收到的100 000元终究是因销售产品而起,作为销售收入处理一来可以增加企业的当期利润,二来可以增加国家的税收;对于业务2,小王认为电脑更新快,很容易贬值,所以作为当期费用处理是可以的;对于业务3,小王认为款项已支付,而且数额又比较少,理应计入当期费用;对于业务4,小王认为由于机器检修,房屋没有进行生产,不计提折旧是符合实际情况的。张主管在听了小王的陈述后,对上述问题作了解答,小王听了以后,心悦诚服,感到收获很大,接受主管的意见。如果你是张主管:

(1) 你会对上述业务处理提出怎样的处理意见?

(2) 请作出相应的会计分录。

第六章　成本结转和利润确定与分配

【学习要点】

1. 制造费用的分配和结转，本月完工产品成本的确定以及本月销售成本的计算方法。

2. 公司利润形成过程的账户设置和会计核算，利润分配的账务处理。

第一节　成本的结转

按照权责发生制的原则，经过期末账项调整，已把应当归属本期的收入和费用全部登记入账。接着，就需要在本期所生产的各种产品之间分配制造费用，计算确定本期完工产品的制造成本和本期销售产品的成本。为了能够把这些业务在账上反映出来，就需要在相关的账户之间进行结转。我们将这一会计步骤称之为成本结转。根据成本收益配比原则，成本结转是进行本期成本、费用和收入对比的前提，也是确定本期盈利或亏损的依据。

一、制造费用的分配和结转

制造费用的分配，就是把“制造费用”账户的借方所归集的本期全部制造费用，在本期所生产的各种产品之间进行分配，以便按产品分别计算和确定本期完工产品的制造成本。

制造费用的分配是以一定的分配标准为权数来进行的，如生产工人工资、产品生产工时、机器工时等，分配标准应当能够比较确切地表明各种产品对制造费用的受益比例关系。企业在选择分配标准时，应根据本企业生产的特点和制造费用的构成内容，作具体的分析。分配标准一旦确定之后，不得随意变更。各产品应当负担的制造费用可以按照以下公式进行分配：

$$\text{制造费用分配率}=\frac{\text{制造费用总额}}{\text{各种产品生产工时(或生产工人工资)总额}}$$

$$\text{某种产品应负担的制造费用}=\text{某产品生产工时（或某产品生产工人工资）}\times\text{分配率}$$

现以第四章华明机器厂为例说明制造费用的分配。

【例6-1】 华明机器厂本月共发生制造费用55 000元(见表4-9),该厂采用生产工时作为分配制造费用的标准。该厂本月A、B产品生产工时资料如下:

A产品生产工时　6 000小时

B产品生产工时　5 000小时

合计　11 000小时

根据上述资料,制造费用分配如下:

制造费用分配率＝55 000÷11 000＝5元/小时

A产品应负担制造费用＝6 000×5＝30 000元

B产品应负担制造费用＝5 000×5＝25 000元

实际工作中,制造费用的分配通常是通过"制造费用分配表"进行的,其格式如表6-1所示。

表6-1　制造费用分配表

200×年×月　　单位:元

分配对象	分配标准(生产工时)	分配率	分配金额
A产品	6 000	5	30 000
B产品	5 000	5	25 000
合计	11 000	5	55 000

根据上述分配结果,可以作如下会计分录:

借:生产成本——A产品　30 000

　生产成本——B产品　25 000

　贷:制造费用　55 000

以上结转分录除了要在"生产成本"、"制造费用"两个总账账户登记之外,还需在"生产成本"的两个明细分类账户进行平行登记。

"制造费用"账户经过以上分配和结转之后,期末无余额。

二、本月完工产品成本的确定和结转

通过上述分配结转之后,本期所发生的全部直接材料、直接人工、制造费用已全部归集到"生产成本"账户的借方。企业在没有期末在产品的情况下,"生产成本”账户的借方发生额的合计数即是完工产品的成本。企业若有期末在产品，那么“生产成本”账户的借方发生额合计数，首先要在期末在产品和本期完工产品之间进行分配，然后才能计算本期完工产品的成本。因期末存在在产品时的计算工作比较复杂，本书不作介绍。

【例6-2】 华明机器厂本月生产A产品400台、B产品500台，月底全部完工入库，根据“生产成本”账户所属A、B两个明细账(分别见表6-2，表6-3)所提供的资料，计算A、B两种完工产品的制造成本，如表6-4所示。

表6-2 “生产成本”明细分类账

产品名称:A产品　　单位:元

年		凭证号码	摘要	借方				贷方	余额
月	日			直接材料	直接人工	制造费用	合计		
		略	耗用原材料费用	50 000			50 000		50 000
			生产工人工资		48 000		48 000		98 000
			提取福利费		6 720		6 720		104 720
			计提住房公积金		4 800		4 800		109 520
			分配制造费用			30 000	30 000		139 520
			结转完工产品成本					139 520	0
			本月发生额及余额	50 000	59 520	30 000	139 520	139 520	0

表6-3 “生产成本”明细分类账

产品名称:B产品　　单位:元

年		凭证号码	摘要	借方				贷方	余额
月	日			直接材料	直接人工	制造费用	合计		
		略	耗用原材料费用	42 000			42 000		42 000
			生产工人工资		40 000		40 000		82 000
			提取福利费		5 600		5 600		87 600
			计提住房公积金		4 000		4 000		91 600
			分配制造费用			25 000	25 000		116 600
			结转完工产品成本					116 600	0
			本月发生额及余额	42 000	49 600	25 000	116 600	116 600	0

表 6-4 “完工产品”制造成本计算表

成本项目	A 产品		B 产品	
	总成本(400 台)	单位成本(元)	总成本(500 台)	单位成本(元)
直接材料	50 000	125.00	42 000	84.00
直接人工	59 520	148.80	49 600	99.20
制造费用	30 000	75	25 000	50
合计	139 520	348.80	116 600	233.20

产成品制造完成,应予验收入库。为了核算和监督库存产成品的增减变动情况和余额,需设“库存商品”账户。该账户借方登记验收入库产成品的实际成本;贷方登记出库产成品的实际成本;期末余额在借方,表示库存产成品的实际成本。

本例假定该月 A、B 产品已全部完工且验收入库,这里需要将其制造成本从“生产成本”账户贷方转入“库存商品”账户借方。结转分录如下:

借:库存商品——A 产品　　139 520
　　　　　——B 产品　　116 600
　贷:生产成本——A 产品　　139 520
　　　　　　——B 产品　　116 600

以上结转分录,除了要在“库存商品”、“生产成本”两个总账账户登记之外,还要在“库存商品”和“生产成本”两个账户所属的明细分类账户中平行登记。

“生产成本”账户经过以上分配和结转之后,期末无余额。

三、产品销售成本的确定和转结

产品制造完工并验收入库后,按其实际制造成本登记在“库存商品”账户的借方。当期已实现销售的产成品,需要结转该产成品的产品销售成本,按一定销售成本金额登记在“库存商品”的贷方。由于每月完工入库的产成品制造成本有差异,因此,对于每期销售发出的库存商品成本,需要按照一定的计价方式予以计算确定。具体的计价方式有个别认定法、先进先出法、加权平均法和移动加权平均法等。不同的企业需要根据其产品的特点选择不同的计价法,一旦企业选择了某一种计价方法,不得随意变更。

【例 6-3】 华明机器厂本月份 A、B 产品完工入库和发出销售情况如“库存商品”账户所属 A、B 两个明细账(表 6-5,表 6-6)。假定其采用加权平均法计算发出销售的产品成本,则 A、B 两种产品的销售成本计算如下:

$$\text{A产品加权平均单位成本} = \frac{\text{期初结存A产品总成本} + \text{本期收入A产品总成本}}{\text{期初结存A产品数量} + \text{本期收入A产品数量}}$$

$$= (13\ 255 + 139\ 520) \div (50 + 400) = 339.50(\text{元})$$

$$\text{B产品加权平均单位成本} = \frac{\text{期初结存B产品总成本} + \text{本期收入B产品总成本}}{\text{期初结存B产品数量} + \text{本期收入B产品数量}}$$

$$= (8\ 800 + 116\ 600) \div (50 + 500) = 228.00(\text{元})$$

A产品本月销售成本＝339.50×400＝135 800(元)

B产品本月销售成本＝228.00×450＝102 600(元)

本月销售成本合计　　238 400(元)

产品发出销售,应将其销售成本从“库存商品”转入“主营业务成本”账户。会计分录如下:

借:主营业务成本　　238 400

　贷:库存商品——A产品　　135 800

　　　　　　——B产品　　102 600

该结转分录除了要在“主营业务成本”和“库存商品”两个总分类账户登记外,还应在“库存商品”账户所属A、B产品两个明细账户中进行平行登记,并结出月末余额。

产品名称:A产品　　**表6-5　“库存商品”明细分类账**

年		凭证号码	摘要	借方			贷方			余额		
月	日			数量	单位成本	金额	数量	单位成本	金额	数量	单位成本	金额
		略	期初余额							50	216.10	13 255
			完工入库	200						250		
			发出销售				200			50		
			完工入库	200						250		
			发出销售				200			50		
			本期发生额及余额	400	348.80	139 520	400	339.50	135 800	50	339.50	16 975
			期初余额							50	339.50	16 975

产品名称:B 产品　　　　　　表 6-6　“库存商品”明细分类账

年		凭证号码	摘要	借方			贷方			余额		
月	日			数量	单位成本	金额	数量	单位成本	金额	数量	单位成本	金额
		略	期初余额							50	176	8 800
			完工入库	200						250		
			发出销售				200			50		
			完工入库	300						350		
			发出销售				250			100		
			本期发生额及余额	500	233.20	116 600	450	228.00	102 600	100	228.00	22 800
			期初余额							100	228.00	22 800

以上三笔成本结转分录用“丁”字账列示如表 6-7 所示。

表 6-7

借方　制造费用	贷方	借方　生产成本	贷方	借方　库存商品	贷方	借方　主营业务成本	贷方
4-10　2 000		4-10　92 000	6-2　256 120	期初余额			
4-11　40 000		4-11　88 000		22 055	6-3　238 400	6-3　238 400	
4-12　5 600		4-12　12 320		6-2　256 120			
4-13　4 000		4-13　8 800					
4-16　1 000		6-1　55 000					
4-17　400							
4-18　2 000	6-1　55 000						

第二节　利润的确定

一、利润的构成

利润是企业在一定期间所获得的经营成果。利润包括收入减费用后的净额、直接计入当期利润的利得和损失等。

直接计入当期利润的利得和损失，是指应当计入当期损益、会导致所有者权益发生增减变动的、与所有者投入资本或者向所有者分配利润无关的利得或者损失，如投资收益、营业外收入、资产减值损失、公允价值变动损益、营业外支出等。

利润相关计算公式如下:

(一)营业利润

营业利润=营业收入-营业成本-营业税金及附加-销售费用-管理费用-财务费用-资产减值损失+公允价值变动收益(-公允价值变动损失)+投资收益(-投资损失)

其中,营业收入是指企业经营业务所确定的收入总额,包括主营业务收入和其他业务收入。营业成本是指企业经营业务所发生的实际成本总额,包括主营业务成本和其他业务成本。资产减值损失,是指企业计提各项资产减值准备所形成的损失。公允价值变动收益(或损失),是指企业交易性金融资产等公允价值变动形成的应计入当期损益的利得(或损失)。投资收益(或损失),是指企业以各种方式对外投资所取得的收益(或发生的损失)。

(二)利润总额

利润总额=营业利润+营业外收入-营业外支出

其中,营业外收入(或支出)是指企业发生的与日常活动无直接关系的各项利得(或损失)。

(三)净利润

净利润=利润总额-所得税费用

其中,所得税费用是指企业确认的应从当期利润总额中扣除的所得税费用。

二、账户设置

为了核算和监督企业利润或亏损的形成,应设置“本年利润”、“投资收益”、“营业外收入”、“营业外支出”和“所得税费用”账户。

1.“本年利润”账户

“本年利润”账户,是用来核算和监督企业在本年度实现的利润或亏损总额。该账户属于所有者权益类账户。账户的贷方登记本年实现的销售收入、投资收益、其他业务收入、补贴收入和营业外收入;借方登记本年发生的期间费用、销售成本、其他业务成本、补贴收入和营业外支出。年末将“本年利润”贷方和借方的差额转入“利润分配”账户,结转后本账户无余额。

2.“投资收益”账户

“投资收益”账户,是用来核算和监督企业在本年度实现的投资收益或损失。该账户属于损益类账户。账户的贷方登记本年实现的投资收益;借方登记本年发生的投资损失,期末将本期投资收益的净额转入“本年利润”账户,结转后本账户无余额。

3.“营业外收入”账户

“营业外收入”账户，是用来核算和监督企业发生的与企业生产经营无直接关系的各项收入，包括处置非流动资产利得、非货币性资产交换利得、债务重组利得、捐赠利得、盘盈利得、罚款净收入等。该账户属于损益类账户。账户的贷方登记营业外收入发生数；借方登记期末转入“本年利润”账户的金额，结转后本账户无余额。

4.“营业外支出”账户

“营业外支出”账户，是用来核算和监督企业发生的与企业生产经营无直接关系的各项支出，包括处置非流动资产损失、非货币性资产交换损失、债务重组损失、罚款支出、捐赠支出和非常损失等。该账户属于损益类账户。账户的借方登记营业外支出的发生数；贷方登记期末转入“本年利润”账户的金额，结转后本账户无余额。

5.“所得税费用”账户

“所得税费用”账户，是用来核算和监督企业所得税费用的账户。该账户属于损益类账户。账户的借方登记当期所得税的发生数；贷方登记期末转入“本年利润”账户的金额，结转后本账户无余额。

三、营业外收支的账务处理

【例 6-4】 华明机器厂 7 月 15 日收到违约罚款现金 500 元。

这项经济业务涉及“库存现金”和“营业外收入”两个账户。一方面使库存现金增加，应记入“库存现金”账户的借方；另一方面使营业外收入增加，应记入“营业外收入”账户的贷方。根据这项经济业务应编制的会计分录如下：

借：库存现金	500	
贷：营业外收入		500

【例 6-5】 华明机器厂于 7 月 25 日盘亏一项固定资产，账面价值为 3 500 元，累计折旧 1 500 元，经批准，作意外损失处理。

(1) 批准前：发现财产盘亏，应通过“待处理财产损溢”账户进行处理。这个账户的借方登记批准前盘亏的财产金额或经批准转出的盘盈数，贷方登记批准前盘盈的财产金额或经批准转出的盘亏数。这项经济业务涉及“待处理财产损溢”、“累计折旧”和“固定资产”三个账户。一方面由于盘亏使固定资产减少，应记入“固定资产”账户的贷方，同时结转出该资产已提取的折旧，记入“累计折旧”账户的借方；另一方面发生了固定资产的盘亏，因此借记“待处理财产损溢”。根据这项经济业务应编制的会计分录如下：

借:累计折旧　　1 500

　待处理财产损溢——待处理固定资产损溢　　2 000

　贷:固定资产　　　　3 500

(2) 批准后:这项经济业务涉及"营业外支出"和"待处理财产损溢"两个账户。一方面,经批准核实属于意外损失的财产盘亏,应记入"营业外支出"账户的借方;另一方面,经批准后的资产盘亏,应从"待处理财产损溢"账户转出,即贷记"待处理财产损溢"。根据这项经济业务应编制的会计分录如下：

借:营业外支出　　2 000

　贷:待处理财产损溢——待处理固定资产损溢　　2 000

为了计算确定企业实现的利润总额,在会计期末,企业应将"营业外支出"与"营业外收入"两个账户的期末余额分别转入"本年利润"账户,将这两个账户结平。

四、收入、费用损益类账户的结转

企业期末通过收入、费用(成本)类账户的结转对比,计算出企业本期的利润(或亏损)总额。结转的方法一般有两种:一种是表结法,一种是账结法。

所谓"表结法",即月末在账册中不对收入、费用损益类账户的余额作转账处理,因此不在账户中结出本月实现的利润(或发生的亏损),而是通过编表进行利润的结算。

所谓"账结法",即月末在账册中对收入、费用损益类账户的余额作转账处理,在账户中结出本月实现的利润(或发生的亏损)。

企业平时月末采用表结法的,必须在年末改用账结法,结清有关收入、费用损益的账户。采用表结法的优点是平时从账面上可以直观了解到截至本月发生的各种收入、费用(成本),并省去了月末结转的核算工作;缺点是在账面上不能直观地反映本月和截至本月实现的利润(或亏损)数,因每月利润是在账外编表计算的。而采用账结法能直观反映本月和截至本月实现的利润(或亏损)数;缺点是不能直观地反映收入、费用损益账户的累计数,因每月均转入了"本年利润"账户,并增加了每月末转账的工作量。

【例 6-6】 华明机器厂本月末有关利润类账户余额如下(采用账结法)：

账户名称：	借方余额	贷方余额
主营业务收入		295 000
主营业务成本	238 400	

营业税金及附加	3 818.20	
销售费用	8 600	
其他业务收入		100 380
其他业务成本	5 000	
营业外收入		500
营业外支出	2 000	
管理费用	42 200	

根据上述各账户本期发生余额,作有关结转分录如下:

(1) 结转本月产品销售收入:

借:主营业务收入　295 000

　贷:本年利润　295 000

(2) 结转本月产品销售成本、产品销售费用、产品销售税金及附加:

借:本年利润　250 818.20

　贷:主营业务成本　238 400

　　销售费用　8 600

　　营业税金及附加　3 818.2

(3) 结转其他业务收入、其他业务成本:

借:其他业务收入　100 380

　贷:本年利润　100 380

借:本年利润　5 000

　贷:其他业务成本　5 000

(4) 结转管理费用:

借:本年利润　42 200

　贷:管理费用　42 200

(5) 结转营业外收入:

借:营业外收入　500

　贷:本年利润　500

(6) 结转营业外支出

借:本年利润　2 000

　贷:营业外支出　2 000

通过以上对营业外收支和收入、费用(成本)的结转,“本年利润”账户集中反映了本期全部收入和全部费用,因而这个账户能揭示出本期所实现的利润(亏损)总额。本期利润加上“本年利润”账户的期初余额,反映本年累计实现的利润总额。

以上结转分录,用"丁"字账列示如表 6-8 所示。

表 6-8

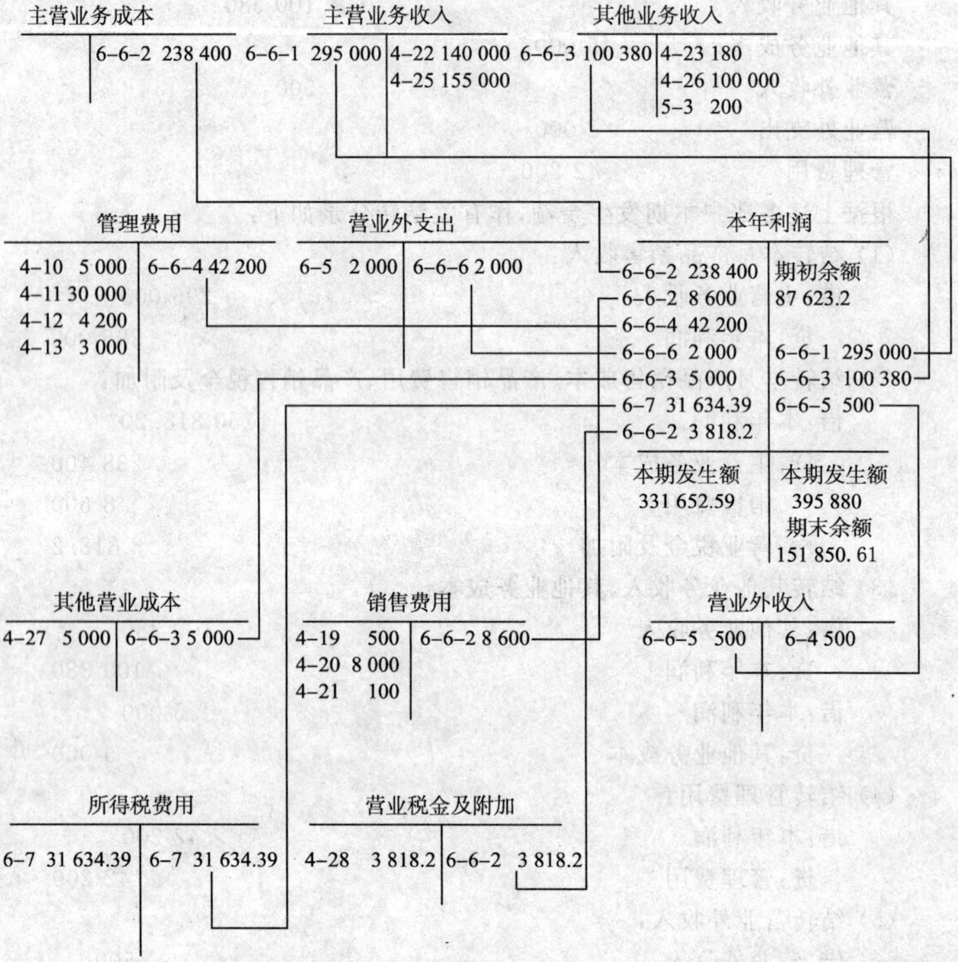

从表 6-8 可看出,经过结账,各收入账户和各成本、费用账户期末均无余额。

"本年利润"账户的贷方本期发生额减去借方发生额的差额为 95 861.80 元,即为华明机器厂本月份实现的利润总额,再加上"本年利润"期初余额 87 623.20元,该厂本年累计至本月份实现的利润总额为 183 485 元。

五、所得税费用的计算和结转

所得税是国家对从事生产经营所得和其他所得征收的一种税。其缴纳额度取决于企业实现利润总额和适用税率。其计算公式如下：

应交所得税＝应纳税所得额×适用税率

应当指出的是，企业应交所得税是根据应纳税所得额乘以适用税率计算而得，而不是利润总额乘以适用税率计算而得。一般而言，应纳税所得额和利润总额是两个不同概念。应纳税所得额是根据税法的规定计算确认的利润数，而利润总额是根据会计准则的规定计算确认的利润数。由于税法和会计准则在收入、费用的内涵上可能存在不一致，以致利润总额和应纳税所得额会发生差异，此时应按税法进行调整，将利润总额调整为应纳税所得额。在会计学基础中，为了简化核算，我们可以假定两者不发生差异，计算应交所得税时，可直接根据利润总额进行。至于利润总额和应纳税所得额发生差异时如何进行调整等内容，将在后续课程中介绍。

【例 6－7】 华明机器厂根据本月份实现利润总额 95 861.80 元，按照 33％税率，计算本月应缴纳所得税，税款尚未缴纳。

本月应交所得税＝95 861.80×33％＝31 634.39 元

这项经济业务，涉及“所得税费用”和“应交税费——应交所得税”两个账户。一方面，根据当期利润总额和所得税率计算当期的所得税额，增加了当期的所得税费用，应计入“所得税费用”账户的借方；另一方面，计算当期应该缴纳的所得税额，增加了企业的一项负债，应记入“应交税费——应交所得税”账户的贷方。根据这项经济业务应编制的会计分录如下：

借：所得税费用	31 634.39	
贷：应交税费——应交所得税		31 634.39

结转所得税，会计分录如下：

借：本年利润	31 634.39	
贷：所得税费用		31 634.39

第三节　利润分配

一、利润分配的程序

企业实现的利润，要按照国家规定进行分配。首先按税法规定缴纳一定所得税。税后利润按规定计提盈余公积和对投资者分配利润。按照有关规定，股份公司缴纳所得税后的利润，应按照下列顺序分配：

(1) 弥补以前年度亏损；

(2) 提取法定盈余公积；

(3) 提取任意盈余公积；

(4) 支付普通股股利。

税后利润按照上列顺序进行利润分配之后，剩余的构成企业的未分配利润，它可供企业以后年度弥补亏损，分配股利，或将其追加投资等。

二、账户设置

1. “利润分配”账户

“利润分配”账户，是用来核算和监督企业税后利润的分配情况。该账户属于所有者权益类账户。账户的贷方登记期末自“本年利润”账户转入本年实现的净利润；借方登记利润分配数额；期末余额一般在贷方，反映累计未分配的利润数额。

2. “盈余公积”账户

“盈余公积”账户，是用来核算和监督企业提取的盈余公积。该账户属于所有者权益类账户。账户的贷方登记提取的盈余公积的数额；借方登记盈余公积转增资本金和补亏数额；余额一般在贷方，表示提取的盈余公积结余数。

三、利润分配的计算及账务处理

【例6-8】 华明机器厂年末根据当年的税后利润400 000元提取10%的法定盈余公积，同时按5%提取任意盈余公积，按15万元向投资者分配现金股利。

$$提取法定盈余公积=400\ 000\times 10\%=40\ 000(元)$$

$$提取任意盈余公积=400\ 000\times 5\%=20\ 000(元)$$

有关会计分录如下：

借：利润分配——提取盈余公积　　60 000

　贷：盈余公积　　60 000

借：利润分配——应付普通股股利　　150 000

　贷：应付股利　　150 000

将上述利润分配业务用于“丁”字账列示如表6-9所示。

表 6－9　用“丁”字账列示利润分配业务

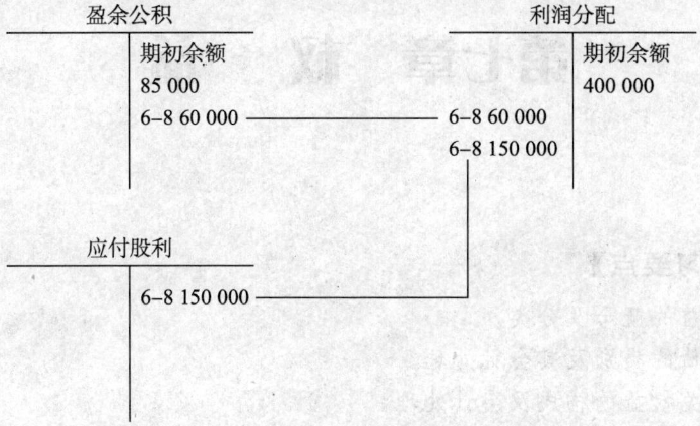

知识扩展

现代企业会计一般采用会计利润概念。会计利润根据会计准则确认的收入与费用配比计算。除会计利润外，在编制利润表时，还可能涉及应税利润概念。所谓应税利润，是根据税法规定确认的收入与费用配比计算的利润数。由于会计准则与税法规定在收入、费用的范围和确认期间上可能不同，致使会计利润与应税利润产生差异。在计算企业当期应该缴纳的所得税时，必须根据税法的有关规定，将会计利润调整为应税利润。应税利润与所得税税率的乘积，为应交所得税额。

现假定某公司 2007 年度实现利润总额 1 000 万元，当年发生以下会计事项：

(1) 业务招待费超过税法规定限额 10 万元；

(2) 因逾期纳税支付滞纳金 5 000 元；

(3) 工资总额超过劳工合同手册规定限额 20 万元；

(4) 固定资产提取折旧，由于会计年限和税法规定年限的差异，造成当期可抵扣折旧费少提 10 万元。

根据以上资料，应如何将会计利润调整为应税利润？根据 33％的税率计算当期应该缴纳的所得税是多少？并判断哪些差异在以后年度可以转回(即时间性差异)，哪些差异是不可以转回的(即永久性差异)？

第七章　权　益

【学习要点】

1. 权益的概念及分类。
2. 负债的类别及其会计处理。
3. 有关权益的构成及会计处理。

第一节　权益的概述

一、权益的概念及种类

权益是指权益人对企业资产的要求权。权益一般包括债权人权益和所有者权益两种：债权人权益即负债，是指债权人对企业资产的要求权；而所有者权益，则是指企业投资人对企业净资产的所有权。负债和所有者权益的合计总额等于资产总额。

二、负债和所有者权益的区别

(1) 性质不同。负债是企业在经营过程中产生的债务，是债权人对其债务的权利；所有者权益是投资人对其投入资本及其产生的盈亏的权利。

(2) 偿还期限不同。负债必须在规定的时间归还给债权人；而所有者权益一般只能在企业解散清算时，破产财产在偿付了各项债务后有剩余时才能归还给投资者。在企业持续经营期间，一般不归还投资。

(3) 享有的权利不同。债权人除按期收回债务本金和利息外，无权参与企业的利润分配；而投资人则可以参与企业的利润分配，甚至参与企业的经营管理。

第二节　债权人权益

债权人权益即负债，负债是指过去的交易、事项形成的现时义务，履行该义务预期会导致经济利益流出企业。负债按其偿还时间的长短可分为流动负债和长期负债。

一、流动负债的核算

流动负债是指偿还期在一年或超过一年的一个营业周期内的债务，包括短期借款、应付票据、应付账款、预收账款、其他应付款、应付职工薪酬、应交税费、应付利润等。

1. 账户的设置

"短期借款"账户，是用来核算各种短期借款借入和归还情况的账户。该账户按债权人设置明细账，并按借款种类进行明细核算。账户的贷方登记借入的各种短期借款，借方登记已归还的借款数额，期末余额在贷方，表示尚未偿还的短期借款的本金。

2. 总分类核算

【例 7-1】 企业因资金周转困难向银行借入 100 000 元，存入银行。借款期限为 6 个月。

这项经济业务的发生涉及"银行存款"、"短期借款"两个账户。一方面使银行借款增加，应记入"短期借款"账户的贷方；另一方面使银行存款增加，应记入"银行存款"账户的借方。根据这项经济业务应编制的会计分录为：

借：银行存款	100 000	
贷：短期借款		100 000

【例 7-2】 向某单位购买材料 5 000 千克，每千克 10 元，增值税率为 17%。有关货款和税金尚未支付。

这项经济业务的发生，涉及"材料采购"、"应交税费"、"应付账款"三个账户。一方面表明采购材料的增加，应记入"材料采购"账户的借方，进项增值税，应记入"应交税费"账户的借方；另一方面表明应付未付款项的增加，应记入"应付账款"账户的贷方。根据这项经济业务应编制的会计分录为：

借：材料采购	50 000	
应交税费——应交增值税（进项税额）	8 500	
贷：应付账款		58 500

【例 7-3】 因向某单位出租包装物而向对方收取押金 5 000 元,已收到对方开出的支票。

这项经济业务的发生涉及"银行存款"、"其他应付款"两个账户。一方面表明暂收款项的增加,应记入"其他应付款"账户的贷方;另一方面表明企业银行存款的增加,应记入"银行存款"账户的借方。根据这项经济业务应编制的会计分录为:

借:银行存款　　5 000

　贷:其他应付款　　5 000

二、长期负债的核算

长期负债是指偿还期在一年或超过一年的一个营业周期以上的债务,包括长期借款、应付债券、长期应付款等。

1. 账户的设置

"长期借款"账户,是用来核算长期借款的取得、归还和付息情况的账户。该账户按贷款单位设置明细账,并按贷款种类进行明细核算。账户的贷方登记取得的借款本金及应支付的利息,借方登记实际归还的借款本息数,期末余额在贷方,表示尚未偿还的长期借款的本金及利息。

2. 总分类核算

【例 7-4】 企业于 4 月 1 日向银行借入 50 万元两年期的长期借款,年利率 6%,到期时一次还本付息。

这项经济业务的发生涉及"银行存款"、"长期借款"两个账户。一方面使长期负债增加,应记入"长期借款"账户的贷方;另一方面增加了银行存款,应记入"银行存款"账户的借方。根据这项经济业务应编制的会计分录为:

借:银行存款　　500 000

　贷:长期借款　　500 000

【例 7-5】 4 月 5 日,企业用上述贷款购入不需安装的设备 45 万元。

这项经济业务的发生涉及"固定资产"、"银行存款"两个账户。一方面使固定资产增加,应记入"固定资产"账户的借方;同时使银行存款减少,应记入"银行存款"账户的贷方。根据这项经济业务应编制的会计分录为:

借:固定资产　　450 000

　贷:银行存款　　450 000

【例 7-6】 年末,预提借款利息 22 500 元。

这项经济业务的发生,涉及"财务费用"、"长期借款"两个账户。一方面使长期负债增加，应记入“长期借款”账户的贷方；同时使财务费用增加，应记入“财务费用”账户的借方。根据这项经济业务应编制的会计分录为：

借：财务费用　　22 500

　贷：长期借款　　22 500

【例 7－7】 上述借款到期，归还本息 56 万元。

这项经济业务的发生涉及“长期借款”、“银行存款”两个账户。一方面减少长期负债，应记入“长期借款”账户的借方；同时减少银行存款，应记入“银行存款”账户的贷方。根据这项经济业务应编制的会计分录为：

借：长期借款　　560 000

　贷：银行存款　　560 000

第三节　所有者权益

所有者权益，是指企业资产扣除负债后由所有者享有的剩余权益。对公司来说，其所有者权益又称为股东权益。所有者权益的来源包括所有者投入的资本、直接计入所有者权益的利得和损失、留存收益等，通常由股本（实收资本）、资本公积（含股本溢价或资本溢价、其他资本公积）、盈余公积和未分配利润构成。

一、投入资本的核算

企业的实收资本，是指投资者按照企业章程，或合同、协议的约定，实际投入企业的资本。对投资者投入的资本，不同组织形式的企业应设置不同的账户进行核算。如一般企业通常设置“实收资本”账户，而股份有限公司则设置“股本”账户。对股份有限公司发行的股票，应按其面值作为股本；超过面值的部分，作为股本溢价记入资本公积。

1. 账户设置

“实收资本”或“股本”账户，是用来核算企业实收资本或股本增减变动及其结果的账户。该账户按投资者设置明细账，进行明细分类核算。账户的贷方登记投入资本的增加额；借方登记投入资本的减少额；期末余额在贷方，表示企业实有的资本或股本数额。

2. 总分类核算

【例 7－8】 某企业收到投资者投入的货币资金 10 万元，存入银行。

这项经济业务的发生涉及“银行存款”、“实收资本”两个账户。一方面使投入资本增加,应记入“实收资本”账户的贷方;另一方面使银行存款增加,应记入“银行存款”账户的借方。根据这项经济业务应编制的会计分录为:

借:银行存款　　100 000

　贷:实收资本　　100 000

【例 7-9】 某股份有限公司发行股票 1 000 万股,每股面值 1 元,每股发行价 8 元。股款已划入公司的银行账户。

这项经济业务的发生涉及“银行存款”、“股本”、“资本公积”三个账户。一方面将增加公司股本,应记入“股本”账户的贷方,超面值发行的所得款项应作为股本溢价,记入“资本公积”账户的贷方;同时银行存款增加;应记入“银行存款”账户的借方。根据这项经济业务应编制的会计分录为:

借:银行存款　　80 000 000

　贷:股本　　10 000 000

　　资本公积　　70 000 000

二、资本公积的核算

资本公积包括资本(或股本)溢价,直接计入所有者权益的利得或损失等。

1. 账户设置

“资本公积”账户,是用来核算企业取得的各项资本公积的增减变动及结果的账户。该账户按资本公积形成的类别设置明细账,进行明细核算。账户的贷方登记资本公积的增加数;借方登记资本公积的减少数;期末余额在贷方,表示企业实有的资本公积数额。

2. 总分类核算

【例 7-10】 企业用资本公积转增资本 50 万元。

这项经济业务的发生涉及“资本公积”、“实收资本”两个账户。一方面减少资本公积,应记入“资本公积”账户的借方;另一方面增加实收资本,应记入“实收资本”账户的贷方。根据这项经济业务应编制的会计分录为:

借:资本公积　　500 000

　贷:实收资本　　500 000

三、盈余公积的核算

盈余公积是企业按照规定从净利润中提取形成的积累资金。公司制企业的盈余公积分为法定盈余公积和任意盈余公积。两者的区别就在于其各自计提的依据不同。前者以国家的法律或行政规章为依据提取;后者则由企业自行决定提取。

1. 账户设置

“盈余公积”账户，是用来核算提取和使用盈余公积情况的账户。该账户应按盈余公积的种类设置明细账，进行明细核算。账户的贷方登记盈余公积的提取数，借方登记盈余公积的使用数；期末余额在贷方，表示提取的盈余公积余额。

2. 总分类核算

【例 7－11】 企业按净利润的 10％提取盈余公积 80 万元。

这项经济业务的发生涉及“利润分配”、“盈余公积”两个账户。一方面将增加盈余公积的提取数，应记入“盈余公积”账户的贷方，另一方面将使可分配利润减少，应记入“利润分配”账户的借方。根据这项经济业务应编制的会计分录为：

借：利润分配	800 000	
贷：盈余公积		800 000

【例 7－12】 企业将盈余公积 30 万元转增资本。

这项经济业务的发生涉及“盈余公积”、“实收资本”两个账户。一方面减少盈余公积，应记入“盈余公积”账户的借方；另一方面增加投入资本，应记入“实收资本”账户的贷方。根据这项经济业务应编制的会计分录为：

借：盈余公积	300 000	
贷：实收资本		300 000

知识扩展

1. 下列各种投资方式中哪种风险最大，哪种风险最小？

A. 银行储蓄　　B. 企业债券　　C. 国库券　　D. 股票

2. 如果你手里有一笔钱，会做怎样的投资选择来使得你的资金能获得可靠的增值？

第八章　账户分类

【学习要点】

1. 账户按会计要素分类的方法。
2. 账户按用途和结构分类的方法。

日常经济业务的处理，必须要通过账户进行。每一个账户都有自己的经济性质、核算内容、用途和结构，人们可以根据经济业务的内容，选择适当的账户进行确认、计量和记录。各账户间不是彼此孤立的，它们作为一个完整的有机体系，分工协作地、完整地反映着会计内容，执行会计核算方法体系中的账户的整体功能。为了正确地设置和运用账户，必须在了解各个账户特性的基础上，根据它们的共性，研究账户之间的内在联系，掌握各类账户在提供会计信息方面的规律性。为此，可以按会计要素、用途和结构对账户进行分类。

第一节　账户按会计要素分类

账户按会计要素分类也就是账户按经济内容分类。账户的经济内容是指账户所核算和监督的会计对象的具体内容，而会计对象的具体内容亦即会计要素。因此，账户按会计要素分类可分为资产类、负债类、所有者权益类、成本类和损益类等五大类。

一、资产类账户

资产类账户是用来核算资产的增减变动情况及其结果的账户。按照资产的流动性，资产类账户又可分为流动资产类账户和非流动资产类账户。

(1) 流动资产类账户，包括“库存现金”、“银行存款”、“应收账款”、“原材料”、“库存商品”等账户。

(2) 非流动资产类账户，包括“长期股权投资”、“固定资产”、“在建工程”、“无形资产”等账户。

资产类账户有以下特点：① 一般情况下资产类账户有期末余额；② 除以货币为主要计量单位外，必要时还以实物量为辅助计量单位。

二、负债类账户

负债类账户是用来反映负债增减变动及其结果的账户。按照偿还期的长短不同，可以分为流动负债类账户和长期负债类账户。

(1) 流动负债类账户，包括“短期借款”、“应付账款”、“预收账款”、“应付职工薪酬”、“应交税费”等账户。

(2) 长期负债类账户，包括“长期借款”、“应付债券”、“长期应付款”等账户。

负债类账户有以下特点：① 在未偿还前均有余额；② 只以货币作为计量单位。

三、所有者权益类账户

所有者权益类账户是用来反映企业资产扣除负债后，由所有者权益享有的剩余权益增减变动及其结果的账户，按照所有者权益的来源和构成又可分为投入资本类账户和留存收益类账户。

(1) 投入资本类账户，包括“实收资本”、“资本公积”账户。

(2) 留存收益类账户，包括“盈余公积”、“本年利润”、“利润分配”等账户。

所有者权益类账户有以下特点：① 一般都有期末余额；② 只以货币作为计量单位。

四、成本类账户

成本类账户是用来归集企业在生产经营过程中发生的各项费用，并计算成本的账户，如“生产成本”、“制造费用”、“劳务成本”等账户。

成本类账户有以下特点：①“生产成本”账户的借方余额为在产品成本；②“制造费用”账户一般没有余额；③ 只以货币作为计量单位。

五、损益类账户

损益类账户是指核算内容与损益计算直接相关的账户。按照损益的形成过程，损益类账户可以分为营业损益类账户、营业外收支账户和反映所得税费用的账户。

(1) 营业损益类账户，包括“主营业务收入”、“主营业务成本”、“其他业务收入”、“其他业务成本”、“销售费用”、“管理费用”、“财务费用”等账户。

(2) 营业外收支账户，包括“营业外收入”、“营业外支出”等账户。

(3) 反映所得税费用的账户，包括“所得税费用”账户。

损益类账户有以下特点：① 期末结账后一般无余额；② 只以货币作为计量单位。

账户按会计要素分类的归纳,如图 8-1 所示。

- 账户按会计要素分类
  - 资产类账户
    - 流动资产类账户
      - 库存现金
      - 银行存款
      - 应收票据
      - 应收账款
      - 预付账款
      - 其他应收款
      - 材料采购
      - 原材料
      - 库存商品
    - 非流动资产类账户
      - 长期股权投资
      - 固定资产
      - 累计折旧
      - 在建工程
      - 无形资产
      - 长期待摊费用
  - 负债类账户
    - 流动负债类账户
      - 短期借款
      - 应付票据
      - 应付账款
      - 预收账款
      - 其他应付款
      - 应付职工薪酬
      - 应交税费
    - 长期负债类账户
      - 长期借款
      - 应付债券
      - 长期应付款
  - 所有者权益类账户
    - 投入资本类账户
      - 实收资本
      - 资本公积
    - 留存收益类账户
      - 盈余公积
      - 本年利润
      - 利润分配
  - 成本类账户——生产成本、制造费用、劳务成本
  - 损益类账户
    - 营业损益类账户
      - 主营业务收入
      - 主营业务成本
      - 其他业务收入
      - 管理费用
      - 财务费用
    - 营业外收支账户——营业外收入、营业外支出
    - 所得税费用账户——所得税费用

图 8-1

第二节 账户按用途和结构分类

账户的用途是指通过账户的记录,能够提供哪些核算指标,也就是开设和运用账户的目的。账户的结构是指在账户中怎样记录经济业务,才能取得各种必要的核算指标,也就是账户的借方和贷方登记的内容、余额的方向及其表示的内容。

账户按会计要素分类是基本的、主要的分类,账户按用途和结构分类是对按会计要素分类的补充。账户按用途和结构分类,可分为盘存账户、资本账户、结算账户、跨期摊配账户、成本计算账户、集合分配账户、调整账户、财务成果计算账户、损益计算账户等九类。

一、盘存账户

盘存账户是用来核算和监督各种财产物资和货币资金的增减变动及其结存情况的账户。这类账户结构的特点是:借方登记各种财产物资或货币资金的收入或增加数;贷方登记其支出或减少数;账户的余额都是在借方,表示各项财产物资或货币资金的结存数额。盘存账户的结构见表 8-1。

表 8-1 盘存账户

借方	贷方
期初余额:期初财产物资或货币资金结存额 发 生 额:本期财产物资或货币资金的增加额	发 生 额:本期财产物资或货币资金的减少额
期末余额:期末财产物资或货币资金结存额	

属于盘存账户的有"库存现金"、"银行存款"、"原材料"、"库存商品"、"固定资产"等账户。这类账户中除货币资金账户外,其实物明细账均可以提供实物和货币两种指标。

二、资本账户

资本账户是用来核算和监督各项资本增减变动及其结存情况的账户。这类账户的结构特点是:贷方登记各项资本金的增加数;借方登记减少数;余额在贷方,表示各项资本金的实有数额。资本账户的结构见表 8-2。

表 8-2 资本账户

借方	贷方
发 生 额:本期资本金的减少额	期初余额:期初资本金的结存额 发 生 额:本期资本金的增加额
	期末余额:期末资本金的结存额

属于资本账户的有“实收资本”、“资本公积”、“盈余公积”等账户。这类账户的总分类账及其明细分类账只能提供货币指标。

三、结算账户

结算账户是用来核算和监督企业与其他单位或个人之间发生的债权、债务结算关系的账户。按照结算性质的不同,结算账户可分为债权结算账户、债务结算账户和债权债务结算账户三类。

(一) 债权结算账户

债权结算账户又称为资产结算账户,是用来核算企业与各个债务单位或个人之间的债权增减变动及实有数额的账户。这类账户的结构特点是:借方登记债权的增加额;贷方登记债权的减少额;余额在借方,表示债权的实有数额。债权结算账户的结构见表 8-3。

表 8-3 债权结算账户

借方	贷方
期初余额:期初债权的实有额 发 生 额:本期债权的增加额	发 生 额:本期债权的减少额
期末余额:期末债权的实有额	

属于债权结算账户的有“应收账款”、“其他应收款”、“应收票据”等账户。

(二) 债务结算账户

债务结算账户也称负债结算账户,是用来核算企业与各个债权单位或个人之间债务增减变动及实有数额的账户。这类账户的结构特点是:贷方登记债务的增加额;借方登记债务的减少额;余额在贷方,表示债务的实有数额。债务结算账户的结构见表 8-4。

表 8-4　债务结算账户

借方	贷方
发生额：本期债务的减少额	期初余额：期初债务的实有额 发 生 额：本期债务的增加额
	期末余额：期末债务的实有额

属于债务结算账户的有"短期借款"、"应付账款"、"应付职工薪酬"、"应交税费"、"应付股利"、"其他应付款"等账户。

（三）债权债务结算账户

债权债务结算账户也称资产负债结算账户，具有资产、负债双重性质，是用于核算和监督企业与某一单位或个人之间发生的一般往来款项结算情况的账户。在实际工作中，企业发生的结算业务性质经常会变动，有时是企业的债权，有时是企业的债务。如企业向同一单位销售产品，有些款项是预收的，预收款项时，构成企业的债务；有些款项是应收未收的，应收未收款项构成了企业的债权。为了集中反映企业与某一单位或个人所发生的债权和债务的往来结算情况，可以在一个账户中核算应收和应付款项的增减变动和余额，如企业设置"其他往来"账户，用来核算其他应收款和其他应付款，当其他应收款大于其他应付款时，该账户就表现为债权结算性质的账户；反之，则表现为债务结算性质的账户。

在会计实务中，预付账款不多的企业，可以将预付账款直接记入"应付账款"账户的借方，这样，"应付账款"账户同时核算企业应付账款和预付账款的增减变动情况。同样，预收账款不多的企业，可以将预收账款直接记入"应收账款"账户的贷方，这样"应收账款"账户同时核算企业应收账款和预收账款的增减变动情况。

债权债务结算账户结构的特点是：借方登记债权的增加额和债务的减少额；贷方登记债务的增加额和债权的减少额；余额可能在借方，也可能在贷方。债权债务结算账户具有双重性质，可以根据总分类账户所属明细分类账户的余额方向判断账户的性质，借方余额表示期末债权的实有数，贷方余额表示期末债务的实有数；从总分类账的角度看，借方余额表示期末债权大于债务的差额，贷方余额表示期末债务大于债权的差额。债权债务结算账户的结构见表 8-5。

表 8-5　债权债务结算账户

借方	贷方
期初余额：期初债权大于债务的差额	期初余额：期初债务大于债权的差额
发 生 额：本期债权的增加额 本期债务的减少额	发 生 额：本期债务的增加额 本期债权的减少额
期末余额：期末债权大于债务的差额	期初余额：期末债务大于债权的差额

结算账户只能提供货币指标,需要按发生结算业务的对应单位或个人开设明细分类账户,以便及时进行结算和核对账目。

四、跨期摊配账户

跨期摊配账户是用来核算和监督应由几个会计期间共同负担的费用,并将这些费用在各个会计期间进行分摊或预提,以便正确计算各期产品成本费用的账户。跨期摊配账户是按照权责发生制的要求设置的,如"长期待摊费用"账户。账户在按会计要素分类时,"长期待摊费用"账户属于资产类账户,其借方用来登记费用的实际支出数;贷方用来登记由各个会计期间负担的费用数。"长期待摊费用"账户的期末余额总是在借方,表示已支付而尚未摊销的费用数额。跨期摊配账户的结构见表 8-6。

表 8-6　跨期摊配账户

借方	贷方
期初余额:期初已支付而尚未摊销的费用 发 生 额:本期费用的实际支付额	(或)期初余额:期初已预提而尚未支付的费用 发 生 额:本期摊销或预提的费用额
期末余额:期末已支付而尚未摊销的费用	(或)期末余额:期末已预提而尚未支付的费用

五、成本计算账户

成本计算账户是用来核算和监督企业经营过程中某一阶段发生的全部费用,并据此计算该阶段各个成本计算对象实际成本的账户。这类账户结构的特点是:借方登记经营过程中某个阶段发生的应计入成本的全部费用;贷方登记转出已完成的某个阶段成本计算对象的实际成本;期末余额一定在借方,表示尚未完成某个阶段成本计算对象的实际成本。成本计算账户的结构见表 8-7。

表 8-7　成本计算账户

借方	贷方
期初余额:期初尚未完成的成本计算对象的实际成本 发 生 额:归集某一阶段发生的应计入成本的全部费用额	发 生 额:结转已完成的成本计算对象的实际成本
期末余额:尚未完成该阶段的成本计算对象已发生的实际成本	

属于成本计算账户的主要有“材料采购”、“生产成本”等账户。这类账户除设置总分类账户以外,还应按各个成本计算对象分别设置明细分类账进行明细分类核算,提供有关成本计算对象的货币指标和实物指标。

六、集合分配账户

集合分配账户是用来归集和分配企业生产经营过程中某个阶段所发生的间接费用的账户。在一般情况下,归集在此类账户中的费用,期末应全部分配出去,因此期末一般没有余额。

属于集合分配账户的有“制造费用”账户。其账户结构见表 8-8。

表 8-8 集合分配账户

借方	贷方
发生额:归集本期有关间接费用的发生数额	发生额:本期有关间接费用的分配数额

七、调整账户

调整账户是为调整某个账户的余额,以表示被调整账户的实际余额而开设的账户。在会计核算工作中,由于经营管理上的需要或其他原因,有时需要对某个会计要素的具体项目用两种指标从不同的方面进行反映,其中一个账户反映原始数据,另一个账户反映对原始数据的调整数字。反映经济活动原始数字的账户,称为“被调整账户”;对被调整账户进行调整的账户,称为“调整账户”。调整账户按调整方式划分,可分为备抵账户、附加账户和备抵附加账户三类。

(一) 备抵账户

备抵账户亦称抵减账户,它是用来抵减被调整账户的余额,以求得被调整账户实际余额的账户。其调整方式,可用下列计算公式表示:

被调整账户余额－抵减账户余额＝被调整账户实际余额

备抵账户的余额与被调整账户的余额一定在相反方向。如果被调整账户的余额在借方,调整账户的余额一定在贷方,如“累计折旧”账户是“固定资产”账户的调整账户,“固定资产”账户的期末借方余额,表示固定资产的原始价值;“累计折旧”账户的期末贷方余额,表示固定资产的累计折旧额,两者相抵,即可求得固定资产的现有净值。如果被调整账户的余额在贷方,调整账户的余额一定在借方,如“利润分配”账户就是“本年利润”账户的调整账户。“本年利润”账户是被调整账户,其期末贷方余额反映期末已实现的利润数,“利润分配”账户的期末借方余额,反映企业期末已分配的利润数。将"本年利润"账户的期末贷方余额减去"利润分配"账户的期末借方余额,其差额表示企业期末尚未分配的利润数。

(二) 附加账户

附加账户是用来增加被调整账户的余额,以求得被调整账户实际余额的账户。其调整方式可用下列计算公式表示:

被调整账户余额+附加账户余额=被调整账户实际余额

附加账户的余额与被调整账户的余额方向一定在相同方向。如果被调整账户的余额在借方,附加账户的余额也一定在借方;如果被调整账户的余额在贷方,附加账户的余额也一定在贷方。如在企业溢价发行债券时,除按面值贷记"应付债券——债券面值"账户外,溢价金额则贷记"应付债券——债券溢价"账户,"债券溢价"二级账户即是"债券面值"二级账户的附加账户,两者期末贷方余额之和表示该项负债的实际余额。

(三) 备抵附加账户

备抵附加账户是依据调整账户的余额方向不同,用来抵减被调整账户余额,或者用来附加被调整账户余额,以求得被调整账户实际余额的账户。当调整账户的余额与被调整账户的余额方向相反时,该类账户起抵减账户的作用,其调整方式与抵减账户相同;当调整账户的余额与被调整账户的余额方向一致时,该类账户起附加账户的作用,其调整方式与附加账户相同。在制造企业,材料核算采用计划成本计价时,"原材料"账户余额表示材料的计划成本,材料的计划成本与实际成本的差额,则通过设置的"材料成本差异"账户反映。当计划成本大于实际成本时,其差额登记在"材料成本差异"账户的贷方;当计划成本小于实际成本时,其余额则登记在"材料成本差异"账户的借方。期末"材料成本差异"账户余额若在借方,则与"原材料"账户的期末借方余额相加;若在贷方,则与"原材料"账户的期末借方余额相减,即可将材料的计划成本调整为实际成本。

综上所述,调整账户不能离开被调整账户而独立存在。调整账户与被调整账户所反映的经济内容是相同的,被调整账户反映原始数据,调整账户反映对原始数据的调整数额,两者结合起来使用,可以提供经营管理上所需要的某些特定指标。

八、财务成果计算账户

财务成果计算账户是用来计算并确定企业在一定时期内全部经营活动最终成果的账户。这类账户的结构特点是:贷方登记期末转入的各项收入数;借方登记期末转入的、与收入相配比的各项费用数。期末如为贷方余额,表示收入大于费用的差额,为企业实现的利润总额;如为借方余额,表示收入少于费用的差额,即为企业发生的亏损总额。年终，将本年实现的净利润或发生的亏损转入“利润分配”账户，结转后该账户无余额。财务成果计算账户主要是“本年利润”账户。这类账户的结构见表8－9。

表8－9　财务成果计算账户

借方	贷方
发 生 额：应计入本期损益的各项成本费用	发 生 额：应计入本期损益的各项收入
期末余额：净亏损	期末余额：净利润

九、损益计算账户

损益计算账户是用来归集企业经营过程中所取得的收入和发生的成本、费用，借以在期末通过配比计算经营期内财务成果的账户。损益计算账户的结构有两种：一是收入账户的结构，二是成本、费用账户的结构，

收入账户的结构特点是：贷方登记当期实现的收入额，借方登记期末转入“本年利润”账户的数额，期末无余额。如“主营业务收入”、“其他业务收入”、“营业外收入”等账户。这类账户的结构见表8－10。

表8－10　损益计算账户——收入类

借方	贷方
发 生 额：期末转入“本年利润”账户的数额	发 生 额：本期实现的收入额

成本、费用账户的结构特点是：借方登记当期为实现收入而发生的成本、费用数额，贷方登记期末转入“本年利润”账户的数额，期末无余额。如：“主营业务成本”、“其他业务成本”、“营业外支出”等账户。这类账户的结构见8－11。

表8－11　损益计算账户——成本、费用类

借方	贷方
发 生 额：本期为实现收入而发生的成本、费用数额	发 生 额：期末转入“本年利润”账户的数额

账户按用途、结构分类的归纳，如图8－2所示。

- 账户按用途结构分类
  - 盘存账户
    - 库存现金
    - 银行存款
    - 原材料
    - 库存商品
    - 固定资产
  - 资本账户
    - 实收资本
    - 资本公积
    - 盈余公积
  - 结算账户
    - 应收票据
    - 应收账款
    - 其他应收款
    - 应付账款
    - 应付票据
    - 其他应付款
    - 应付职工薪酬
    - 应交税费
    - 应付股利
  - 跨期摊配账户——长期待摊费用
  - 成本计算账户
    - 材料采购
    - 生产成本
  - 集合分配账户——制造费用
  - 调整账户
    - 累计折旧
    - 坏账准备
    - 利润分配
  - 财务成果账户——本年利润
  - 损益计算账户
    - 主营业务收入
    - 主营业务成本
    - 其他业务收入
    - 其他业务成本
    - 销售费用
    - 管理费用
    - 财务费用
    - 营业外收入
    - 营业外支出

图 8－2

知识扩展

资产类账户的余额一定是借方余额吗？试举例说明。

什么是实账户？什么是虚账户？试举例说明。

第九章　会计凭证

【学习要点】

1. 原始凭证的种类及基本内容。
2. 原始凭证的填制和审核要求。
3. 记账凭证的种类及填制方法。
4. 记账凭证的审核要求。

第一节　会计凭证的意义和种类

一、会计凭证的意义

会计凭证，是在会计工作中记录经济业务、明确经济责任的书面证明，是用来登记账簿的依据。会计主体办理任何一项经济业务，都必须由执行或完成该项经济业务的有关人员填制或取得会计凭证，详细说明该项经济业务的内容，并在会计凭证上签名或盖章，明确经济责任。填制或取得会计凭证后，要由有关人员进行审核，经审核无误，并由审核人员签章后，才可作为记账的依据。

填制和审核凭证，是会计核算的专门方法之一。会计凭证在经济活动和会计工作中具有重要的意义。

(一) 会计凭证是对经济业务事实的客观证明

空白的凭证一经填入经济业务，并经有关人员签章后，便具有法律效力。它是经济业务发生原貌的呈现，在填制或取得时要遵循客观性、合法性原则。

(二) 会计凭证是确定有关人员责任的依据

各种凭证上面都有有关经办部门的经办人员的签字或盖章，表明对凭证内容的真实性承担责任。一旦发现差错或舞弊，可据此追究签章人员的责任；通过对会计凭证的审核，还可及时发现企业内部管理中存在的问题，以便加以改进。

(三)会计凭证是登记账簿的依据

通过填制会计凭证,全面记录了企业日常发生的经济业务;经过审核无误的会计凭证,可以作为记账、算账的依据。凭证是会计数据的初始来源,填制和审核会计凭证是会计核算工作的起点。

二、会计凭证的种类

会计凭证按其用途和填制程序分类,可分为原始凭证和记账凭证两类。具体分类如图 9-1 所示。

- 会计凭证
  - 原始凭证
    - 外来原始凭证
    - 自制原始凭证
      - 一次凭证
      - 累计凭证
  - 记账凭证
    - 通用记账凭证
    - 专用记账凭证
      - 收款凭证
      - 付款凭证
      - 转账凭证

图 9-1　两种类型的会计凭证

第二节　原始凭证的填制和审核

原始凭证,又称原始单据,是在经济业务发生或完成时取得或填制的,用以记录、证明经济业务已经发生或完成的书面文件。原始凭证记载着大量的经济信息,又是证明经济业务发生的初始文件,具有较强的法律效力,是记账的根本依据。

一、原始凭证的种类和格式

(一)按原始凭证来源不同分类

1. 外来原始凭证

外来原始凭证是指同外部单位发生经济业务往来关系时,从外部单位取得的原始凭证。如由供货单位提供的增值税专用发票、普通发票(见表 9-1)、银行结算凭证、飞机票、火车票等都属于外来原始凭证。

表 9-1 上海市商业统一发票 No. 0201009

购货单位 ______________ 年 月 日

货 号	品名规格	计量单位	数量	单价	金额							
					万	千	百	十	元	角	分	发
												票
												联
合计人民币（大写）												

企业（盖章有效） 财务 开单 营业执照 字 号
地址： 税务登记 字 号
银行账号

2. 自制原始凭证

自制原始凭证是指由本单位内部经办经济业务的部门或人员，在办理经济业务时所填制的原始凭证。如收料单（见表 9-2）、领料单、产品入库单等。

表 9-2 收 料 单

供货单位 凭证编号
发票号码 年 月 日 收料仓库

材料编号	材料规格及名称	计量单位	数量		价格		
			应收	实收	单价	金额（元）	第
							联
备 注					合计		

仓库负责人： 记账： 仓库保管： 收料：

（二）按原始凭证填制方法不同分类

1. 一次凭证

一次凭证是对一项经济业务或若干项同类经济业务在其发生或完成后一次填制、完成的原始凭证。在自制的原始凭证中，大部分凭证的填制手续是一次完成的，已填列的凭证不能再重复使用，这类自制原始凭证称为一次凭证。外来原始凭证一般都属于一次原始凭证。如收料单、现金收据、发货票等。

2. 累计凭证

为了连续反映某一时期内不断重复发生而分次进行的特定业务，需要在一张凭证中连续、累计填列该项特定业务的具体情况,这种凭证称为累计凭证。累计凭证一般为自制原始凭证,如限额领料单(见表 9-3)。

表 9-3　限额领料单

领料单位:　　　　　　　　　　　　　　　　编号:

用途:　　　　　　　　　　　　　　　　　　发料仓库:

<table>
<tr><td rowspan="2">材料
类别</td><td rowspan="2">材料
编号</td><td rowspan="2">材料名称
及规格</td><td rowspan="2">计量
单位</td><td rowspan="2">单价</td><td rowspan="2">领用限额</td><td colspan="2">实际领用</td><td rowspan="2">备注</td></tr>
<tr><td>数量</td><td>金额</td></tr>
<tr><td></td><td></td><td></td><td></td><td></td><td></td><td></td><td></td><td></td></tr>
<tr><td colspan="5">供应部门负责人(签章)</td><td colspan="4">生产部门负责人(签章)</td></tr>
<tr><td rowspan="2">日期</td><td colspan="2">请　领</td><td colspan="3">实　发</td><td colspan="2">退　料</td><td rowspan="2">限额
结余</td></tr>
<tr><td>数量</td><td>请领单位
负责人</td><td>数量</td><td>发料人
签章</td><td>领料人
签章</td><td>数量</td><td>退料单编号</td></tr>
<tr><td></td><td></td><td></td><td></td><td></td><td></td><td></td><td></td><td></td></tr>
<tr><td>合计</td><td></td><td></td><td></td><td></td><td></td><td></td><td></td><td></td></tr>
</table>

仓库负责人(签章)

3. 汇总凭证

为了集中反映某项经济业务的总括情况,并简化记账凭证的填制工作,往往将一定时期内若干记录同类性质经济业务的原始凭证汇总编制成一张原始凭证,这种凭证称为汇总原始凭证。如发出材料汇总表(如表 9-4)、工资结算汇总表等。

表 9-4　发出材料汇总表

年　月　日

<table>
<tr><td rowspan="2">会计科目</td><td rowspan="2">领料部门</td><td colspan="4">领用材料</td></tr>
<tr><td>原材料</td><td>包装物</td><td>低值易耗品</td><td>合计</td></tr>
<tr><td rowspan="4">生产成本</td><td>一车间
二车间</td><td></td><td></td><td></td><td></td></tr>
<tr><td>小计</td><td></td><td></td><td></td><td></td></tr>
<tr><td>供电车间
供水车间</td><td></td><td></td><td></td><td></td></tr>
<tr><td>小计</td><td></td><td></td><td></td><td></td></tr>
<tr><td rowspan="2">制造费用</td><td>一车间
二车间</td><td></td><td></td><td></td><td></td></tr>
<tr><td>小计</td><td></td><td></td><td></td><td></td></tr>
<tr><td>管理费用</td><td>行政部门</td><td></td><td></td><td></td><td></td></tr>
</table>

二、原始凭证的基本内容

由于经济业务不同，原始凭证在名称、内容和格式上不尽相同。但是，作为反映经济业务已经发生或已经完成的原始单据，必须具备以下基本内容，这些内容也称为凭证要素：

（1）原始凭证的名称；

（2）填制原始凭证的日期；

（3）接受原始凭证单位的名称；

（4）经济业务的内容、数量、单价和金额；

（5）填制单位签章；

（6）有关人员签章。

三、原始凭证的填制和审核

（一）原始凭证的填制要求

为了保证会计核算资料的真实、正确和及时，原始凭证的填制必须符合如下要求：

1. 记录真实

原始凭证要如实填写经济业务的内容，不得歪曲经济业务真相，弄虚作假。

2. 内容完整

原始凭证中的所有项目必须填列齐全，不得遗漏和省略，有关人员的签章必须齐全。

3. 填制及时

当每一项经济业务发生或完成时，都应及时填制原始凭证，不拖延、不积压、不事后补制，并按规定程序及时送交会计机构。

4. 书写规范

原始凭证要按规定填写，要求文字简明、字迹清楚、易于辨认，不使用未经国务院公布的简化汉字。同时，应遵守以下技术要求：

（1）阿拉伯数字应当逐个书写，不得连笔写。阿拉伯金额数字前面应当书写货币币种符号或者货币名称简写和币种符号。币种符号与阿拉伯金额数字之间不得留有空白。

（2）所有以元为单位的阿拉伯数字，除表示单价等情况外，一律填写到角分；无角分的，角位和分位可写“00”或者符号“——”；有角无分的，分位应当写“0”，不得用符号“——”代替。

（3）汉字大写数字金额如零、壹、贰、叁、肆、伍、陆、柒、捌、玖、拾、佰、仟、万、亿等,一律用正楷或者行书体书写。大写金额数字到元或者角为止的,在“元”或者“角”字之后应当写“整”字或者“正”字;大写金额数字有分的,分字后面不写“整”或者“正”字。

(4) 大写金额数字前未印有货币名称的,应当加填货币名称,货币名称与金额数字之间不得留有空白。

(5) 阿拉伯金额数字中间有“0”时,汉字大写金额要写“零”字;阿拉伯数字金额中间连续有几个“0”时,汉字大写金额中可以只写一个“零”字;阿拉伯金额数字元位是“0”,或者数字中间连续有几个“0”、元位也是“0”但角位不是“0”时,汉字大写金额可以只写一个“零”字,也可以不写“零”字。

(6) 原始凭证不得涂改、挖补。发现原始凭证有错误的,应当由开出单位重开或者更正,更正处应当加盖开出单位的公章。原始凭证金额有错误的,应当由出具单位重开,不得在原始凭证上更正。对于重要的原始凭证,如支票以及各种结算凭证,一律不得涂改,如有书写错误,应加盖“作废”戳记,连同存根完整保存,不得随意撕毁,然后再重新填写。

(二) 原始凭证的审核

为了保证原始凭证的真实、正确和合法,会计人员必须对各种原始凭证进行严格的审核。只有经过审核无误的会计凭证,才能作为记账的依据。原始凭证的审核,主要包括以下三个方面的内容。

1. 合规性审核

根据有关的法令、制度、政策等,审核原始凭证所记录的经济业务是否合规、合法,有无违反法令、制度的行为;审核经济业务是否按规定的程序予以办理,对于弄虚作假、涂改或经济业务不合法的凭证,应拒绝受理,并报请上级有关人员处理。

在审核时还应注意:从外单位取得的原始凭证,必须盖有填制单位的公章;从个人处取得的原始凭证,必须有填制人员的签名或者盖章。自制原始凭证必须有经办单位领导人或者其指定的人员签名或者盖章。对外开出的原始凭证,必须加盖本单位公章。

2. 完整性审核

根据原始凭证的要素,逐项审核原始凭证的内容是否完整,原始凭证的各项目是否按规定填写齐全,是否按规定手续办理。若原始凭证的内容填写不全、手续不完备,应退经办人员补办完整后,才予受理。

3. 技术性审核

根据原始凭证的填写要求,审核原始凭证的摘要和数字及其他项目是否填写正确,数量、单价、金额、合计是否填写正确,大小写金额是否相符。若有差错,应退经办人员予以更正。

第三节　记账凭证的填制和审核

记账凭证又称记账凭单，记账凭证是会计人员根据审核后的原始凭证进行归类、整理，并确定会计分录而编制的凭证，是登记账簿的直接依据。

一、记账凭证的基本内容

为了概括反映经济业务的基本内容，满足登记账簿的需要，记账凭证都应具备以下基本内容：

(1) 记账凭证的名称；

(2) 填制记账凭证的日期和凭证编号；

(3) 经济业务事项的内容摘要；

(4) 会计分录，即应借记和贷记的账户名称及其金额；

(5) 所附原始凭证张数；

(6) 填制凭证人员、稽核人员、记账人员、会计主管人员的签名或盖章。

二、记账凭证的种类和格式

(一) 按记账凭证使用范围不同分类

记账凭证按其使用范围不同，可以将其分为专用记账凭证和通用记账凭证两种。

1. 专用记账凭证

专用记账凭证按其记录的经济业务是否与库存现金和银行存款的收付有关，将其分为收款凭证、付款凭证和转账凭证。

收款凭证是用于现金和银行存款收入业务的记账凭证，它是根据有关现金和银行存款的收款业务的原始凭证或原始凭证汇总表填制的。其一般格式如表 9－5 所示。

表 9－5　收款凭证

借方科目：　　　　　　　　　　年　月　日　　　　　　　　　　字　号

摘　要	应贷科目		记账	金　额										附件张
	一级科目	二级明细科目		千	百	十	万	千	百	十	元	角	分	
合　计														

财务主管：　　　记账：　　　审核：　　　出纳：　　　制单：

付款凭证是用于现金和银行存款付出业务的记账凭证,它是根据有关现金和银行存款的付款业务,以及货币资金之间相互收、付业务的原始凭证或原始凭证汇总表填制的。其一般格式如表 9－6 所示。

表 9－6　付款凭证

贷方科目：　　　　　　　　　　　年　月　日　　　　　　　　　　　字　号

摘 要	应借科目		记账	金 额									
	一级科目	二级明细科目		千	百	十	万	千	百	十	元	角	分
合 计													

附件　张

财务主管：　　　记账：　　　审核：　　　出纳：　　　制单：

转账凭证是用于不涉及现金和银行存款收付业务的其他转账业务所用的记账凭证,它是根据有关转账业务的原始凭证或原始凭证汇总表填制的。其一般格式如表 9－7 所示。

表 9－7　转账凭证

年　月　日　　　　　　　　　　　字　号

摘 要	一级科目	二级明细科目	记账	借方金额										贷方金额									
				千	百	十	万	千	百	十	元	角	分	千	百	十	万	千	百	十	元	角	分
合 计																							

附件　张

财务主管：　　　记账：　　　审核：　　　出纳：　　　制单：

需要注意的是:对于现金和银行存款之间相互划转的业务,如从银行提取现金,或将现金交存银行,为了避免重复记账,只编制付款凭证,不编制收款凭证。当发生从银行提取现金的业务时,只编制银行存款付款凭证;当发生将现金存入银行的业务时,只编制现金付款凭证。

2. 通用记账凭证

通用记账凭证，是用以记录各种经济业务的记账凭证。对一般经济业务比较少的企业，可以使用通用记账凭证来简化核算，即发生的所有经济业务的记录均在同一种格式的通用凭证上完成。其一般格式如表 9－8 所示。

表 9－8　记账凭证

年　月　日　　　　　　　　　　　　　号

摘　要	一级科目	二级明细科目	记账	借方金额										贷方金额									
				千	百	十	万	千	百	十	元	角	分	千	百	十	万	千	百	十	元	角	分
合　计																							

附件　张

财务主管：　　　　记账：　　　　审核：　　　　出纳：　　　　制单：

(二) 按经济业务的填列方式不同分类

记账凭证按照填列方式不同可分为复式凭证和单式凭证两种。

1. 复式凭证

复式凭证，是指将每一笔经济业务事项所涉及的全部会计科目及其发生额均在同一张记账凭证中反映的一种凭证。其优点是集中反映了账户的对应关系，完整地反映了经济业务的全貌，填写方便，便于查账。缺点是不便于记账分工，也不便于科目汇总。

2. 单式凭证

单式凭证，是指每一张记账凭证只填列经济业务事项所涉及的一个会计科目及其金额的记账凭证。填列借方科目的称为借项凭证，填列贷方科目的称为贷项凭证。由于一笔经济业务需要同时使用两张或两张以上的记账凭证，所以记账凭证的编号采用分数编号形式。如：3 号经济业务涉及两个会计科目，需要同时填制两张记账凭证，编号则为 3 1/2、3 2/2。这种记账凭证的优点是便于分工记账和按科目汇总；缺点是凭证数量多、内容分散，出现差错不易查找。

除上述两种分类外，为减少总账的记账工作量，企业可根据收款凭证、付款凭证及转账凭证定期汇总，编制汇总记账凭证或科目汇总表，并以汇总记账凭证或科目汇总表为依据登记总分类账。格式分别如表 9－9、表 9－10、表 9－11、表 9－12 所示。

表 9－9　汇总收款凭证

借方科目：　　　　　　　　　　年　月　　　　　　　　　　汇收字第　号

贷方科目	金　额				总账页数	
	(1)	(2)	(3)	合计	借方	贷方
合计						

财务主管：　　记账：　　审核：　　出纳：　　制单：

表 9－10　汇总付款凭证

贷方科目：　　　　　　　　　　年　月　　　　　　　　　　汇付字第　号

借方科目	金　额				总账页数	
	(1)	(2)	(3)	合计	借方	贷方
合计						

财务主管：　　记账：　　审核：　　出纳：　　制单：

表 9－11　汇总转账凭证

贷方科目：　　　　　　　　　　年　月　　　　　　　　　　汇转字第　号

借方科目	金　额				总账页数	
	(1)	(2)	(3)	合计	借方	贷方
合计						

财务主管：　　记账：　　审核：　　制单：

表 9－12　科目汇总表

年　月　日至　日　　　　　　　　　　第　号

会计科目	总账页数	本期发生额		记账凭证起讫号数
		借方	贷方	
合计				

财务主管：　　记账：　　审核：　　出纳：　　制单：

汇总记账凭证及科目汇总表也属于记账凭证，是登记总分类账的直接依据。

三、记账凭证的填制要求

（1）凭证摘要简明，填写内容齐全。记账凭证的摘要要简明、正确，避免简而不明或过于繁琐；记账凭证的各项内容必须填写完整，满足记账的基本要求。

（2）科目运用准确，业务记录明确。会计科目使用必须正确，应借、应贷账户的对应关系必须清楚。业务记录应做到清楚、规范，相关要求与原始凭证的书写要求相同。

（3）凭证顺序编号，附件数量完整。凭证应由主管该项业务的会计人员按业务发生顺序和不同种类的记账凭证连续编号。常用的编号方法有三种：① 五类编号法，即按现金收入、现金付出、银行存款收入、银行存款支出和转账业务，以现收字第×号、现付字第×号、银收字第×号、银付字第×号、转字第×号等五类进行编号；② 三类编号法，即对收款、付款、转账凭证分别以收字第×号、付字第×号、转字第×号等三类进行编号；③ 统一编号法，即不分收款、付款、转账业务，把全部记账凭证作为一类统一顺序编号。为了监督，反映收付款业务的会计凭证不得由出纳人员编号。

记账凭证应附有原始凭证，并注明张数。除结账和更正错误的记账凭证可以不附原始凭证外，其他记账凭证必须附有原始凭证。如果一张原始凭证涉及几张记账凭证，可以把原始凭证附在一张主要的记账凭证后面，并在其他记账凭证上注明附有该原始凭证的记账凭证的编号。一张原始凭证所列支出需要几个单位共同负担的，应当将其他单位负担的部分，开给对方原始凭证分割单，进行结算。原始凭证分割单必须具备原始凭证的基本内容：凭证名称、填制凭证日期、填制凭证单位名称或者填制人姓名、经办人的签名或者盖章、接受凭证单位名称、经济业务内容、数量、单价、金额和费用分摊情况等。

四、记账凭证的审核

记账凭证编制后，必须经过认真的审核，才能登记账簿。记账凭证审核的主要内容包括以下几个方面：

（1）审核记账凭证是否有原始凭证为依据，所附原始凭证的内容与记账凭证的内容是否一致。

（2）审核记账凭证各项目的填写是否齐全，有关人员是否都已签章。

（3）审核记账凭证中会计科目使用是否准确，科目之间是否有明确的账户对应关系，借贷金额是否相等。

(4) 审核记账凭证中的记录是否文字工整、数字清晰,是否按规定使用蓝黑墨水或碳素墨水,是否按规定进行更正等。

在审核中若发现记账凭证记录不全或差错,应重新填制或按规定办理更正手续。

实行会计电算化的单位,对于机制记账凭证,要认真审核,做到会计科目使用正确,数字准确无误。打印出的机制记账凭证要加盖制单人员、审核人员、记账人员及会计机构负责人、会计主管人员印章或者签字。

第四节　会计凭证的传递和保管

一、会计凭证的传递

会计凭证的传递,是指会计凭证从填制或取得时起,经过审核、整理、记账和装订,到最后归档,在企业、有关部门和人员之间,按一定的时间和路线要求,进行业务处理和传递的过程。

科学合理地组织会计凭证传递是企业经济活动有序开展的保证,有助于分清各部门及人员在经济活动过程中的责任,发挥会计监督作用,保证企业资金和财产安全。

不同企业会计凭证传递的具体内容因各自经济业务特点、内部管理的要求、组织机构的设置、人员分工等方面的不同而不同。组织会计凭证传递主要把握以下几个方面:第一,按业务处理和管理要求制定合理的传递途径;第二,明确传递时间;第三,衔接手续有必要的记载;第四,明确相关部门的责任人。

(一) 原始凭证的传递

原始凭证从填制或取得开始,一般首先要经过业务人员确认,业务主管人员审核确认,然后才传递到财会部门进行会计处理,进入会计循环。

1. 外来原始凭证的传递

外来原始凭证的取得主要有两种途径:一是业务人员在外出办理业务活动中取得,经过企业业务主管人员审核后,交由会计人员受理;二是由其他单位通过银行办理结算,企业会计部门通过开户银行取得结算单据及所附相关业务凭证。而此类原始凭证的传递较为复杂。如图 9－2 所示为结算凭证传递过程:① 公司出纳人员从开户银行取回结算凭证及所附相关业务凭证;② 财会部门在登记后及时传递给相关业务部门进行业务审核;③ 业务部门最迟在付款期前一日将审核后的凭证返回给财务部门,注明是否支付款项;④ 财会部门对于需要拒付结算凭证的，在付款期内填写拒付理由书并送交银行。在整个传递过程中，任何一个环节未及时处理，或者处理不当，都可能使企业蒙受损失。传递的双方应当进行必要的登记签字，做到凭证内容、传递人、传递时间等手续完整，责任清楚。

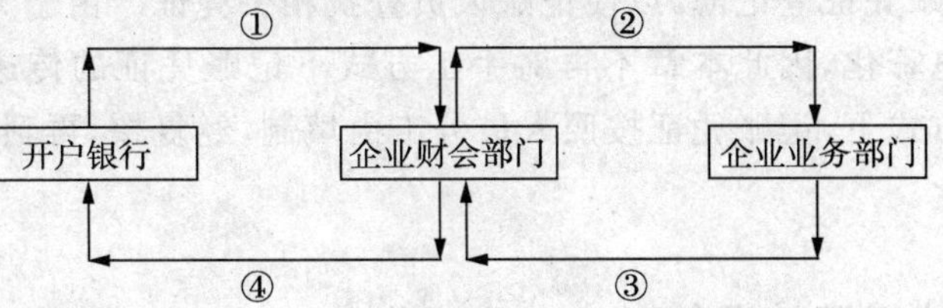

图 9-2　结算凭证传递过程

2. 自制原始凭证的传递

自制原始凭证的传递要根据公司业务处理和内部控制管理的需要确定路线和程序，以保证各部门所填制的原始凭证在业务发生或完成后及时到达财会部门进行会计处理，从而保证会计信息的真实性和有用性。

自制原始凭证的类型很多，其传递路线也各不相同。为了满足业务处理的需要，有时需要填制一式多联凭证。如图 9-3 所示的销货凭证传递过程，分为销售记账联、结算用发票联、登记货物出库联、随货同行联等，分别向不同的目标传递，完成相应的处理。

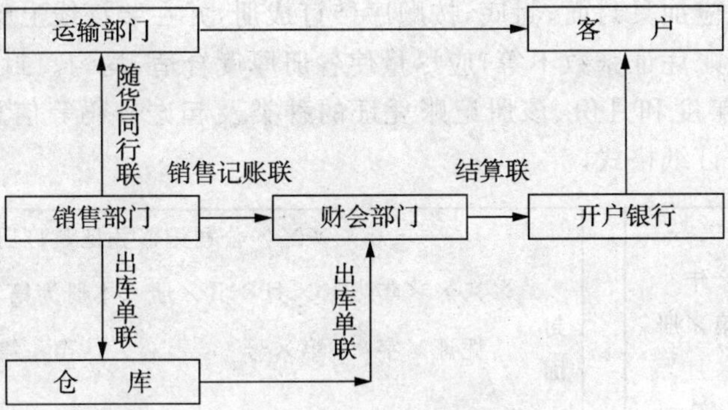

图 9-3　销货凭证传递过程

(二) 记账凭证的传递

记账凭证作为财务人员填制的分类记录经济业务的会计凭证，不向财务部门以外的部门传递。在手工处理方式下，由于分工记账，记账凭证需要在财会部门内部各核算科室和人员之间进行传递，因此也需要按内部管理的要求制定科学的传递程序。特别是在大中型企业，业务复杂，分工细致，凭证多，传递的时间、空间较复杂。制订记账凭证传递程序能够分清责任,避免会计凭证遗失等情况发生。收付款记账凭证经填制、审核,由出纳登记日记账后向其他分工记账会计人员传递。转账记账凭证填制后,经复核,向相关记账人员传递。为防止漏记,可设置转账凭证登记簿,以便记账人员查找相关凭证。由于大中型企业基本实现了会计电算化,因此本章不再对手工方式下记账凭证的传递进行介绍。在电算化处理方式下,记账凭证按照人员分工由填制,经复核,再到装订归档,传递程序大大简化。

二、会计凭证的保管

会计凭证保管是指会计凭证在登记入账后经整理、装订归档以供保存备查。会计凭证是企业的重要经济档案和历史资料,必须妥善保管,防止丢失、毁损,以备日后查阅使用。

(一) 整理装订

会计凭证完成登记入账,应于月末整理后装订成册。装订前应对所有记账凭证按编号顺序进行整理,检查所附原始凭证是否与记账凭证上注明的张数一致;将所附原始凭证折叠整齐;检查制单、稽核、记账、会计主管等有关人员签章手续是否齐备。对于一些经常性所附原始凭证数量较大,不便装订的记账凭证,可以将原始凭证独立编号装订,并在记账凭证上予以注明。

记账凭证应加具封面、封底,按顺序装订成册,并在装订线上粘贴封签,加盖公章。各册记账凭证张数不等,应尽量使各册厚度合适、均匀。封面上应填写单位名称、会计年度和月份、该册记账凭证的种类及起讫号码等信息。如图 9－4 为记账凭证装订纸格式。

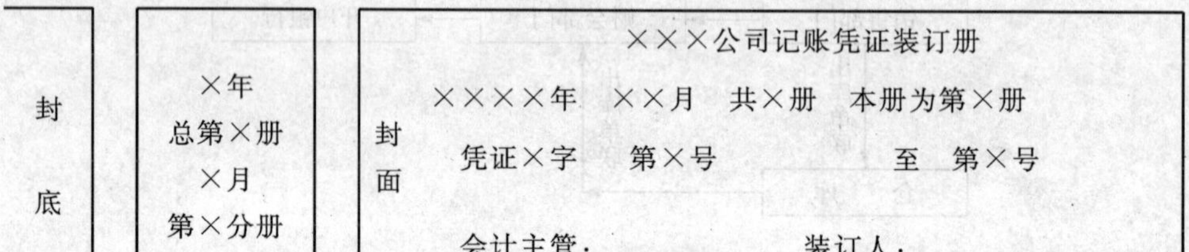

图 9－4　记账凭证装订纸

(二) 造册归档

装订成册的记账凭证在一个会计年度内应连续编号,并造册登记,以便日后检索查阅。登记簿设置的栏次与《记账凭证装订册》所记载的信息基本一致。格式如图 9－5 所示。对于单独装订的原始凭证也应另行造册登记归档。

×××公司记账凭证装订册登记簿

年	月	总第　册	分第　册	凭证字	第　号至第　号	备注
					—	

图 9-5　记账凭证装订册登记簿

（三）借阅使用

会计凭证不得外借。因特殊原因需调阅或复制时，必须经本单位领导批准后，办理借阅手续，但不得拆散原卷册，并且必须按借阅期限及时归还。《会计凭证借阅登记簿》如图 9-6 所示。为了企业财会人员调阅方便，企业财会部门可以将归档凭证等会计档案保存一年，一般应由专人负责管理。超过一年的归档会计凭证等档案应移交企业档案部门管理。

×××公司会计档案借阅登记簿

年	月	总第　册	分第　册	借阅人	审批人	借阅时间	归还时间	备注

图 9-6　会计档案借阅登记簿

（四）保管和销毁

会计凭证在一年期满后，财会部门应编造清册移交本单位档案部门负责保管。

会计凭证等档案保管期限分为定期和永久两种，保管期限及到期销毁，必须严格执行国家财政部、档案局发布的《会计档案管理办法》。该办法规定，一般原始凭证、记账凭证和汇总凭证的保管期限为 15 年，银行存款余额调节表、对账单的保管期限为 5 年，如表 9-13。

表 9-13　企业和其他组织会计档案保管期限表

序号	档案名称	保管期限	备　　注
一	会计凭证类		
1	原始凭证	15 年	
2	记账凭证	15 年	
3	汇总凭证	15 年	
二	会计账簿类		
4	总账	15 年	包括日记总账
5	明细账	15 年	
6	日记账	15 年	现金和银行存款日记账保管 25 年

续 表

序号	档案名称	保管期限	备　注
7	固定资产卡片		固定资产投资清理后保管5年
8	辅助账簿	15年	
三	财务报告类		包括各级主管部门汇总财务报告
9	月、季度财务报告	3年	包括文字分析
10	年度财务报告(决算)	永久	包括文字分析
四	其他类		
11	会计移交清册	15年	
12	会计档案保管清册	永久	
13	会计档案销毁清册	永久	
14	银行余额调节表	5年	
15	银行对账单	5年	

销毁保管期满的会计凭证,必须开列销毁清单,报经上级批准后才能由档案部门和会计部门共同监督销毁。销毁前应认真清点核对,销毁后,在销毁清册上签名盖章,以示负责。

企业和其他组织会计档案保管期限表如表9-13所示。

知识扩展

采购员小王出差归来,前往财务科报账,请你规划较为合理的报销程序。若小王出差前借支了差旅费5 000元,报销费用4 200元,交回多余库存现金800元。作为会计,应如何选用记账凭证,怎样编制记账凭证?

第十章　会计账簿

【学习要点】

1. 会计账簿的种类及登记规则。
2. 错账的查找及更正方法。
3. 对账和结账的方法。

第一节　会计账簿的意义和种类

一、设置和登记会计账簿的意义

会计账簿，简称账簿，是由具有一定格式的若干账页所组成，以经过审核的会计凭证为依据，用以全面、系统、连续地记录经济业务的簿记。从外表形式上看，账簿是由若干预先印制成专门格式的账页所组成的。

设置和登记账簿是会计核算的专门方法之一，是编制会计报表的基础，是联结会计凭证与会计报表的中间环节。通过设置和登记账簿，将分散在会计凭证中的具体资料分门别类地进行加工整理，借助于账户对经济业务进行分类、序时、连续、系统、全面记录和反映。同时，整个经济活动情况集中反映在账簿当中，为编制会计报表积累了全面的资料，并为经营管理提供必要的指标。各单位应当按照国家统一会计制度的规定和会计业务的需要设置会计账簿。

二、会计账簿的种类

账簿可以按不同的标准进行分类，分类的方法主要有以下三种。

（一）账簿按用途分类

账簿按用途分类，可以分为序时账簿、分类账簿和备查账簿。

1. 序时账簿

序时账簿又称日记账，是对各项经济业务按其发生时间的先后顺序，逐日逐笔连续进行登记的账簿。按其记录的内容不同,又分为普通日记账和特种日记账两种。普通日记账是用来记录全部经济业务的完成情况的日记账;特种日记账是用来登记某一类经济业务完成情况的日记账,如目前广泛运用的现金日记账和银行存款日记账等。

2. 分类账簿

分类账簿是按照账户对经济业务进行分类登记的账簿。按照账簿反映指标的详细程度划分,可分为总分类账簿和明细分类账簿两种。总分类账簿,又称总分类账(简称总账),是根据总分类科目设置的,用以记录全部经济业务总括核算资料的分类账簿;明细分类账簿,又称明细分类账(简称明细账),是根据总账科目设置,按其所属的明细科目设置,用以记录某一类经济业务明细核算资料的分类账。

3. 备查账簿

备查账簿也称辅助账簿,是对某些未能在日记账和分类账中记录的经济事项或记录不全的经济业务进行补充登记的账簿。如"租入固定资产登记簿"、"代销商品登记簿"等。

(二) 账簿按形式分类

账簿按形式分类,可以分为订本账、活页账和卡片账三种。

1. 订本账

订本账是在使用前就将若干账页顺序编号并装订成册的账簿。其优点是可以避免账页散失和非法抽换;缺点是不能根据需要增减账页,不便于记账分工和用机器记账。订本式账簿主要适用于总分类账和现金日记账、银行存款日记账。

2. 活页账

活页账是指把若干张零散的账页,根据业务需要,自行组合成的账簿。由于账簿的页数不固定,使用前不加装订,便于分工记账和使用机器记账;其缺点是账页容易散失和被抽换。活页式账簿主要适用于各种明细账。

3. 卡片账

卡片账是指利用卡片进行登记的账簿。为了便于保管,需要按一定顺序排列在特别的卡片箱内,由记账人员保管。卡片账的优点是应用灵活,便于分工;缺点是易于散失和被抽换。卡片账主要适用于记录内容比较复杂的财产明细账,如"固定资产明细账"、"低值易耗品明细账"等账簿。

(三) 账簿按其账页格式分类

账簿按其账页格式分类,可分为三栏式账簿、多栏式账簿和数量金额式账簿三种。

1. 三栏式账簿

三栏式账簿是指采用借方、贷方、余额三个主要栏目的账簿。日记账、总分类账和部分明细分类账一般采用三栏式，如应收账款、应付账款明细账等。三栏式账簿的格式如表 10－1 所示。

表 10－1　总分类账

账户名称：

年		凭证		摘要	借方	贷方	借或贷	余额
月	日	种类	编号					

2. 多栏式账簿

多栏式账簿是指采用一个借方栏目、多个贷方栏目或一个贷方栏目、多个借方栏目的账簿。生产成本、制造费用、管理费用等明细账一般采用多栏式格式。多栏式账簿的格式如表 10－2 所示。

表 10－2　制造费用明细账

明细账户名称：

年		凭证		摘要	借方					贷方	余额
月	日	种类	编号		工资及福利费	折旧费	办公费	……	合计		

3. 数量金额式账簿

数量金额式账簿是指采用数量与金额双重记录的账簿。原材料、库存商品明细账一般采用数量金额式格式。数量金额式账簿的格式如表 10－3 所示。

表 10－3　原材料明细账

材料类别：

材料名称：　　　　数量单位：

年		凭证		摘要	收入			发出			结存		
月	日	种类	编号		数量	单价	金额	数量	单价	金额	数量	单价	金额

第二节 账簿的内容和登记

一、会计账簿的基本内容

各种账簿应具备的基本要素主要包括以下三项内容:封面、扉页、账页。

(1) 封面。封面主要标明账簿名称、会计年度。

(2) 扉页。扉页主要列示账簿目录、经管人员一览表。

(3) 账页。账页格式因反映经济业务的内容不同,可有不同的格式,但基本内容包括账户名称,登账日期栏,凭证种类和号数栏,摘要栏,借、贷方金额及余额的方向、金额栏,总页次和分户页次。

二、日记账的设置与登记

(一) 普通日记账

普通日记账是根据原始凭证逐笔登记的,序时地反映企业全部经济业务的日记账,也称分录日记账。其结构一般包括日期栏、摘要栏、账户名称栏、借方金额栏、贷方金额栏、过账备查栏。由于只有两个金额栏,因此,这种格式又称为"两栏式",这种账簿不结余额。其格式如表 10-4 所示。

表 10-4 普通日记账

第 页

年		摘要	账户名称	借方	贷方	过账
月	日					

(二) 特种日记账

特种日记账能够序时、分类、详细地反映各类经济业务情况。企业一般应设置特种日记账,常见的特种日记账有库存现金日记账和银行存款日记账。

1. 库存现金日记账

库存现金日记账,是出纳人员根据现金收款凭证、现金付款凭证和银行付款凭证,按经济业务发生的先后顺序,逐日逐笔进行登记的账簿。它一般采用三栏式,为了清楚地反映账户间的对应关系,常设有"对方科目"栏。格式如表 10-5 所示。

表 10－5　库存现金日记账

第　页

年		凭证号码	摘要	对方科目	收入	付出	结余
月	日						

每日终了，出纳员应分别计算现金收入和现金付出的合计数，结出余额，同时与现金数额相核对，做到“日清”。月终同样要计算现金收、付和结存的合计数，做到“月结”。

2. 银行存款日记账

银行存款日记账应按企业在银行开立的账户和币种分别设置，每个银行账户设置一本日记账。银行存款日记账是由出纳人员根据审核无误的银行存款收、付款凭证和库存现金付款凭证，序时逐笔登记的账簿。银行存款日记账的格式与库存现金日记账的格式基本相同，不同的是其增设了“结算凭证种类和号数”栏，目的是便于和开户银行对账。格式如表 10－6 所示。

表 10－6　银行存款日记账

第　页

年		凭证号码	摘要	结算凭证		对方科目	收入	付出	结余
月	日			种类	号数				

每日终了，出纳人员应分别计算银行存款的收入和支出合计数，结出余额，做到“日清”；月终应计算出银行存款全月收入、支出的合计数，做到“月结”。

三、分类账的设置与登记

（一）总分类账的设置与登记

总分类账簿，简称总账，是由总分类账户汇订而成的，是按总分类账户进行分类登记全部经济业务、提供总括资料的账簿。

在总分类账中，应按照会计科目的编码顺序分设账户，并为每个账户预留若干账页。由于总分类账能够全面而总括地反映经济活动情况，并为编制会计报表提供资料，因而任何单位都要设置总分类账。

总分类账一般采用借方、贷方、余额三栏式的订本账,可以根据各种记账凭证逐笔登记,也可以将一定时期的各种记账凭证汇总编制科目汇总表或汇总记账凭证,再据以登记总账。总分类账的登记方法取决于采用的会计核算形式,这部分内容将在第十三章中作具体介绍。

(二) 明细分类账的设置与登记

明细分类账是按照明细分类账户,详细记录某一经济业务的账簿。各个单位在设置总分类账的基础上,还应根据管理的需要,按照总账科目设置若干必要的明细分类账,作为总分类账的必要补充。明细分类账主要有三种格式:三栏式明细分类账、数量金额式明细分类账、多栏式明细分类账。

(1)三栏式明细账的账页只设有借方、贷方和余额三个金额栏,不设数量栏。该格式适用于只需要进行金额核算而不需要进行数量核算的债权、债务结算账户,如"应收账款"、"应付账款"等科目的明细分类核算。三栏式明细账由会计人员根据审核无误的记账凭证或原始凭证,按经济业务发生的时间先后顺序逐日逐笔进行登记。

(2)数量金额式明细账的账页,分别设有收入、发出和结存的数量、单价和金额栏。该格式适用于既要进行金额核算,又要进行实物数量核算的各种财产物资账户,如"原材料"、"库存商品"等科目的明细分类核算。数量金额式明细账由会计人员根据审核无误的记账凭证或原始凭证,按经济业务发生的时间先后顺序逐日逐笔进行登记。

(3)多栏式明细账,是根据经济业务的特点和管理的需要,在一张账页内按有关明细科目项目分设若干专栏,以在同一张账页中集中反映各有关明细项目的详细核算资料。该格式适用于费用、成本和收入、利润等账户的明细分类核算。按登记的经济业务的不同,多栏式明细分类账又分为借方多栏(见表10-7)、贷方多栏(见表10-8)和借贷方均为多栏(见表10-9)三种格式。

表10-7　生产成本明细账

明细账户名称:

年		凭证		摘要	借方(项目)				贷方	余额
月	日	种类	编号		直接材料	直接人工	制造费用	合计		

表 10-8 主营业务收入明细账

年		凭证		摘要	借方	贷方（项目）				余额
月	日	种类	编号			产品销售	加工收入		合计	

表 10-9 本年利润明细账

年		凭证		摘要	借方（项目）			贷方（项目）			借或贷	余额
月	日	种类	编号				合计			合计		

四、备查账簿及其登记方法

备查账簿是对企业某些经济业务进行补充登记的账簿，是日记账、分类账的补充。备查账簿可以根据单位的具体情况和经济业务的需要来设置，较多地采用文字来记录某项经济业务发生的情况。备查账簿没有固定的格式，各单位可根据管理的需要自行设计，与其他账簿之间不存在严密的依存和勾稽关系。

第三节 登记账簿的规则

一、会计账簿的启用

会计账簿是企业重要的会计档案。为了确保会计记录真实、完整，明确会计责任，在启用账簿时，会计人员应在账簿扉页上填写“账簿启用登记表”，详细填明单位名称、账簿名称、账簿编号、账簿页数、启用日期、记账人员和会计主管人员姓名，并加盖名章和单位公章。更换记账人员时，应办理交接手续，注明交接日期、接办人员或者监交人员姓名，并由交接双方人员签名或者盖章。

启用订本式账簿，对于未印制顺序号的账簿，应从第一页到最后一页顺序编定页数，不得跳页、缺号。使用活页式账页，应按账户顺序编号，并须定期装订成册。装订后再按实际使用的账页顺序编定页数，另加目录，记明每个账户的名称和页次。

二、记账规则

会计人员应当根据审核无误的会计凭证登记会计账簿。登记账簿的基本要求是：

(1) 登记账簿时，将会计凭证日期、编号、业务内容摘要、金额和其他有关资料逐项记入账内。做到数字准确、摘要清楚、登记及时、字迹工整。

(2) 登记完毕后，要在会计凭证上签名或盖章，并注明已经登账的符号(如“√”)，表示已经记账。

(3) 账簿中书写的文字和数字上面要留适当空距，不要写满格，一般应占格长的二分之一。

(4) 登记账簿要用蓝黑或黑色墨水书写，不得使用圆珠笔(银行的复写账簿除外)或铅笔书写。但下列情况可以用红色墨水记账：

① 按照红字冲账的记账凭证，冲销错误记录。

② 在不设借贷等栏的多栏式账页中，登记减少数。

③ 在三栏式账户的余额栏前，如未印明余额的方向，在余额栏内登记负数余额。

④ 会计制度中规定用红字登记的其他记录。

(5) 各种账簿按页次顺序连续登记，不得跳行、隔页。如果发生跳行、隔页，应将空行、空页划线注销，或注明“此行空白”或“此页空白”字样，并由记账人员签名或盖章。

(6) 凡需要结出余额的账户，结出余额后，应在“借或贷”等栏内写明“借”或“贷”等字样。没有余额的账户，应在“借或贷”等栏内写“平”字，并在余额栏内用“0”表示。库存现金日记账和银行存款日记账必须逐日结出余额。

(7) 每一账页登记完毕结转下页时，应结出本页合计数及余额，写在本页最后一行和下页第一行有关栏内，并在本页的摘要栏内注明“转次页”字样，在次页的摘要栏内注明“承前页”字样。

(8) 实行会计电算化的单位，总账和明细账应当定期打印。发生收款和付款业务的，在输入收款凭证和付款凭证的当天，必须打印出库存现金日记账和银行存款日记账，并与库存现金核对无误。

(9) 账簿记录发生错误，不准涂改、挖补、刮擦或者用药水消除字迹，不准重新抄写，必须按照规定的方法进行更正。

三、账簿的更换

为了清晰地反映各个会计年度的财务状况和经营成果，每个会计年度开始时，一般都要启用新账，并把上年度的会计账簿归档保管。库存现金日记账、银行存款日记账、总分类账及明细分类账都要每年更换新账，但固定资产明细账或固定资产卡片可以继续使用，不必每年更换新账。

需要更换的各种账簿，在进行年终结账时，各账户的年末余额都要以相同的方向直接记入有关新账的账户中，并在新账第一行摘要栏内注明“上年结转”或“年初余额”字样。新旧账簿有关账户之间的结转余额，无须编制记账凭证。

第四节　错账的查找与更正

在会计实务工作中，由于种种原因会发生错账，错账发生后，要积极查找错账的原因。查找错账的方法有顺查法和逆查法两种。顺查法是按会计核算程序，从会计凭证查起，到账簿，再到试算平衡表，按顺序查错；逆查法与记账的程序相反，是从试算表查起，到账簿，再到凭证。在运用顺查法或逆查法之前，需要对错账的性质进行分析，然后运用查找错账的技术方法迅速找出错误，并进行更正。

一、对错账进行分析

1. 影响借贷平衡的错误

在结账、对账工作中，总账借贷余额不平衡的错误在编制试算平衡表时容易被发现。其原因可能是记账方向发生错误，或者是数字颠倒错误，或者是数字错位等导致的。

2. 不影响借贷平衡的错误

这种错误在编制试算平衡表时无法体现出来。其原因可能是漏记或重记了某项经济业务，或者是会计科目使用错误，或者是多种错误综合影响，抵销了差错数等。

二、查找错账的技术方法

1. 差额法

差额法是按错账的差数查找错账的方法。主要用于在记账过程中只登记了会计分录的借方或贷方，漏记了另一方，从而形成试算平衡中借方合计与贷方合计不等。如试算平衡表中的借方合计数为 680 000 元，贷方合计数为 683 000 元。如果本期只存在一项错误，而且正确的发生额为 683 000 元，则可断定是漏记了发生额为 3 000 元的经济业务的借方;如果正确的发生额为 680 000 元,则意味着重记了发生额为 3 000 元的经济业务的贷方。

2. 二除法

二除法是指将差数除以 2 来查找错账的方法。当某个借方金额记入贷方(或相反)时,出现错账的差数表现为错误的 2 倍,表现为一个偶数,将此差数用 2 去除,得出的商即是反向的金额。如试算平衡表借贷方差额为 4 000 元,用 2 去除,4 000÷2=2 000 元,就可以检查账户中金额为 2 000 元的记录有无错记。可能有三种情况:误记、漏记或重记。

3. 九除法

九除法是指将差数除以 9 查找错数的方法。九除法适用以下两种情况:一是将数字错位;二是邻数颠倒。

(1) 数字错位。在记账时,有时会把数字的位数记错,如错将 1 500 记为 150,差数为 1 350。用 9 去除得 150,将商扩大 10 倍,得 1 500,即为正确数。

(2) 邻数颠倒。出现邻位数额颠倒,如 69 误记为 96,造成的差数为 27,肯定是 9 的倍数。用差数除以 9,商数即为相邻两数的差数。

三、更正错账的方法

如果发现账簿记录有错误,应按规定的方法进行更正,不得涂改、挖补或用消字液消除字迹。更正错误的方法有三种:

1. 划线更正法

划线更正法又称红线更正法。在结账之前,如果发现账簿记录有错误,而其所依据的记账凭证没有错误,即纯属记账时文字或数字的笔误,应采用划线更正的方法进行更正。更正的方法是:将错误的文字或者数字划红线注销,但必须使原有字迹仍可辨认;然后在划线上方填写正确的文字或者数字,并由记账人员在更正处盖章。对于错误的数字,应当全部划红线更正,不得只更正其中的错误数字。对于文字错误,可只划去错误的部分。

如记账人员王红,将 812.60 误记为 821.60,应作如下更正:

812.60	王红
~~821.60~~	盖章

2. 红字更正法

红字更正法,又称红字冲销法。红字更正法适用于以下两种情况:

(1) 记账以后,发现记账凭证中的会计科目或金额有错误,致使账簿记录错误,应采用红字更正法。更正的方法是:首先用红字填写一张内容与原错误凭证相同的记账凭证，并用红字登记入账，冲销原错误记录；然后，用蓝字或黑字填制一张正确的记账凭证，据以用蓝字或黑字登记入账。

如生产产品领用原材料 5 000 元，误编如下记账凭证，并已入账。

借:制造费用　　5 000

　贷:原材料　　5 000

更正时，先用红字填制一张相同的记账凭证。

借:制造费用　　[5 000]

　贷:原材料　　[5 000]

再用蓝字填制一张正确的记账凭证。

借:生产成本　　5 000

　贷:原材料　　5 000

上述两张记账凭证全部入账后，即可更正原账簿记录错误。

(2) 发现记账凭证中应借、应贷的会计科目、记账方向都没有错误，只是所记金额大于应记的正确金额，并已据以登记入账，应采用红字更正法。更正的方法是:将多记金额填制一张红字金额凭证，在摘要栏内写明"冲销某月某日第×号凭证多记金额"，据以登记入账，即可更正错误。

假设前述例子编制了如下的错误凭证，并已入账。

借:生产成本　　50 000

　贷:原材料　　50 000

更正时只需将多记金额 45 000 元填制一张红字记账凭证。

借:生产成本　　[45 000]

　贷:原材料　　[45 000]

3. 补充登记法

补充登记法适用于记账以后发现记账凭证中应借、应贷的会计科目和记账方向正确，只是所记金额小于应记的正确金额。更正时将少记金额用蓝字填制一张记账凭证，并登记入账，即可将少记金额补充登记入账。

如完工产品 86 000 元验收入库，填制如下记账凭证，并已登记入账。

借:库存商品　　68 000

　贷:生产成本　　68 000

发现错误后，将少记金额 18 000 元用蓝字填制一张记账凭证。

借:库存商品　　18 000

　贷:生产成本　　18 000

第五节　对账和结账

一、对账

对账,就是核对账目。《会计基础工作规范》要求:各单位应当定期对会计账簿记录的有关数字与库存实物、货币资金、有价证券、往来单位或者个人等进行相互核对,保证账证相符、账账相符、账实相符。对账工作每年至少进行一次。对账的主要内容有账证、账账和账实的核对。

(一)账证核对

账证核对,就是将各种账簿记录与记账凭证及其所附原始凭证进行核对,以求账证相符。一般账证核对是在日常核算工作中进行,通常是会计人员在编制记账凭证和登记账簿时进行核对。

(二)账账核对

账账核对,就是核对不同会计账簿之间的账簿记录是否相符。包括:

(1)总分类账各账户的借方期末余额合计数与贷方期末余额合计数核对相符;

(2)总分类账中的库存现金账户和银行存款账户的期末余额分别与库存现金日记账和银行存款日记账的期末余额核对相符;

(3)总分类账各账户的期末余额与其所属的各明细分类账的期末余额合计数核对相符;

(4)会计部门的各种财产物资明细分类账的期末余额与财产物资保管和使用部门的有关财产物资明细账的期末余额核对相符。

(三)账实核对

账实核对,就是核对会计账簿记录与财产等实有数额是否相符。包括:

(1)库存现金日记账的账面余额应与库存现金实有数每日核对相符。

(2)银行存款日记账、银行借款明细账的余额应定期与银行对账单核对相符,每月至少核对一次。

(3)各种财产物资明细账的账面结存数量应定期与账产物资实存数核对相符。

(4)各种应收、应付账款明细账的账面余额应与有关债权人、债务人的有关明细账记录核对相符。

上述账实核对工作,在会计实务工作中一般通过财产清查来进行。

二、结账

结账，是指在将一定时期内发生的全部经济业务登记入账后，按照规定的方法结算各个账户本期发生额和期末余额，从而根据账簿记录，编制会计报表。

（一）结账程序

（1）应将本期经济业务全部登记入账，检查有无错记、漏记，若发现应及时更正、补记，既不能为赶编会计报表而提前结账，也不能把本期发生的经济业务延至下期登账。

（2）按照权责发生制原则进行账项调整，以正确确定本期的收入和费用，编制记账凭证记入有关账簿。如该摊销的费用应摊销，该负担的预提费用应提取。

（3）对损益类账户进行结账，结平所有损益类账户，据以确定本期的利润或亏损。

（4）对资产、负债和所有者权益账户进行结账，分别结出各总分类账户和明细分类账户的本期发生额和期末余额。

（二）结账的方法

结账工作应当根据不同的账户记录，分别采用不同的方法。一般分为月结和年结两种。

（1）对于不需要按月结计本期发生额的账户，如各种应收、应付明细账和财产物资明细账等，每次记账后，都要随时结出余额，每月最后一笔余额即为本月余额，只需在最后一笔经济业务记录之下通栏划单红线，不需要再结计一次余额。

（2）库存现金日记账、银行存款日记账和需要按月结计发生额的收入、费用等明细账，每月结账时，要在最后一笔业务记录下面通栏划单红线，结出本月发生额和余额，在摘要栏内注明“本月合计”字样，在下面再通栏划单红线。

（3）需要结计本年累计发生额的某些明细账，每月结账时，应在“本月合计”行下结出自年初起至本月末止的累计发生额，登记在月度发生额下面，在摘要栏内注明“本年累计”字样，并在下面通栏划单红线；12 月末的“本年累计”就是全年累计发生额，全年累计发生额下面应当通栏划双红线。

（4）总账账户平时只需结出月末余额。年度结账时，所有总账账户都应当结出全年发生额和年末余额，在摘要栏内注明“本年合计”字样，并在合计数下通栏划双红线。

（5）年度终了，要把各账户的余额结转到下一会计年度，并在摘要栏注明“结转下年”字样；在下一会计年度新建有关会计账簿的第一行余额栏内填写上年结转的余额，并在摘要栏注明“上年结转”字样。

知识扩展

针对不同的账户,结账有哪些具体的方法?对于一个需要结出本月发生额的账户,如果一个月内只有一笔发生额,应该如何进行该账户的结账?

第十一章　财产清查

【学习要点】

1. 财产清查的种类和一般程序。
2. 财产清查的方法。
3. 财产清查结果的处理。

第一节　财产清查的意义和种类

一、财产清查的意义

企业发生的经济业务，通过填制、审核会计凭证，登记账簿，在账簿记录中反映了各种财产物资的增减变动及结余情况。但在实际工作中，由于各种主客观因素，会造成账实不符。如财产收发过程中由于计量检验器具不准确，造成数量上的计量错误；发生意外灾害，造成非正常损失；保管人员工作疏忽，发生计算或登记错误；会计人员记账时发生漏记、重记、多记、少记等错账现象；因管理不善造成物资损坏、变质和短缺等。为了确保会计核算资料的客观、真实、准确，保证财产物资的安全完整，一方面要建立健全企业的岗位责任制，另一方面要建立财产清查制度，对企业各项财产、债权进行清查、核对。

财产清查，就是通过对企业的实物、库存现金、银行存款、往来款项的盘点和核对，来确定其实存数，查明实存数与其账存数是否相符的一种专门方法。

财产清查是发挥会计监督职能作用的重要方面，对企业经济活动能够正常有序地进行具有十分重要的意义。财产清查的意义概括起来有以下几个方面。

(一) 保护财产物资的安全完整

通过财产清查，可以查明各项财产物资的使用、保管情况，及时发现财产管理上存在的问题，采取措施，消除隐患，建立健全财产物资管理制度，确保财产物资的安全完整。

(二) 确保会计资料真实可靠

通过财产清查,查明各项财产物资的实际结存数,并与账面结存数进行核对,确定账实是否相符,如果发现不符,确定盘盈或盘亏数,并及时调整账面记录,以做到账实相符,保证会计资料真实可靠。

(三) 提高财产物资的使用效率

通过财产清查,不仅可以掌握企业各项财产物资的实有数,而且有利于查明其储备和利用情况。对储备不足的物资应及时补充,保证供给;对超储积压物资、闲置呆滞物资应及时处理,减少损失浪费,以便充分挖掘现有财产物资的潜力,提高使用效率。

(四) 确保财经纪律的贯彻执行

通过财产清查,可以查明单位有关业务人员是否遵守财经纪律和结算制度,有无贪污盗窃、营私舞弊、挪用公款的行为,促使企业认真执行结算制度,严格遵守财经纪律,维护财经纪律。

(五) 建立健全内部控制制度

通过财产清查,可以及时发现各种财产物资在收入、发出、领退、保管等环节存在的问题,从而有针对性地改进管理办法,建立健全内部控制制度,明确经济责任。

二、财产清查的种类

财产清查可以按不同的标志进行分类。主要分类有:

(一) 按照清查的对象和范围划分

1. 全面清查

全面清查是对企业所有的财产物资、往来款项进行全面的盘点与核对。以工业企业为例,全面清查的内容包括:

(1) 实物资产,如固定资产、原材料、库存商品、工程物资等;

(2) 库存现金、银行存款、银行借款及各种有价证券;

(3) 在途材料、在途商品、在途物资等;

(4) 应收、应付、预收、预付的各种往来结算款项;

(5) 接受或委托其他单位加工或保管的材料和物资。

全面清查内容全面、范围广泛,清查工作需投入的人力多,耗时长,通常在以下情况时采用:

(1) 年终决算之前;

(2) 单位关、停、并、转或改变隶属关系时；

(3) 按规定进行清产核资、产权登记或资产评估时；

(4) 单位主要负责人调离工作岗位时。

2. 局部清查

局部清查是对企业的部分财产物资、债权债务进行的盘点与核对。相对而言，局部清查范围小、需要的人力少、费用低。一般情况下，对于流动性较强的材料、在产品和库存商品，除年度清查外，年内还要轮流盘点或重点抽查；对于贵重物资，至少每月盘点一次；对于银行存款和银行借款，每月同银行核对一次；对于库存现金，每日终了应由出纳员自行盘点，做到日清月结；对于各种往来款项，每年至少与对方单位核对一至两次。

(二) 按清查时间划分

1. 定期清查

定期清查是按照预先计划安排的时间，对财产物资所进行的清查。定期清查一般是在月末、季末、年末结账之前进行。定期清查根据需要可以是局部清查，也可以是全面清查，目的在于核实企业财产物资实存数与账存数是否一致，以保证会计信息的真实性、可靠性。

2. 不定期清查

不定期清查是事先并未规定具体清查时间，而是根据实际需要所进行的临时性清查，其目的在于查明情况、分清责任。不定期清查有时是全面清查，如清产核资时所进行的清查；有时也可能是局部清查。一般以下情况需要进行不定期清查：

(1) 更换财产物资保管员时；

(2) 根据上级要求进行清产核资工作时；

(3) 发生自然灾害或意外损失时；

(4) 配合有关部门对本单位进行会计检查时。

(三) 按清查的执行单位划分

1. 内部清查

内部清查是由企业自行组织清查工作小组所进行的财产清查工作。多数的财产清查属于内部清查。

2. 外部清查

外部清查是由上级主管部门、审计机关、司法部门或注册会计师根据国家的有关规定或实际需要对企业所进行的财产清查。如注册会计师对企业进行验资、审计；司法、税务机关对企业进行检查、监督时进行的清查工作。

第二节 财产清查的方法

一、财产物资的盘存制度

财产物资的盘存制度是指企业对于财产物资的收入、发出、结存等在账簿中的记录方法。企业可以根据管理的需要以及财产物资的特点,分别采用永续盘存制和实地盘存制。

(一) 永续盘存制

永续盘存制,又称账面盘存制,是根据账簿记录计算账面结存数量的方法。在这种方法下,财产物资的增加和减少,都要根据会计凭证在有关账簿中连续登记,并随时结出账面结存数。计算公式如下:

期末账面结存数量=期初账面结存数量+本期收入数量-本期发出数量

采用永续盘存制,要求每一品种的存货都要开设一个明细账,存货的明细账核算工作量较大。但是这种盘存制度可以在账簿中反映存货的收入、发出和结存情况,通过盘点加以核对。如果账簿上的结存数量与实存数量不符,可以及时查明原因,这样有利于加强对财产物资的管理。因此,除一些特殊的财产物资外,企业一般都采用永续盘存制。

(二) 实地盘存制

实地盘存制是根据实地盘点或技术推算所得的实存数量,作为各项存货账面结存数量的方法。在这种方法下,平时只在账簿中登记收入数,不登记发出数,期末根据实地盘点或技术推算所得的实存数量作为账面结存数量。然后,倒推计算出本期财产物资的发出数。计算公式如下:

本期发出数量=期初账面结存数量+本期收入数量-期末实际结存数量

采用实地盘存制,可以简化存货的核算工作。但这种盘存制度不能从账面上随时反映存货的收入、发出和结存情况;由于本期发出数量是利用倒推的方法计算出来的,将存货的短缺、毁损、盗窃等都作为本期正常耗用核算,不利于存货的控制与管理。因此,这种方法只适用于一些价值较低、品种复杂的存货和一些鲜活商品的核算。

二、财产清查的一般程序

不同目的的财产清查,应按不同的程序进行,但就其一般程序来说,主要包括成立清查组织、业务准备工作和实施财产清查三个步骤。

（一）成立清查组织

在财产清查前，必须成立财产清查小组，负责财产清查的组织和管理工作。清查小组领导应由单位负责人或主管会计工作的负责人担任，负责制订清查计划、确定清查范围、规定清查时间和步骤、配备清查人员、落实清查人员的分工和职责、检查清查工作质量、提出清查结果的处理意见。清查小组成员应由责任心强、业务水平高、作风严谨的会计、业务、技术、仓库等部门的人员组成。如果是外部清查，还应有注册会计师、税务人员等参加，具体进行清查的各项工作。

（二）业务准备工作

为了保证清查工作的顺利进行，在财产清查前必须做好以下几项业务准备工作。

1. 账簿准备

会计部门要将所有财产物资的收发凭证都登记入账，结出余额；认真核对总账和明细账的余额，做到计算正确、内容完整、账证相符、账账相符，为账实核对提供依据。

2. 实物准备

财产物资的使用、保管人员要将所有待清查的实物整理清楚，放置整齐，挂上标签，标明实物名称、规格和结存数量。实物的使用、保管部门如有明细账的，应结出明细账余额。

3. 工具准备

做好计量器具和登记表格的准备工作。在清查地点准备好需用的各种度量衡器具，并严格校验，保证计量准确；同时，准备好各种空白的清查盘点报告表，用来登记清查结果。

（三）实施财产清查

做好清查准备的各项工作后，清查小组成员应该按照清查计划的要求，按步骤开展清查工作。

三、财产清查的方法

（一）存货的清查

1. 清查的方法

存货的清查是对材料、在产品、库存商品、低值易耗品、包装物、商品等在数量和质量上进行的清查。检查存货的质量，是通过各种技术检测手段或凭直觉鉴定其品质、性能，检查有无变质、残缺等，做好记录并及时处理；由于存货种类繁多，实物形态、存放方式不尽相同，检查存货数量的方法也有所不同。一般常用的方法有：

(1) 实地盘点法。实地盘点法是对各项实物通过逐一清点或用计量器具确定其实存数量。这种方法使用范围广泛,大多数的财产物资可以采用这种清查方法。

(2) 技术盘点法。技术盘点法是通过量方、计尺等技术方法来推算出某种存货全部实存数量的方法。一般适用于大量成堆、价廉笨重且不便于逐项清点的物资。如露天堆放的煤、砂石等。

2. 清查的步骤

(1) 盘点实物。由清查人员协同材料物资保管人员在现场对材料物资采用上述相应的清查方法进行盘点,确定其实存数量,并同时检查其质量情况。

(2) 登记盘存单。对各项财产物资盘点的结果,如实登记在"盘存单"上,并由盘点人员和实物保管人员同时签章,以明确经济责任。"盘存单"的一般格式如表11-1所示。它既是实物盘点结果的书面证明,同时又是反映材料物资实有数的原始凭证。盘存单一式三份,一份由清点人员留存备查,一份交实物保管人员保存,一份交财会部门以便对账。

表11-1 盘存单

单位名称: 盘点时间: 编号:

财产类别: 存放地点: 金额单位:元

序号	名称	规格	计量单位	数量	单价	金额	备注

盘点人: 实物保管人:

(3) 编制账存实存对比表。盘点结束后,将"盘存单"的实存数与账面结存数核对,确定财产物资的盘盈或盘亏数额。账存实存对比表的一般格式如表11-2所示,它既是调整账簿记录的原始依据,也是分析差异原因、明确经济责任的重要依据。

表11-2 账存实存对比表

单位名称: 年 月 日 金额单位:元

序号	名称	规格	计量单位	单价	账存		实存		盘盈		盘亏		备注
					数量	金额	数量	金额	数量	金额	数量	金额	

填表人:

（二）固定资产的清查

固定资产是企业最重要的资产之一，是企业开展经营活动的物质基础。为保证固定资产的安全和完整，必须对固定资产进行清查。固定资产的清查通常也采用实地盘点的方法，一般应按下列步骤进行：

（1）核对账簿记录。在实施清查前，应该进行固定资产总分类账与所属明细分类账的核对，保证总分类账的期末余额与明细分类账的期末余额之和一致，做到账账相符。

（2）实地盘点。根据固定资产明细账的记录，逐一与固定资产实物进行核对，包括固定资产名称、类别、编号等，确认账实是否相符。

（3）编制盘盈盘亏报告单。针对清查中发现的固定资产盘盈盘亏的情况，在查明原因的基础上，将清查的结果填入固定资产盘盈盘亏报告单中。报告单的一般格式如表 11－3 所示。

表 11－3　固定资产盘盈盘亏报告单

部门：　　　　　　　　　　年　　月　　日　　　　　　　　　　金额单位：万元

固定资产编号	固定资产名称	规格型号	盘盈			盘亏			毁损			原因
			数量	重置价值	累计折旧	数量	原价	已提折旧	数量	原价	已提折旧	
	铣床					1	5.8	1.2				待查
处理意见	审批部门					清查小组			使用保管部门			

盘点人：　　　　　　　　　　　　　　　　　　　　　　　实物保管人：

通过固定资产的清查，不仅能够保证会计核算资料的正确性，而且有利于加强企业固定资产的管理，提高固定资产的使用效率。

（三）货币资金的清查

货币资金包括库存现金、银行存款和其他货币资金。对货币资金的清查主要是清查库存现金和银行存款。

1. 库存现金的清查

库存现金的清查应采用实地盘点法。盘点前，出纳人员应将库存现金收、付凭证全部登记入账，并结出库存现金日记账余额。通过对库存现金的实地盘点，确定库存现金的实存数，然后与库存现金日记账的账面余额进行核对，查明账实是否相符及长款或短款情况。为了明确经济责任，在库存现金清查时，出纳人员必须在场。

清查工作分四步进行：

(1) 清点库存现金实有数;

(2) 与库存现金日记账余额核对;

(3) 检查有无违反库存现金管理制度规定的情况:如有无白条抵库、超核定限额、未经批准坐支库存现金等现象;

(4) 填写"库存现金盘点报告表",格式如表 11-4 所示。"库存现金盘点报告表"是重要的原始凭证,既是盘存单,反映库存现金实有数;又是账存实存对比表,发挥着实有数与账面数对比的作用,应由盘点人和出纳员共同签章,明确经济责任。

表 11-4　库存现金盘点报告表

单位名称:　　　　　　　　　　年　月　日

实存金额	账存金额	对比结果		备注
		盘盈	盘亏	

盘点人:　　　　　　　　　　　　　　　　出纳员:

2. 银行存款的清查

银行存款的清查,是采用与开户银行核对账目的方法进行的。在同银行核对账目之前,应检查本单位银行存款日记账的正确性和完整性,然后,与银行对账单逐笔核对。通过核对,往往发现银行对账单上的收付记录、存款余额与本单位银行存款日记账上的收付记录、存款余额不一致,其主要原因:一是本单位与银行之间的一方或双方记账有错误;二是存在未达账项。对于发现的记账错误,应及时查清并予以更正。对于未达账项,则应查明原因后编制"银行存款余额调节表",消除未达账项的影响,检查双方账目是否相符。

所谓未达账项,是指在开户银行与存款单位之间,对于同一项业务,由于凭证传递时间和记账时间的不同,使得发生一方已经入账而另一方尚未入账的事项。未达账项有四种情况:

(1) 企业已收、银行未收的款项。例如,企业销货收到转账支票,开具送款单送存银行,根据银行盖章退回的"进账单"回单联直接登记银行存款的增加,而银行要在收妥了购货单位的款项时才能记账。在银行收妥款项前对账,则形成了企业已收、银行未收的未达账项。

(2) 企业已付、银行未付的款项。例如,企业采购物资,开出一张转账支票,企业直接根据支票存根等凭证,登记银行存款的减少,而银行由于尚未接到凭证或尚未办妥支付转账手续,未记减少,此时则形成企业已付、银行未付的未达账项。

(3) 银行已收、企业未收的款项。例如，银行计算企业存款利息，已记入企业存款户头，而企业尚未接到收账通知，未记增加，此时则形成银行已收、企业未收的未达账项。

(4) 银行已付、企业未付的款项。例如，银行代企业支付水电费，银行已取得支付款项的凭证，记企业存款的减少，而企业尚未接到付款通知未入账，此时则形成银行已付、企业未付的未达账项。

由于以上未达账项的存在，导致一定时期企业银行存款日记账的余额与开户银行送来的对账单余额不符。这就需要通过对银行存款的清查，与开户银行进行账目核对，来查找出未达账项，并编制"银行存款余额调节表"，核实银行存款的实有数，并保证账实相符。

"银行存款余额调节表"是在企业和开户银行双方现有银行存款余额基础上，各自加减未达账项进行调节的方法。其计算公式为：

企业银行存款日记账余额＋银行已收企业未收款项－银行已付企业未付款项＝
银行对账单余额＋企业已收银行未收款项－企业已付银行未付款项

现举例说明编制方法。

【例 11－1】 某企业月末银行存款日记账账面余额为 275 000 元，开户银行送来的对账单余额所列企业存款余额为 279 000 元。经逐笔核对，发现存在以下未达账项：

(1)月末企业开出现金支票一张，用于支付职工借支的差旅费，计 2 800 元，持票人尚未到银行取款。

(2)企业收到购货单位交来的转账支票一张，计 5 000 元，已开具送款单送存银行，但银行尚未入账。

(3)银行接受企业委托代收销货款，计 11 100 元，已收到并记入企业存款账户中，企业尚未接到收账通知，而未入账。

(4)银行代企业支付水电费 4 900 元，企业尚未接到通知而未入账。

根据以上未达账项，编制"银行存款余额调节表"，如表 11－5 所示。

表 11－5　银行存款余额调节表

20××年×月×日　　　　单位:元

项目	金额	项目	金额
企业银行存款日记账的账面余额	275 000	银行对账单的存款余额	279 000
加:银行已收,企业未收款	11 100	加:企业已收,银行未收款	5 000
减:银行已付,企业未付款	4 900	减:企业已付,银行未付款	2 800
调节后的存款余额	281 200	调节后的存款余额	281 200

经过调整未达账项,调节后双方存款余额相符,则表明双方账目基本正确,调节后余额即为本单位可以运用的银行存款实有数。如果调节后余额不符,则表明双方记账存在错误,应及时查明原因,并进行更正。值得注意的是,“银行存款余额调节表”本身并非原始凭证,不能据以调整账簿记录,必须在接到银行转来的有关收付凭证后才能依照记账程序予以入账。

(四)往来款项的清查

往来款项主要包括各种应收账款、应付账款、预收账款、预付账款、其他应收款和其他应付款。往来款项的清查采用同对方单位核对账目的方法。

在进行往来款项清查时,首先应完整、准确地登记本单位各种往来款项,确定无误后,编制“往来款项对账单”,一式两联,通过发函或派人送达对方。对方对账后,将对账结果注明在回单联上盖章退回,表示核对相符;如果发现双方账目不符,则在回单联上注明,以便进一步核对。“往来款项对账单”格式如表11-6所示。

表11-6 往来款项对账单

×单位:

编号:××××

你单位于×年×月×日从我厂购买×产品×件,价款15 000元尚未支付。请核对后将回单联寄回。谢谢!

清查单位:(盖章)

年 月 日

沿下边虚线裁开,将以下回单联寄回。如有不符,请说明情况。

往来款项对账单

清查单位:

你单位寄来的“往来款项对账单”已收到,经核对相符无误。

××单位:(盖章)

年 月 日

清查结束后,企业针对清查结果应编制“往来款项清查结果报告表”见表11-7所示。

表11-7 往来款项清查结果报告表

编制单位: 年 月 日 金额单位:

明细账户		清查结果		差异额及原因说明		
单位名称	金额	相符	不符	未达账项	争议中的账项	其他

制表:

第三节　财产清查结果的处理

一、财产清查结果处理的一般程序

(一) 认真分析、查明账实不符的性质和原因，提出处理建议

财产清查发现的账实不符，需要分析原因，按规定程序提出处理意见，报有关部门审批。一般来说，因个人工作失误造成的损失，应由个人赔偿；因管理不善造成的损失，计入管理费用；因自然灾害造成的非常损失，列入营业外支出。

(二) 积极处理多余物资和清理长期不清的债权债务

对清查过程中发现的多余、积压物资，除设法利用、改造外，应积极组织推销，同时要停止采购和生产；对长期拖欠不清的债权债务，要指定专人负责，限时清偿，以提高财产物资的使用效率和资金的周转率。

(三) 总结经验教训，建立健全各项管理制度

针对财产清查中发现的问题，应当认真加以总结，提出改进措施，进一步健全相应的财产物资管理制度，加强企业岗位责任制和内部控制制度建设。

(四) 根据清查结果，调整账簿记录，保证账实相符

对于财产清查中发现的盘盈或盘亏，在审批前，应及时调整账面记录，做到账实相符；审批后，根据发生差异的原因和审批意见，转销盘盈或盘亏。

二、财产清查结果的账务处理

财产清查结果的账务处理分两步：首先，根据查明的财产盘盈、盘亏或毁损的数字编制“账存实存对比表”，填制记账凭证，据以登记有关账簿，调整账簿记录，使各项财产物资账实相符；其次，在查清原因并明确责任后，根据审批后的处理意见，填制记账凭证，记入有关的账户。

为了核算和监督财产的盘盈、盘亏和毁损情况，应设置“待处理财产损溢”账户，该账户下设“待处理流动资产损溢”和“待处理固定资产损溢”两个明细账户。“待处理财产损溢”账户属于双重账户，借方登记待处理的盘亏或毁损数和经批准处理的盘盈转销数，贷方登记待处理的盘盈数和经批准处理的盘亏或毁损转销数；期末如为借方余额，则表示尚待处理的净损失；期末如为贷方余额，则表示尚待处理的净溢余。

(一) 存货清查结果的账务处理

发生存货盘盈或盘亏，报经批准前，首先调整账簿记录，并将盘盈(或盘亏)

的存货先计入“待处理财产损溢”账户,做到账实相符。报经批准后,发生盘亏存货,应视其原因不同进行相应的处理:① 属于定额内的正常损耗,转作管理费用。② 属于超定额损耗及毁损,由过失人赔偿;属于保险责任范围的,应向保险公司赔偿;扣除赔偿及残值后的净损失,计入管理费用。③ 属于自然灾害造成的存货损毁,扣除保险赔偿和残值后,计入营业外支出。若属于收发计量或核算上的误差造成的盘盈,经批准,冲减管理费用。

【例 11-2】 某企业在财产清查中,发现盘盈 A 材料 1 吨,每吨 2 000 元。经查明是由于收发计量上的误差所致。

批准前,根据“账存实存对比表”调账,编制会计分录为:

借:原材料——A 材料　　2 000

　贷:待处理财产损溢——待处理流动资产损溢　　2 000

批准后,冲减管理费用,编制会计分录为:

借:待处理财产损溢——待处理流动资产损溢　　2 000

　贷:管理费用　　2 000

【例 11-3】 某企业盘亏 B 材料 3 000 元,经查明自然损耗 200 元,由于过失人造成材料毁损,应由其赔偿 800 元,非常损失毁损材料价值 2 000 元。

根据盘亏数,调账编制会计分录为:

借:待处理财产损溢——待处理流动资产损溢　　3 000

　贷:原材料——B 材料　　3 000

批准后,根据批准处理意见编制会计分录为:

借:管理费用　　200

　其他应收款——××　　800

　营业外支出——非常损失　　2 000

　贷:待处理财产损溢——待处理流动资产损溢　　3 000

(二) 固定资产清查结果的账务处理

固定资产盘盈或盘亏,报经批准前,应先调整“固定资产”及“累计折旧”账户记录,将盘盈(或盘亏)的固定资产净值记入“待处理财产损溢”账户,做到账实相符;报经批准后,再将盘盈盘亏结转到“营业外收入”或“营业外支出”账户。

【例 11-4】 企业在财产清查中,发现账外设备一台,该设备的重置完全价值为 20 000 元,估计折旧 6 000 元。

批准前,根据“账存实存对比表”确定的盘盈数调账,编制会计分录为:

借:固定资产　　14 000

　贷:待处理财产损溢——待处理固定资产损溢　　14 000

经查明,是记账差错导致。批准后,转销固定资产盘盈,编制会计分录为:

借:待处理财产损溢——待处理固定资产损溢　　14 000

　贷:营业外收入　　14 000

【例 11 - 5】 企业在财产清查中,发现短缺机床一台,账面原值 50 000 元,已提折旧 18 000 元。

批准前,根据"账存实存对比表"确定的盘亏数调账,编制会计分录为:

借:待处理财产损溢——待处理固定资产损溢　　32 000

　累计折旧　　18 000

　贷:固定资产　　50 000

经查明,盘亏属意外灾害导致。保险公司同意赔偿损失 20 000 元,其余损失列作营业外支出。根据批准意见,转销固定资产盘亏,编制会计分录为:

借:其他应收款——×保险公司　　20 000

　营业外支出　　12 000

　贷:待处理财产损溢——待处理固定资产损溢　　32 000

(三) 库存现金清查结果的账务处理

库存现金发生盘盈盘亏,应根据"库存现金盘点报告表"的记录,先调整账面余额记入"其他应付款"或"其他应收款"账户,使账实相符;待查明原因后,再按不同情况进行转销。

【例 11 - 6】 企业在清查中发现库存现金短款 30 元,编制会计分录为:

借:其他应收款——库存现金短款　　30

　贷:库存现金　　30

经查,上述库存现金短缺属于出纳员责任,应由其赔偿,编制会计分录为:

借:其他应收款——×出纳员　　30

　贷:其他应收款——库存现金短款　　30

收到出纳员的赔款 30 元,编制会计分录为:

借:库存现金　　30

　贷:其他应收款——×出纳员　　30

【例 11 - 7】 库存现金清查中,发现库存现金长款 50 元,编制会计分录为:

借:库存现金　　50

　贷:其他应付款——库存现金长款　　50

经反复核查,库存现金长款原因不明,经批准转作营业外收入处理。

借:其他应付款——库存现金长款　　50

　贷:营业外收入　　50

(四)其他事项清查结果的处理

【例 11 - 8】 企业在财产清查中,查明确实无法收回的应收账款 3 000 元。

对于企业无法收回的应收账款,符合坏账确认条件的,应作为坏账损失,予以转销。在采用备抵法核算坏账损失的情况下,冲减已提取的坏账准备,应编制会计分录为:

借:坏账准备　　3 000

　贷:应收账款——×企业　　3 000

【例 11-9】 企业在财产清查中,查明应付某单位的货款 2 000 元,因该单位已撤销,确实无法支付,编制会计分录为:

借:应付账款——×企业　　2 000

　贷:资本公积　　2 000

知识扩展

企业在财产清查中出现了待处理的财产盘盈,是否意味着企业财产管理水平高,内部控制抓得好?这项待处理的溢余会不会最终成为企业的一项损失?如果企业出现了待处理的财产损失,你认为可能的原因有哪些?针对你提出的问题,能否找出解决问题的方法?

第十二章　财务会计报告

【学习要点】

1. 编制财务会计报告的目的。

2. 资产负债表、利润表和现金流量表以及所有者权益变动表的编制方法。

第一节　财务报告概述

一、财务报告的含义及编制目的

企业每届会计期末，应编制财务会计报告，以有效地满足投资者、债权人、政府及其相关部门和社会公众等会计信息使用者在决策过程中对会计信息的需要。

财务会计报告，是指企业对外提供的反映企业某一特定日期的财务状况和某一会计期间的经营成果、现金流量等会计信息的文件。财务会计报告包括财务报表和其他应当在财务报告中披露的相关信息和资料。财务报表是对企业财务状况、经营成果和现金流量的结构性表述。我国《企业会计准则第 30 号——财务报表列报》指出：财务报表至少应当包括下列组成部分：① 资产负债表；② 利润表；③ 现金流量表；④ 所有者权益（或股东权益）变动表；⑤ 附注。因此，财务报表是财务会计报告的核心，财务会计报告的内容比财务报表要丰富。

我国《企业会计准则——基本准则》指出：财务会计报告的目标是向财务会计报告的使用者提供与企业财务状况、经营成果和现金流量等相关的会计信息，反映企业管理层受托责任的履行情况，有助于财务会计报告使用者作出经济决策。国际会计准则第一号《财务报表的列报》也明确指出：提供会计信息的目标是向信息使用者提供经济决策所需要的企业财务状况、经营业绩和现金流量的信息。财务报表还反映一个主体管理当局对受托资源经营责任的成果。为了达到该目的，财务报告应提供有关报告主体的以下信息：资产、负债、权益、收益和费用(包括利得和损失)、权益的其他变动以及现金流量。这些信息及其附注中的其他信息,有助于财务报表使用者预测一个主体未来的现金流量,包括未来现金流量的金额、时间和确定性。

由此可见,以财务报表为核心的财务会计报告既强调了财务报告的"决策有用观",又兼顾了财务报告的"受托责任观"。财务报告应向投资者、债权人、政府等相关信息使用者提供企业的财务信息,帮助会计信息使用者作出经济决策,促进了社会资源的合理配置。另一方面,财务报告应能反映企业管理层受托责任的履行情况,有助于评价管理当局的受托责任。

二、会计报表的作用

财务报表也称会计报表,是企业对外提供财务会计信息的主要形式,也是会计循环最后一个阶段的工作。会计报表所提供的资料与其他会计资料相比,具有更集中、更系统和更有条理性的特点,在日常的经济运行过程中发挥着重要的作用。它主要表现在以下几个方面:

(1) 对企业自身,可以使领导和管理人员全面了解财务成本计划执行情况,分析评价经济效益,并为编制下期计划和制定经济决策提供依据。

(2) 财政、税收、审计等部门,可以利用会计报表检查企业对会计制度和财经纪律的执行情况,加强各部门的业务监督。

(3) 投资人、债权人和其他利害关系人可以利用会计报表掌握企业财务状况,分析企业的获利能力和偿债能力,并据此作出相应决策。

(4) 国家计划部门利用会计报表考核所属单位的经营业绩和各项经济政策的执行情况,有助于组织宏观经济的综合平衡。

三、会计报表的种类

从不同的视角出发,会计报表有不同的分类结果:

(1) 按照会计报表反映的经济内容,可分为资产负债表、损益表和现金流量表等。

资产负债表主要反映企业在某一特定日期的财务状况。损益表主要反映企业在一定期间的经营业绩,即利润或亏损的情况。现金流量表主要反映企业现金及现金等价物的来源、运用以及增减变动的原因。

(2) 按财务报表编报期间的不同,可以分为中期财务报表和年度财务报表。

中期财务报表是以短于一个完整会计年度的报告期间为基础而编制的财务报表,包括月报、季报和半年报等。中期财务报表至少应当包括资产负债表、利润表、现金流量表和附注。其中,中期资产负债表、利润表和现金流量表应当是完整的报表,其格式和内容应当与当年财务报表相一致。与年度财务报表相比,中期财务报表中的附注披露可适当简略。

(3) 按照会计报表的服务对象,可以分为内部会计报表和外部会计报表。

内部会计报表,是指为适应企业内部经营管理需要而编制的,不对外公开的会计报表,其格式可以自行决定。外部会计报表,是指企业向企业外部不同会计报表使用者提供的会计报表。

(4) 按照会计报表的编制基础,可以分为个别会计报表、汇总会计报表和合并会计报表。

个别会计报表一般根据账簿记录进行加工后编制,反映个别企业财务状况和经营成果。汇总会计报表由企业主管部门或上级机关,根据所属单位报送的个别会计报表汇总编制。汇总会计报表主要是为了满足国家宏观管理对会计信息的需要。合并会计报表是由母公司编制的,在母公司和子公司个别会计报表的基础上,对企业集团内部交易进行相应抵销后编制的会计报表,以反映企业集团综合的财务状况和经营成果。

四、会计报表列报的基本要求

欲向相关的信息使用人传递决策有用的信息,正确评价受托人的受托责任,会计报表的编报必须数据可靠、内容完整、编报及时、利于理解。《企业会计准则第 30 号——财务报表列报》对会计报表的编制提出具体、明确的要求。

(一) 以持续经营为前提

企业应当以持续经营为基础,根据实际发生的交易和事项,按照《企业会计准则——基本准则》和其他各项会计准则的规定进行确认和计量,在此基础上编制财务报表。企业不应以附注披露代替确认和计量。如果以持续经营为基础编制财务报表不再合理的,企业应当采用其他基础编制会计报表,并在附注中披露这一事实。

(二) 列报的一致性

财务报表项目的列报应当在各个会计期间保持一致,不得随意变更,除非出现以下两种情况:① 会计准则要求改变财务报表项目的列报;② 企业经营业务的性质发生重大变化后,变更财务报表项目的列报能够提供更可靠、更相关的会计信息。需要指出的是,这一要求不仅针对财务报表中的项目名称,还包括财务报表项目的分类、排列顺序等等方面。

(三) 归类列报各项目

企业会计准则规定:性质或功能不同的项目,一般应当在财务报表中单独列报,但是不具重要性的项目除外。性质或功能类似的项目,其所属类别具有重要性的,应当按其类别在财务报表中单独列报。所谓重要性,是指财务报表某项目的省略或错报会影响使用者据此作出经济决策的,该项目具有重要性。重要性应当根据企业所处环境,从项目的性质和金额大小两方面予以判断。

(四) 各项目间金额不相互抵销

财务报表项目应当以总额列报,资产和负债、收入和费用不能相互抵销。即不得以净额列报,但企业会计准则另有规定的除外。值得注意的是,资产项目按扣除减值准备后的净额列示,不属于抵销;非日常活动产生的损益以收入扣减费用后的净额列示,也不属于抵销。

(五) 列示比较信息数据

企业当期财务报表的列报,至少应当提供所有列报项目上一可比会计期间的比较数据,以及与理解当期财务报表相关的说明,但其他会计准则另有规定的除外。财务报表项目的列报发生变更的,应当对上期比较数据按照当期的列报要求进行调整,并在附注中披露调整的原因和性质,以及调整的各项目金额。对上期比较数据进行调整不切实可行的,应当在附注中披露不能调整的原因。

(六) 表首的列报要求

财务报表一般分为表首、正表两部分,在表首部分,企业应当概括地说明下列基本信息:① 编报企业的名称;② 资产负债表日或财务报表涵盖的会计期间;③ 人民币金额单位;④ 财务报表是合并财务报表的,应当予以标明。

此外,会计报表的编制还必须遵守以下规定:

第一,企业至少应当按年编制财务报表。年度财务报表涵盖的期间短于一年的,应当披露年度财务报表的涵盖期间,以及短于一年的原因。

第二,按照准则规定需要单独列报的项目,应当单独列报。

第二节　资产负债表

资产负债表是反映企业某一特定日期财务状况的会计报表,是静态会计报表。它表明企业在某一特定日期所拥有或控制的经济资源、所承担的现时义务和所有者对净资产的要求权。

一、资产负债表的结构

资产负债表,是采取资产总额和负债与所有者权益总额相平衡对照的结构。

资产总额＝负债总额＋所有者权益总额

在我国，资产负债表采用账户式结构，报表分为左右两方，左方列示资产各项目，反映全部资产的分布及存在形态；右方列示负债及所有者权益各项目，反映全部负债和所有者权益的内容及构成情况。资产负债表的简化格式，如表12－1所示。

表12－1　资产负债表

年　月　日

资　　产	负债及所有者权益
一、流动资产	一、负债
二、长期投资	流动负债
三、固定资产	长期负债
四、无形资产及递延资产	二、所有者权益
资产总计	负债及所有者权益总计

二、资产负债表的编制方法

资产负债表反映企业一定日期全部的资产、负债和所有者权益的情况。资产负债表"年初余额"栏内各项数字，应根据上年末资产负债表"期末余额"栏内所列数字填列。如果上年度资产负债表规定的各个项目的名称和内容同本年度不相一致，应对上年年末资产负债表各项目的名称和数字按照本年度的规定进行调整，填入表中"年初余额"栏内。

资产负债表"期末余额"栏内各项数字，一般应根据资产、负债和所有者权益类科目的期末余额填列。具体方法如下：

1. 根据总账科目余额直接填列

资产负债表中的有些项目，可直接根据有关总账科目的余额直接填列，如"应收票据"、"应收股利"、"应收利息"、"其他流动资产"、"交易性金融资产"、"工程物资"、"固定资产清理"(如为贷方余额，以"－"号填列)、"长期待摊费用"、"其他长期资产"、"递延所得税资产"、"短期借款"、"应付票据"、"应付职工薪酬"、"应付股利"、"应交税费"(如为借方余额，以"－"号填列)、"其他应付款"、"预计负债"、"递延所得税负债"、"其他流动负债"、"实收资本"、"资本公积"、"盈余公积"等项目。

2. 根据同类总账科目期末余额合并计算填列

资产负债表中有些项目需要根据几个总账科目的期末余额计算填列。如"货币资金"项目，需根据"库存现金"、"银行存款"、"其他货币资金"三个总账科目的期末余额的合计数填列。

3. 根据明细账科目余额计算填列

如“应付账款”项目,需要根据“应付账款”和“预付款项”两个科目所属的相关明细科目的期末贷方余额计算填列;“应收账款”项目,需要根据“应收账款”和“预收款项”两个科目所属的相关明细科目的期末借方余额计算填列。

4. 根据总账科目和明细账科目余额分析计算填列

如“长期借款”项目,需要根据“长期借款”总账科目余额扣除“长期借款”科目所属的明细科目中将在一年内到期、且企业不能自主地将清偿义务展期的长期借款后的金额填列。

5. 根据有关科目余额减去其备抵科目余额后的净额填列

如资产负债表中的“应收账款”项目,应当根据“应收账款”和“预收账款”科目所属各明细账的期末借方余额合计减去“坏账准备”科目余额中关于“应收账款”部分的金额填列。“固定资产”项目,应当根据“固定资产”科目的期末余额减去“累计折旧”、“固定资产减值准备”备抵科目余额后的净额填列等。

6. 综合运用上述填列方法分析填列

如资产负债表中的“存货”项目,需要根据“原材料”、“库存商品”、“委托加工物资”、“周转材料”、“材料采购”、“在途物资”、“发出商品”、“材料成本差异”等总账科目期末余额的分析汇总数,再减去“存货跌价准备”科目余额后的净额填列。

三、资产负债表编制示例

已知甲公司年末有关科目资料,如表 12-2 所示。

表 12-2 总分类账户及明细分类账户期末余额表

200×年 12 月 31 日 单位:元

账户名称	借方	贷方
库存现金	1 000	
银行存款	1 205 400	
其他货币资金	100 100	
交易性金融资产	16 000	
应收票据	248 000	
应收账款	299 200	
—A 企业	317 200	
—B 企业		18 000
坏账准备		19 000
预付款项	250 000	

续 表

账户名称	借方	贷方
其他应收款	5 000	
原材料	25 000	
生产成本	3 450 000	
库存商品	225 000	
长期股权投资	200 000	
固定资产	1 400 000	
累计折旧		200 000
在建工程	1 600 000	
无形资产	700 000	
短期借款		400 000
应付票据		300 000
应付账款		934 000
—D企业		952 000
—E企业	18 000	
应付职工薪酬		120 000
应交税费		36 700
应付利息		1 000
长期借款		1 574 000
其中:一年内到期的长期借款		900 000
实收资本		6 000 000
盈余公积		90 000
未分配利润		50 000
合计	9 760 700	9 760 700

根据上述资料,编制该公司200×年12月31日的资产负债表,如表12-3所示(年初数略)。

表12-3 资产负债表

会企01表

编制单位:甲公司　　200×年12月31日　　单位:元

资　产	期末余额	年初余额(略)	负债和股东权益	期末余额	年初余额(略)
流动资产:			流动负债:		
货币资金	1 306 500		短期借款	400 000	
交易性金融资产	16 000		交易性金融负债	0	

续　表

资　产	期末余额	年初余额(略)	负债和股东权益	期末余额	年初余额(略)
应收票据	248 000		应付票据	300 000	
应收账款	298 200		应付账款	952 000	
预付款项	268 000		预收款项	18 000	
应收利息	0		应付职工薪酬	120 000	
应收股利	0		应交税费	36 700	
其他应收款	5 000		应付利息	1 000	
存货	3 700 000		应付股利	0	
一年内到期的非流动资产	0		其他应付款	0	
其他流动资产	0		一年内到期的非流动负债	900 000	
流动资产合计	5 841 700		其他流动负债	0	
非流动资产:			流动负债合计	2 727 700	
可供出售金融资产	0		非流动负债:		
持有至到期投资	0		长期借款	674 000	
长期应收款	0		应付债券	0	
长期股权投资	200 000		长期应付款	0	
投资性房地产	0		专项应付款	0	
固定资产	1 200 000		预计负债	0	
在建工程	1 600 000		递延所得税负债	0	
工程物资	0		其他非流动负债	0	
固定资产清理	0		非流动负债合计	674 000	
生产性生物资产	0		负债合计	3 401 700	
油气资产	0		股东权益:		
无形资产	700 000		实收资本(或股本)	6 000 000	
开发支出	0		资本公积	0	
商誉	0		减:库存股	0	
长期待摊费用	0		盈余公积	90 000	
递延所得税资产	0		未分配利润	50 000	
其他非流动资产	0		股东权益合计	6 140 000	
非流动资产合计	3 700 000				
资产总计	9 541 700		负债和股东权益总计	9 541 700	

由此可见，资产负债表按照资产、负债、所有者权益（或股东权益）分类分项列示，能较好地满足报表使用者了解企业财务状况的需要。此外，企业可以在遵循法律法规和会计准则规定的前提下，根据自身的业务特点和管理需要增列部分项目。特殊行业的资产负债表也可以根据行业特点对项目名称和反映的内容进行适当调整。

第三节 利润表

利润表是反映企业在一定会计期间的经营成果的会计报表，是动态会计报表。通过利润表可以分析企业的获利能力，判断企业净利润的质量及风险，预测企业利润的持续性及未来发展趋势，从而作出正确的决策。

一、利润表的结构

利润表是通过一定的表格来反映企业的经营成果。由于不同国家和地区对会计报表的信息要求不完全相同，利润表的结构也不完全相同。目前比较普遍的结构有多步式和单步式两种。单步式是将当期收入总额相加，然后将所有费用总额相加，一次计算出当期收益的方式，其特点是所提供的信息都是原始数据，便于理解；多步式是将各种利润分多步计算求得净利润，即通过对当期的收入、费用、支出项目按性质加以归类，按利润形成的主要环节列示一些中间性利润指标，分步计算当期净损益。多步式报表便于使用人对企业经营情况和盈利能力进行比较和分析。

在我国，企业利润表基本上是采用多步式结构，主要反映了营业收入、营业利润、利润总额、净利润和每股收益五个方面的内容，其中利润的形成分四个层次展开：

营业收入＝主营业务收入＋其他业务收入

营业利润＝营业收入－营业成本－营业税金及附加－销售费用
　　　　　－管理费用－财务费用－资产减值损失
　　　　　＋公允价值变动收益＋投资收益

利润总额＝营业利润＋营业外收入－营业外支出

净利润＝利润总额－所得税费用

此外，对于普通股或潜在普通股已公开交易的企业，以及正处于公开发行普通股或潜在普通股过程中的企业，还应当在利润表中列示每股收益信息，包括基本每股收益和稀释每股收益两项指标。利润表的具体格式如表12－5所示。

二、利润表的填列方法

利润表要分别填列“上期金额”和“本期金额”两列数据。利润表中的“上期金额”栏内各项数字,应根据上年同期利润表“本期金额”栏内所列数字填列。如果上年同期利润表规定的各个项目的名称和内容同本期不相一致,应对上年同期利润表各项目的名称和数字按本期的规定进行调整,然后填入利润表“上期金额”栏内。

利润表中“本期金额”栏内各项数字一般应根据收入、费用、利得和损失等项目的本期发生额分析填列。利润表各项目反映的具体内容说明如下:

(1)“营业收入”项目,包括企业主营业务收入和其他业务收入两部分。

(2)“营业成本”项目,包括企业主营业务和其他业务发生的实际成本总额。

(3)“营业税金及附加”项目,主要反映企业经营业务应负担的营业税、消费税、城市维护建设税、资源税、土地增值税和教育费附加等。

(4)“销售费用”项目,反映企业在销售商品过程中发生的包装费、广告费等费用,以及为销售本企业商品而专设的销售机构的职工薪酬、业务费等经营费用。

(5)“管理费用”项目,反映企业为组织和管理生产经营而发生的管理费用。

(6)“财务费用”项目,反映企业为筹集生产经营所需资金等而发生的筹资费用,包括利息支出(减利息收入)、汇兑损益以及相关的手续费、企业发生的现金折扣或收到的现金折扣等。

(7)“资产减值损失”项目,反映企业计提各项资产减值准备所形成的损失。

(8)“公允价值变动净收益”项目,反映企业按照相关准则规定应当计入当期损益的资产或负债公允价值变动净收益。如为净损失,以“－”号填列。

(9)“投资收益”项目,反映企业以各种方式对外投资所取得的收益。如为净损失,以“－”号填列。企业持有的金融资产或金融负债在持有期间及处置时的收益是否记入投资收益,以相应准则规定为基础进行处理。

(10)“营业外收入”、“营业外支出”项目,反映企业发生的与其经营活动无直接关系的各项收入和支出。其中,处置非流动资产净损失,应当单独列示。

(11)“利润总额”项目,反映企业实现的利润总额。如为亏损总额,以“－”号填列。

(12)“所得税费用”项目,反映企业根据所得税准则确认的应从当期利润总额中扣除的所得税费用。

(13)“基本每股收益”和“稀释每股收益”项目,应根据相关准则的规定分别计算填列。企业如果不存在稀释性潜在普通股,则在利润表中单独列示基本每股收益;企业如果存在稀释性潜在普通股,则应在利润表中列示基本每股收益和稀释每股收益。

三、利润表编制示例

已知××公司200×年度有关损益类科目本年累计发生净额如表12-4所示。

表12-4　××公司损益类科目200×年度累计发生净额　　单位:元

科目名称	借方发生额	贷方发生额
主营业务收入		12 000 000
其他业务收入		200 000
投资收益		3 000 000
营业外收入		280 000
主营业务成本	8 000 000	
营业税金及附加	520 000	
其他业务成本	150 000	
销售费用	150 000	
管理费用	1 000 500	
财务费用	1 000 300	
资产减值损失	30 000	
营业外支出	19 000	
所得税费用	1 350 300	

根据上述资料,编制××公司200×年度利润表,如表12-5所示。

表12-5　利润表

会企02表

编制单位:××公司　　200×年　　单位:元

项　目	本期金额	上期金额(略)
一、营业收入	12 200 000	
减:营业成本	8 150 000	
营业税金及附加	520 000	
销售费用	150 000	
管理费用	1 000 500	
财务费用	1 000 300	

续 表

项 目	本期金额	上期金额(略)
资产减值损失	30 000	
加:公允价值变动收益(损失以"一"号填列)	0	
投资收益(损失以"一"号填列)	3 000 000	
其中:对联营企业和合营企业的投资收益	0	
二、营业利润(亏损以"一"号填列)	4 349 200	
加:营业外收入	280 000	
减:营业外支出	19 000	
其中:非流动资产处置损失	(略)	
三、利润总额(亏损总额以"一"号填列)	4 610 200	
减:所得税费用	1 350 300	
四、净利润(净亏损以"一"号填列)	3 259 900	
五、每股收益:	(略)	
(一) 基本每股收益		
(二) 稀释每股收益		

第四节 现金流量表

现金流量表,是指反映企业在一定会计期间现金和现金等价物流入和流出的报表,它是一张动态报表。

利润表是按照权责发生制原则编制的,在这种应收应付制下,会计人员对收入、费用的确认要作出许多的判断和估计,企业的利润和企业的现金流量情况许多时候并不一致,有时甚至差距很大。因此,现金流量表备受关注,它反映了企业现金流量的变动情况,对评价企业的支付能力、偿债能力和周转能力,预测企业未来现金流量提供了有力依据。

现金流量表所指的现金是指企业库存现金以及可以随时用于支付的存款。不能随时支付的其他货币资金和有规定期限的长期存款不能作为现金。现金等价物指企业持有的期限短、流动性强、易于转换为已知金额现金、价值变动风险很小的投资,通常指购买在 3 个月或更短时间内到期或可转换为现金的投资。

一、现金流量表的结构

现金流量表将现金流量分为三类,即经营活动产生的现金流量、投资活动产生的现金流量和筹资活动产生的现金流量。

1. 经营活动产生的现金流量

经营活动是指企业投资活动和筹资活动以外的所有交易和事项。经营活动现金流入项目主要有：销售商品、提供劳务收到的现金，收到的税费返还，收到其他与经营活动有关的现金，购买商品、接受劳务支付的现金，支付给职工以及为职工支付的现金，支付的各项税费，支付其他与经营活动有关的现金。

2. 投资活动产生的现金流量

投资活动是指企业长期资产的购建，不包括在现金等价物范围内的投资及其处置活动中流入的现金和流出的现金。投资活动产生的现金流量项目主要有：收回投资收到的现金，取得投资收益收到的现金，处置固定资产、无形资产和其他长期资产收回的现金净额，处置子公司及其他营业单位收到的现金净额，收到其他与投资活动有关的现金，购建固定资产、无形资产和其他长期资产支付的现金，投资支付的现金，取得子公司及其他营业单位支付的现金净额，支付其他与投资活动有关的现金。

3. 筹资活动产生的现金流量

筹资活动是指导致企业资本及债务规模和构成发生变化的活动中流入和流出的现金。筹资活动流入的现金主要包括：吸收投资收到的现金，取得借款收到的现金，收到其他与筹资活动有关的现金，偿还债务支付的现金，分配股利、利润或偿付利息支付的现金，支付其他与筹资活动有关的现金。

此外，外币现金流量以及境外子公司的现金流量还应当确定汇率变动对现金的影响，并在现金流量表中单独列报。

现金流量表分为两部分，第一部分为正表，第二部分为补充资料。我国企业现金流量表的格式如表 12－6、表 12－7 所示。

表 12－6　现金流量表

会企 03 表

编制单位：　　　　　　　　＿＿＿＿＿年　　　　　　　　　　　　单位：元

项　　目	本期金额	上期金额
一、经营活动产生的现金流量：		
销售商品、提供劳务收到的现金		
收到的税费返还		
收到的其他与经营活动有关的现金		
经营活动现金流入小计		
购买商品、接受劳务支付的现金		

续 表

项　　目	本期金额	上期金额
支付给职工以及为职工支付的现金		
支付的各项税费		
支付的其他与经营活动有关的现金		
经营活动现金流出小计		
经营活动产生的现金流量净额		
二、投资活动产生的现金流量:		
收回投资收到的现金		
取得投资收益收到的现金		
处置固定资产、无形资产和其他长期资产收回的现金净额		
处置子公司及其他营业单位收到的现金净额		
收到其他与投资活动有关的现金		
投资活动现金流入小计		
购建固定资产、无形资产和其他长期资产支付的现金		
投资支付的现金		
取得子公司及其他营业单位支付的现金净额		
支付其他与投资活动有关的现金		
投资活动现金流出小计		
投资活动产生的现金流量净额		
三、筹资活动产生的现金流量:		
吸收投资收到的现金		
取得借款收到的现金		
收到其他与筹资活动有关的现金		
筹资活动现金流入小计		
偿还债务支付的现金		
分配股利、利润或偿付利息支付的现金		
支付其他与筹资活动有关的现金		
筹资活动现金流出小计		
筹资活动产生的现金流量净额		
四、汇率变动对现金及现金等价物的影响		
五、现金及现金等价物净增加额		
加:期初现金及现金等价物余额		
六、期末现金及现金等价物余额		

表 12－7　企业现金流量表的补充资料

补充资料	本期金额	上期金额
1. 将净利润调节为经营活动现金流量：		
净利润		
加：资产减值准备		
固定资产折旧、油气资产折耗、生产性生物资产折旧		
无形资产摊销		
长期待摊费用摊销		
处置固定资产、无形资产和其他长期资产的损失（收益以“－”号填列）		
固定资产报废损失（收益以“－”号填列）		
公允价值变动损失（收益以“－”号填列）		
财务费用（收益以“－”号填列）		
投资损失（收益以“－”号填列）		
递延所得税资产减少（增加以“－”号填列）		
递延所得税负债增加（减少以“－”号填列）		
存货的减少（增加以“－”号填列）		
经营性应收项目的减少（增加以“－”号填列）		
经营性应付项目的增加（减少以“－”号填列）		
其他		
经营活动产生的现金流量净额		
2. 不涉及现金收支的重大投资和筹资活动：		
债务转为资本		
一年内到期的可转换公司债券		
融资租入固定资产		
3. 现金及现金等价物净变动情况：		
现金的期末余额		
减：现金的期初余额		
加：现金等价物的期末余额		
减：现金等价物的期初余额		
现金及现金等价物净增加额		

二、现金流量表的编制方法

现金流量表的编制方法有两种,即直接法和间接法。

直接法是指按现金收入和支出的主要类别直接反映经营活动的现金流量。直接法一般以利润表中的营业收入为起算点,调整与经营活动各项目有关的增减变动,然后分别计算出经营活动各现金流量。直接法直观地反映了经营活动现金流量的各项流入、流出的内容。

间接法是指以本期净利润为起点,调整不涉及现金的收入、费用、营业外收支以及应收、应付等项目的增减变动,以便列示经营活动的现金流量净额。由于利润表中的净利润是按权责发生制确定的,其中有些收入、费用项目并没有实际发生现金的流入和流出,因此要对这些项目进行调整,才能将净利润调整为经营活动的现金流量。间接法有助于了解净利润和经营活动产生现金流量差异的原因,从现金流量角度分析净利润的质量。

我国《企业会计准则——现金流量表》要求企业按直接法编制现金流量表,同时要求在现金流量表补充资料中提供按间接法计算的现金流量。

现金流量表中,经营活动、投资活动和筹资活动各主要项目的填表方法如下:

1. 经营活动产生的现金流量

(1)“销售商品、提供劳务收到的现金”。该项目一般包括企业本期销售商品、提供劳务收到的现金,以及前期销售商品、提供劳务本期收到的现金(包括应向购买者收取的增值税销项税额)和本期预收的款项,减去本期销售本期退回的商品和前期销售本期退回的商品支付的现金。企业销售材料和代购代销业务收到的现金,也在本项目反映。

(2)“收到的税费返还”项目。该项目包括企业收到返还的增值税、消费税、营业税、所得税、关税和教育费附加的返还等。

(3)“收到其他与经营活动有关的现金”项目。它反映企业除了上述各项以外,收到的其他与经营活动有关的现金流入,如:收到的罚款收入、经营租赁收到的租金等。

(4)“购买商品、接受劳务支付的现金”项目。一般包括企业本期购买商品、接受劳务实际支付的现金(包括增值税进项税额),以及本期支付前期购买商品、接受劳务的未付款项和本期预付款项,减去本期发生的购货退回收到的现金。企业购买材料和代购代销业务支付的现金,也在本项目中反映。

(5)“支付给职工以及为职工支付的现金”项目。它反映企业按照相关准则本期实际支付给职工的工资、奖金,各种津贴、补贴、养老保险及其他支出等。

(6)“支付的各项税费”项目。该项目反映企业本期实际支付归属于以前期间、本期间或预交的税费，如教育费附加、矿产资源补偿费、印花税、房产税、土地增值税、车船使用税、营业税等。

(7)“支付的其他与经营活动有关的现金”项目。它反映企业除了上述各项以外的其他与经营活动有关的现金流出，如支付的罚款支出，支付的差旅费、业务招待费、保险费，经营租赁支付的现金等。

2. 投资活动产生的现金流量

(1)“收回投资收到的现金”项目。它反映企业出售、转让或到期收回除现金等价物以外的交易性金融资产、长期股权投资等而收到的现金。收回债务工具实现的投资收益、处置子公司及其他营业单位收到的现金净额，不包括在本项目内。

(2)“取得投资收益收到的现金”项目。该项目反映企业因股权性及债权性投资而分得的现金股利及利息。到期收回的本金应在“收回投资收到的现金”项目中反映。

(3)“处置固定资产、无形资产和其他长期资产收回的现金净额”项目。该项目反映企业处置这些资产所取得的现金扣除支付的相关处置费用后的净额。

(4)“处置子公司及其他营业单位收到的现金净额”项目。该项目反映企业处置子公司及其他营业单位所取得的现金减去支付的相关处置费用后的净额。

(5)“购建固定资产、无形资产和其他长期资产支付的现金”项目。该项目反映企业购建这些资产所支付的现金及用现金支付的应由在建工程和无形资产负担的职工薪酬。

(6)“投资支付的现金”项目。该项目反映企业取得的除现金等价物以外的权益性和债权性投资所支付的现金及相应附加费用，但取得子公司及其他营业单位支付的现金净额除外。

(7)“取得子公司及其他营业单位支付的现金净额”项目。该项目反映企业购买子公司及其他营业单位购买出价中以现金支付的部分，减去子公司或其他营业单位持有的现金和现金等价物后的净额。

(8)“收到其他与投资活动有关的现金”、“支付其他与投资活动有关的现金”项目，反映企业除上述各项目外收到或支付的其他与投资活动有关的现金流入或流出。

3. 筹资活动现金流量相关项目反映和列报的信息

(1)“吸收投资收到的现金”项目。它反映企业收到投资者投入的资金。该项目以实际收到的款项减去实际支付的相应费用的净额列示。

(2)“取得借款收到的现金”项目。该项目反映企业举借各种短期、长期借款而收到的现金。

(3)“偿还债务支付的现金”项目。该项目反映企业以现金偿还债务的本金,包括偿还金融企业的借款本金、偿还债券本金等。

(4)“分配股利、利润或偿付利息支付的现金”项目。该项目反映企业实际支付的现金股利,支付给其他投资单位的利润或用现金支付的借款利息、债券利息。

(5)“收到其他与筹资活动有关的现金”、“支付其他与筹资活动有关的现金”项目,反映企业除上述项目外,收到或支付的其他与筹资活动有关的现金流入或流出。

第五节　所有者权益变动表

所有者权益变动表,是指反映构成所有者权益各组成部分当期增减变动情况的报表。所有者权益变动表全面反映一定时期企业所有者权益变动的情况。通过所有者权益变动表,报表使用者不仅了解所有者权益总量的增减变动,还获得了所有者权益增减变动的重要结构性信息。所有者权益变动表成为报表使用者准确理解所有者权益增减变动根源的重要报表。

一、所有者权益变动表的结构

所有者权益变动表以矩阵的形式列示企业所有者权益增减变动的情况。它一方面列示导致所有者权益变动的交易或事项;另一方面,按照所有者权益各组成部分(包括实收资本、资本公积、盈余公积、未分配利润和库存股)及其总额列示交易或事项对所有者权益的影响。此外,所有者权益变动表还就各项目分为“本年金额”和“上年金额”两栏分别填列,以便于信息使用者比较分析。

一张所有者权益变动表至少应当单独列示反映下列信息:① 净利润;② 直接计入所有者权益的利得和损失项目及其总额;③ 会计政策变更和差错更正的累积影响金额;④ 所有者投入资本和向所有者分配利润等;⑤ 提取的盈余公积;⑥ 实收资本或股本、资本公积、盈余公积、未分配利润的期初和期末余额及其调节情况。

所有者权益变动表的格式如表 12 - 8 所示。

表 12-8　所有者权益变动表

会企 04 表

编制单位：　　　　　　　　　　　　　　＿＿年　　　　　　　　　　　　　　单位：元

项　目	本年金额						上年金额					
	实收资本（或股本）	资本公积	减：库存股	盈余公积	未分配利润	所有者权益合计	实收资本（或股本）	资本公积	减：库存股	盈余公积	未分配利润	所有者权益合计
一、上年年末余额												
加：会计政策变更												
前期差错更正												
二、本年年初余额												
三、本年增减变动金额（减少以“－”号填列）												
（一）净利润												
（二）直接计入所有者权益的利得和损失												
1. 可供出售金融资产公允价值变动净额												
2. 权益法下被投资单位其他所有者权益变动的影响												
3. 与计入所有者权益项目相关的所得税影响												
4. 其他												
上述（一）和（二）小计												
（三）所有者投入和减少资本												
1. 所有者投入资本												
2. 股份支付计入所有者权益的金额												
3. 其他												
（四）利润分配												
1. 提取盈余公积												
2. 对所有者（或股东）的分配												
3. 其他												
（五）所有者权益内部结转												
1. 资本公积转增资本（或股本）												
2. 盈余公积转增资本（或股本）												
3. 盈余公积弥补亏损												
4. 其他												
四、本年年末余额												

二、所有者权益变动表的填列方法

所有者权益变动表分“上年金额“和”本年金额“填列。

“上年金额”栏内各项数字,应根据上年度所有者权益变动表“本年金额”栏内所列数字填列。如果上年度所有者权益变动表规定的各个项目的名称和内容同本年度不相一致,应对上年度所有者权益变动表各项目的名称和数字按本年度的规定进行调整,填入所有者权益变动表“上年金额”栏内。

所有者权益变动表“本年金额”栏内各项数字一般应根据“实收资本(或股本)”、“资本公积”、“盈余公积”、“利润分配”、“库存股”、“以前年度损益调整”科目的发生额分析填列。

所有者权益变动表各项目之间的关系是:

本年年初余额=各项目上年年末余额+会计政策变更和前期差错调整

本年年末余额=本年年初余额±本年增减变动金额

本年增减变动金额=净利润+直接记入所有者权益的利得和损失

+所有者投入和减少资本+利润分配

+所有者内部结转

第六节　会计报表附注

一、会计报表附注的含义和作用

会计报表附注是对资产负债表、利润表、现金流量表和所有者权益变动表等报表中列示项目的文字描述或明细资料,以及对未能在这些报表中列示项目的说明等。

相对于会计报表而言,会计报表附注具有同样的重要性,对报表信息使用者评价企业管理层的受托责任和进行正确的经济决策起着重要的作用。具体来说,会计报表附注增进了会计信息的可比性、可理解性及灵活性,促使了会计信息的充分披露,突出了会计报表中核心信息的重要性,从而提高了会计信息的质量,使报表使用者对企业的财务状况、经营成果和现金流动情况能够更充分的了解。

二、会计报表附注的内容

我国企业会计准则明确规定,会计报表附注应按照下列顺序披露有关内容:

(1) 企业的基本情况。这部分内容主要包括:企业注册地、组织形式和总部地址，企业的业务性质和主要经营活动，母公司以及集团最终母公司的名称，财务报告的批准报出者和财务报告批准报出日。

(2) 财务报表的编制基础。

(3) 遵循企业会计准则的声明。企业应当明确说明编制的财务报表符合企业会计准则的要求，真实、完整地反映了企业的财务状况、经营成果和现金流量等有关信息。

(4) 重要会计政策和会计估计。企业应当披露采用的重要会计政策和会计估计。在披露重要会计政策和会计估计时，应当披露重要会计政策的确定依据和财务报表项目的计量基础，以及会计估计中所采用的关键假设和不确定因素，包括这些关键假设和不确定因素在下一会计期间内很可能导致资产、负债账面价值进行重大调整。

(5) 会计政策和会计估计变更以及差错更正的说明。企业应当按照《企业会计准则第 28 号——会计政策、会计估计变更和差错更正》及其应用指南的规定，披露会计政策和会计估计变更以及差错更正的有关情况。

(6) 重要报表项目的说明。企业应当以文字和数字描述相结合，尽可能以列表形式披露重要报表项目的构成或当期增减变动情况，并与报表项目相互参照。在披露顺序上，一般应当按照资产负债表、利润表、现金流量表、所有者权益变动表的顺序及其报表项目列示的顺序。

(7) 其他需要说明的重要事项。主要包括或有事项和承诺事项、资产负债表日后非调整事项、关联方关系及其交易等。

知识扩展

某企业购买材料一批，价值 100 万元，增值税税率为 17%，收到增值税专用发票，全部价款以银行存款付讫；又购买一小规模纳税人产品一批，价值 20 万元，价款未付。本期以转账支票支付应付票据(含增值税)1.17 万元，其中增值税款为 0.17 万元，增值税专用发票已收到；当期向税务机关交纳增值税 3.4 万元。

试问：该公司在确定经营活动产生的现金流出中，购买商品、接受劳务支付的现金项目的金额应为多少？请分析说明。

第十三章　会计循环和账务处理程序

【学习要点】

1. 会计循环及其基本程序。
2. 记账凭证账务处理程序的特点。
3. 汇总记账凭证账务处理程序的特点、核算步骤及适用范围。
4. 科目汇总表账务处理程序的特点、核算步骤及适用范围。

第一节　会计循环

一、会计循环概述

会计循环是指对日常发生的各种经济业务，从发生会计事项、取得原始凭证开始，到登记账簿，最后到提供财务报告止的一系列会计处理程序的重复进行。在会计实务工作中，完整的会计工作程序表现的会计循环包括以下步骤：

(1) 根据原始凭证反映的经济业务内容，编制记账凭证；
(2) 根据记账凭证登记有关账簿；
(3) 根据分类账户的记录，编制结账前的试算表；
(4) 编制期末账项调整、结账分录；
(5) 将账项调整、结账分录过入账簿；
(6) 编制结账后的试算表；
(7) 编制会计报表。

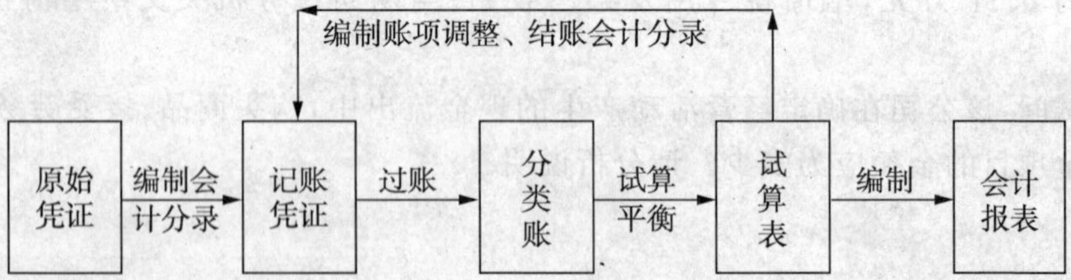

图 13－1

二、会计循环的程序

(一) 编制会计分录

会计人员根据审核无误的原始凭证，按照复式记账的原理编制会计分录、填制记账凭证。在会计实务中，记录会计分录的簿记有两种：一是记账凭证，二是会计分录簿。会计分录簿是一种普通日记账，是以会计分录的形式序时记录会计事项的一种账簿，在实际工作中运用较少。以下举例，介绍简化格式的记账凭证会计分录的编制。

【例 13-1】 某商店 200×年 6 月 1 日开张后，发生下列经济业务：

1. 1 日，投资者缴入资本 60 000 元，存入商店银行存款户。
2. 2 日，向银行借入期限为 3 个月的借款 40 000 元，存入银行。
3. 5 日，购入甲商品 50 000 元，以银行存款支付。
4. 10 日，将甲商品全部对外销售，收取价款 75 000 元，存入银行。
5. 10 日，结转甲商品的销售成本计 50 000 元。
6. 20 日，提取现金 2 000 元备用。

以上经济业务编制的会计分录，填入记账凭证，见表 13-1。

表 13-1　记账凭证(简化格式)　　单位：元

200×年		凭证字号	摘 要	账户名称		金额	
月	日			借方	贷方	借方	贷方
6	1	①	投入资本	银行存款	实收资本	60 000	60 000
6	2	②	借入短期借款	银行存款	短期借款	40 000	40 000
6	5	③	购入甲商品	库存商品	银行存款	50 000	50 000
6	10	④	收取销售甲商品价款	银行存款	主营业务收入	75 000	75 000
6	10	⑤	结转甲商品销售成本	主营业务成本	库存商品	50 000	50 000
6	20	⑥	提现	库存现金	银行存款	2 000	2 000

(二) 过账

根据记账凭证，将编制的会计分录过入分类账中。现将上述实例①～⑥各笔会计分录过入各分类账，如表 13-2 所示。

表 13-2

银行存款	
①60 000	③50 000
②40 000	⑥ 2 000
④75 000	

实收资本	
	①60 000

短期借款	
	②40 000

库存商品	
③50 000	⑤50 000

库存现金	
⑥2 000	

主营业务收入	
	④75 000

主营业务成本	
⑤50 000	

(三)编制结账前的试算平衡表

为了检查过账工作是否正确无误,保证会计报表编制的顺利进行,需要在结账前编制试算平衡表。根据上述业务,编制结账前的试算平衡表如表13-3所示。

表13-3 试算平衡表(结账前)

200×年6月30日　　单位:元

账户名称	借方	贷方
库存现金	2 000	/
银行存款	175 000	52 000
库存商品	50 000	50 000
短期借款	/	40 000
主营业务收入	/	75 000
主营业务成本	50 000	/
实收资本	/	60 000
合　计	277 000	277 000

通过试算平衡,所有账户的借方发生额合计和所有账户的贷方发生额合计相等,表明过账工作基本正确;如果不等,则表明过账工作肯定存在错误,必须进行检查予以纠正。一般可以采用逆查法进行检查,检查的程序一般为:

(1)检查试算平衡表金额汇总有无错误。

(2)检查是否将全部账户的借贷发生额全部过入试算平衡表。

(3)检查各账户的借贷发生额合计数计算是否正确。

(4)检查过账是否正确。

(5)检查记账凭证中会计分录是否正确。

发现错误,则采用正确的更正方法予以更正。

(四)账项调整和结账

1. 编制期末账项调整分录

经过前三个步骤,日常发生的会计事项已经记入有关账户,为了计算期末损益,还需要根据权责发生制的要求,遵循收入确认和配比等核算原则,对账簿记录中的有关收入、费用等账项进行必要的调整。通常的账项调整一般包括应计收入、长期待摊费用和应计费用的调整。

(1)应计收入的调整。应计收入是在权责发生制下,本期已经实现但尚未收到款项的各项收入。如应收股利、应收利息等。

(2)长期待摊费用的调整。长期待摊费用是一种先支付,等待以后分期摊销、摊销期超过一年的费用。受益期的期末应通过编制调整分录,摊销计入本期的成本费用。如租入固定资产改良支出等。

(3) 应计费用的调整。应计费用是已经发生，但尚未支付的费用。在权责发生制下，属于本期的费用虽然尚未支付，但应在期末调整入账。如应付的银行借款利息等。

在上述实例中，企业借入三个月期限的短期借款 40 000 元，在季末借款到期时一并还本付息。假定企业共需要支付利息 600 元，则该月月末应进行本月负担的 200 元利息费用的计提。编制账项调整分录如下：

⑦ 借：财务费用　　200
　　贷：应付利息　　200

2. 编制结账分录

编制结账分录的主要目的是为了正确计算当期损益。因此，在期末应结清所有的损益类账户至“本年利润”账户。

以上述业务实例，月末需要将“主营业务收入”、“主营业务成本”、“财务费用”等损益类账户的余额结转到“本年利润”账户，编制结账分录如下：

⑧ 借：主营业务收入　　75 000
　　贷：本年利润　　75 000
⑨ 借：本年利润　　50 200
　　贷：主营业务成本　　50 000
　　　　财务费用　　200

(五) 过账

将上一步骤编制的账项调整、结账分录过入各分类账户中，如表 13－4 所示。

表 13－4

主营业务收入	
⑧75 000	④75 000

主营业务成本	
⑥50 000	⑨50 000

财务费用	
⑦200	⑨200

应付利息	
	⑦200

本年利润	
⑨50 200	⑧75 000

从上表可以看出，通过过账，损益类账户借贷方已经结平，无余额。接下来，需要进行各账户的本期发生额及余额的结计。各分类账户结账后的账面记录如表 13－5 所示。

表 13－5

银行存款

借方	贷方
①60 000	③50 000
②40 000	⑥ 2 000
④75 000	
本期发生额 175 000	本期发生额 52 000
期末余额 123 000	

实收资本

借方	贷方
	①60 000
本期发生额—	本期发生额 60 000
	期末余额 60 000

短期借款

借方	贷方
	②40 000
本期发生额—	本期发生额 40 000
	期末余额 40 000

库存商品

借方	贷方
③50 000	⑤50 000
本期发生额 50 000	本期发生额 50 000
期末余额 0	

库存现金

借方	贷方
⑥2 000	
本期发生额 2 000	本期发生额—
期末余额 2 000	

主营业务收入

借方	贷方
⑧75 000	④75 000
本期发生额 75 000	本期发生额 75 000
	期末余额 0

主营业务成本

借方	贷方
⑤50 000	⑨50 000
本期发生额 50 000	本期发生额 50 000
期末余额 0	

财务费用

借方	贷方
⑦200	⑨200
本期发生额 200	本期发生额 200
期末余额 0	

应付利息

借方	贷方
	⑦200
本期发生额—	本期发生额 200
	期末余额 200

本年利润

借方	贷方
⑨50 200	⑧75 000
本期发生额 50 200	本期发生额 75 000
	期末余额 24 800

(六) 编制结账后试算平衡表

为了检查各账户结账的正确性,通常需要编制结账后试算平衡表,如表 13－6 所示。

表 13－6 试算平衡表(结账后)

200×年 6 月 30 日　　　　单位:元

账户名称	借方余额	贷方余额
库存现金	2 000	
银行存款	123 000	
库存商品	0	
短期借款		40 000
应付利息		200
实收资本		60 000
本年利润		24 800
合　计	125 000	125 000

结账后的试算平衡表中只列示了有余额的资产、负债、所有者权益账户，各账户的期末借方余额合计和期末贷方余额合计相等，表明过账、结账基本正确，在此基础上可以编制会计报表。

（七）编制会计报表

企业在各月结账后要根据账簿记录编制会计报表。会计报表主要包括资产负债表、利润表和库存现金流量表及其附表。其中，资产负债表和利润表为月度报表，库存现金流量表为年度报表。承【例 13－1】，按照资产负债表及利润表的编制原理、基本格式和内容，编制 6 月份的资产负债表和利润表，如表 13－7、表 13－8 所示。

表 13－7 资产负债表

200×年 6 月 30 日 单位:元

资产		负债及所有者权益	
库存现金	2 000	短期借款	40 000
银行存款	123 000	应付利息	200
库存商品	0	实收资本	60 000
		未分配利润	24 800
资产总计	125 000	负债及所有者权益总计	125 000

表 13－8 利润表

200×年 6 月 单位:元

营业收入	75 000
营业成本	50 000
财务费用	200
利润总额	24 800

上述两张报表的数据存在一定的勾稽关系。在资产负债表中，“未分配利润”项目的数据（24 800 元）与利润表中“利润总额”数据（24 800 元）相符。

第二节 账务处理程序概述

一、账务处理程序的概念

账务处理程序也称会计核算组织程序或会计核算形式，是指从取得原始凭证到编制记账凭证、登记明细分类账和总分类账，再到编制会计报表等一系列工作的程序和方法。在实际会计工作中,设置会计科目、填制会计凭证、登记账簿以及编制会计报表等会计核算方法,并不是单独运行、孤立存在的,而是以一定形式相互结合在一起的。建立科学、合理的账务处理程序,对提高会计核算工作的质量和效率,加强会计监督,提高企业管理水平具有重要意义。

二、账务处理程序的组织原则

企业的一整套会计工作过程体现为会计循环。虽然各单位的经营规模大小不同、业务性质不同、会计人员分工不同、管理要求各异,但其会计循环都遵循着相同的程序。在一定的程序要求下,各单位需要根据实际情况,选择适当的凭证组织、账簿组织,设计合理的会计凭证、账簿、会计报表之间的结合方式,形成适合本单位特点的账务组织程序。

运用科学合理的账务处理程序,对于正确地组织本单位的会计核算工作具有重要意义。企业结合自身实际情况,设计账务处理程序时,应遵循以下组织原则:

(1) 与本企业的规模、性质、业务的繁简和记账分工的特点相适应,保证会计核算顺利进行。

(2) 能够满足本单位和其他信息使用者的需要,及时、准确地提供经济管理所需要的各种信息。

(3) 在保证会计工作质量的前提下,尽量简化核算手续,节约核算费用,提高会计工作的效率。

三、账务处理程序的种类

会计凭证、会计账簿、会计报表之间的结合方式不同,尤其是总分类账的登记依据不同,就形成了各种不同的账务处理程序。账务处理程序主要有:

(1) 记账凭证账务处理程序;

(2) 汇总记账凭证账务处理程序;

(3) 科目汇总表账务处理程序;

(4) 日记总账账务处理程序;

(5) 多栏式日记账账务处理程序。

在我国,前三种账务处理程序应用较为广泛。

第三节　记账凭证账务处理程序

一、记账凭证账务处理程序的特点和核算要求

记账凭证账务处理程序是最基本的账务处理程序，它的特点是直接根据记账凭证逐笔登记总分类账。

在记账凭证账务处理程序下，记账凭证一般采用收款凭证、付款凭证和转账凭证三种格式，也可以采用通用记账凭证。账簿可设置库存现金日记账、银行存款日记账、总分类账和明细分类账。其中，库存现金日记账、银行存款日记账和总分类账一般采用三栏式；明细分类账根据实际需要可分别采用三栏式、数量金额式或多栏式。

二、记账凭证账务处理程序的基本步骤

记账凭证账务处理程序如图 13－2 所示。

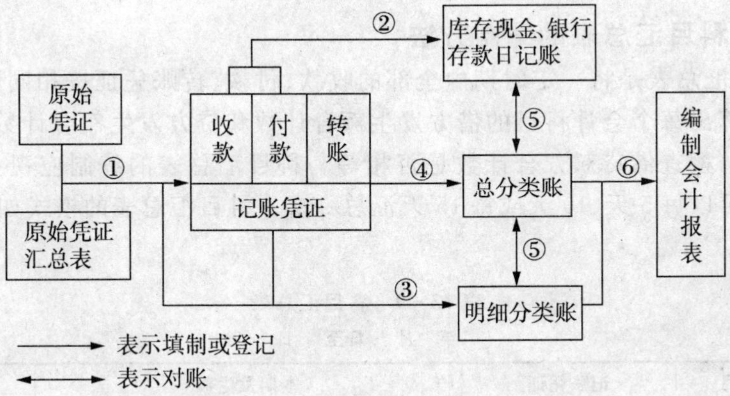

图 13－2

图示说明：

① 根据原始凭证或原始凭证汇总表，编制收款凭证、付款凭证和转账凭证；

② 根据收款凭证、付款凭证，逐笔登记库存现金日记账和银行存款日记账；

③ 根据原始凭证、原始凭证汇总表和记账凭证，登记各种明细分类账；

④ 根据各种记账凭证，逐笔登记总分类账；

⑤ 月终，将库存现金日记账、银行存款日记账及各种明细分类账分别与总分类账核对；

⑥ 根据核对无误的总分类账和明细分类账，编制会计报表。

三、记账凭证账务处理程序的优缺点及适用范围

由于记账凭证无须汇总，直接逐笔登记总账，因此，简单明了，易于理解掌握，而且总分类账较为详细地反映了经济业务的发生情况。但是，根据记账凭证逐笔登记总分类账，使登记总分类账的工作量较大，不便于记账分工。因此，它一般适用于经营规模较小、业务量较少、记账凭证不多的单位。

第四节　科目汇总表账务处理程序

一、科目汇总表账务处理程序的特点和核算要求

科目汇总表账务处理程序是根据记账凭证定期编制科目汇总表，并据以登记总分类账的一种账务处理程序。与记账凭证账务处理程序相比，其特点是根据所有记账凭证定期编制科目汇总表，再根据科目汇总表登记总分类账。

在科目汇总表账务处理程序下，会计凭证除设置收款凭证、付款凭证和转账凭证外，还应设置科目汇总表。会计账簿的设置与记账凭证账务处理程序相同。

二、科目汇总表的编制方法

科目汇总表是将一定时期内全部的收款、付款、转账凭证按相同科目进行汇总，计算出每个会计科目的借方发生额合计数和贷方发生额合计数，并进行试算平衡，检查借贷双方合计数是否相等。科目汇总表的编制应视业务量大小而定，可以每5天、10天或每15天汇总一次。科目汇总表的格式如表13－9所示。

表13－9　科目汇总表

年　月　日至　日

会计科目	记账凭证	本期发生额		账　页
	起讫号数	借　方	贷　方	
合　计				

三、科目汇总表账务处理程序的基本步骤

科目汇总表账务处理程序如图 13－3 所示。

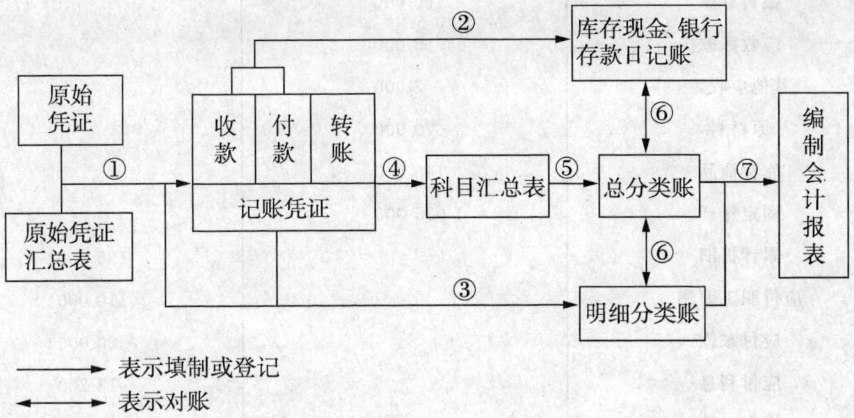

图 13－3

图示说明：

① 根据原始凭证或原始凭证汇总表，编制收款凭证、付款凭证和转账凭证；

② 根据收款凭证、付款凭证，逐笔登记库存现金日记账和银行存款日记账；

③ 根据原始凭证、原始凭证汇总表和记账凭证，登记各种明细分类账；

④ 根据记账凭证，定期编制科目汇总表；

⑤ 根据科目汇总表，登记总分类账；

⑥ 月终，将库存现金日记账、银行存款日记账及各种明细分类账同总分类账进行核对；

⑦ 根据核对无误的总分类账和明细分类账，编制会计报表。

四、科目汇总表账务处理程序的优缺点及适用范围

科目汇总表账务处理程序的优点是：减轻了登记总分类账的工作量，而且在登记总分类账之前，通过编制科目汇总表，起到了试算平衡的作用，保证了总分类账登记的正确性。其缺点是：科目汇总表不能反映各科目相互之间的对应关系，不利于反映和分析经济业务的来龙去脉，不利于账目的核对和检查。所以，这种账务处理程序一般适用于业务量较大、但经济业务内容简单的中小型企业。

五、实例

【例 13－2】　某企业采用科目汇总表账务处理程序，12 月 1 日总分类账户余额如下：

会计科目	借方余额	贷方余额
库存现金	15 000	
银行存款	160 000	
应收账款	5 000	
其他应收款	2 000	
原材料	70 000	
库存商品	140 000	
固定资产	1 035 000	
累计折旧		135 000
应付职工薪酬		110 000
应付账款		20 000
应付利息		13 200
应交税费		10 200
实收资本		900 000
盈余公积		28 600
利润分配		210 000
合　计	1 427 000	1 427 000

12 月份发生下列经济业务:

1. 12 月 1 日购入甲材料 100 公斤,价款计 20 000 元,以银行存款支付。

2. 12 月 4 日购买办公用品 500 元,以现金付讫。

3. 12 月 6 日生产产品领用甲材料 90 公斤,计 18 000 元。

4. 12 月 10 日,从银行提取现金 2 000 元。

5. 12 月 11 日,李明出差预借差旅费 1 500 元。

6. 12 月 15 日,1 日购进的甲材料 100 公斤全部验收入库。

7. 12 月 16 日,从银行提取现金 88 000 元,备发工资。

8. 12 月 17 日,发放工资 88 000 元。

9. 12 月 18 日,分配本月工资费用 88 000 元。其中,生产工人工资 52 000 元,车间管理人员工资 12 000 元,厂部管理人员工资 24 000 元。

10. 12 月 19 日,按工资总额的 14%提取职工福利费。

11. 12 月 20 日,销售产品 30 000 元,货款尚未收到。

12. 12 月 21 日,李明出差归来报销差旅费 1 300 元,交回多余现金 200 元。

13. 12 月 22 日,销售产品一批,价款 220 000 元,已收存银行。

14. 12 月 25 日,以银行存款支付产品销售广告费 3 000 元。

15. 12 月 31 日，计提本月银行借款利息 1 000 元。

16. 12 月 31 日，计提本月折旧 15 000 元。其中，车间管理部门应计提 12 000元，厂部管理部门应计提 3 000 元。

17. 12 月 31 日，结转本月制造费用。

18. 12 月 31 日，结转本月完工入库产品成本 50 000 元。

19. 12 月 31 日，结转本月已销产品成本 135 000 元。

20. 12 月 31 日，计算应交所得税费用。

21. 12 月 31 日，结转损益类账户余额至“本年利润”账户。

22. 12 月 31 日，将“本年利润”结转至“利润分配”账户。

(1)根据上述资料的原始凭证编制记账凭证(见表 13－10 至表 13－33)

表 13－10　付款凭证

贷方科目：银行存款　　　　200×年 12 月 1 日　　　　银付字 1 号

摘　要	应借科目		记	金　额										附件
	一级科目	二级明细科目	账	千	百	十	万	千	百	十	元	角	分	
购入材料	材料采购	甲材料	√				2	0	0	0	0	0	0	
合　计						￥	2	0	0	0	0	0	0	张

财务主管：　　　记账：　　　审核：　　　出纳：　　　制单：

表 13－11　付款凭证

贷方科目：库存现金　　　　200×年 12 月 4 日　　　　现付字 1 号

摘　要	应借科目		记	金　额										附件
	一级科目	二级明细科目	账	千	百	十	万	千	百	十	元	角	分	
购入办公用品	管理费用		√						5	0	0	0	0	
合　计								￥	5	0	0	0	0	张

财务主管：　　　记账：　　　审核：　　　出纳：　　　制单：

表 13－12　转账凭证

200×年 12 月 6 日　　　　转字 1 号

摘　要	一级科目	二级明细科目	记	借方金额										贷方金额										附件
			账	千	百	十	万	千	百	十	元	角	分	千	百	十	万	千	百	十	元	角	分	
生产领料	生产成本		√				1	8	0	0	0	0	0											
	原材料	甲材料	√														1	8	0	0	0	0	0	
合　计						￥	1	8	0	0	0	0	0			￥	1	8	0	0	0	0	0	张

财务主管：　　　记账：　　　审核：　　　制单：

表 13-13　付款凭证

贷方科目:银行存款　　　　200×年 12 月 10 日　　　　银付字 2 号

摘要	应借科目		记账	金额										附件
	一级科目	二级明细科目		千	百	十	万	千	百	十	元	角	分	
提现	库存现金		√					2	0	0	0	0	0	
合　计							¥	2	0	0	0	0	0	张

财务主管:　　记账:　　审核:　　出纳:　　制单:

表 13-14　付款凭证

贷方科目:库存现金　　　　200×年 12 月 11 日　　　　现付字 2 号

摘要	应借科目		记账	金额										附件
	一级科目	二级明细科目		千	百	十	万	千	百	十	元	角	分	
借支差旅费	其他应收款	李明	√					1	5	0	0	0	0	
合　计							¥	1	5	0	0	0	0	张

财务主管:　　记账:　　审核:　　出纳:　　制单:

表 13-15　转账凭证

200×年 12 月 15 日　　　　转字 2 号

摘要	一级科目	二级明细科目	记账	借方金额										贷方金额										附件
				千	百	十	万	千	百	十	元	角	分	千	百	十	万	千	百	十	元	角	分	
材料入库	原材料	甲材料	√				2	0	0	0	0	0	0											
	材料采购	甲材料	√														2	0	0	0	0	0	0	
合　计						¥	2	0	0	0	0	0	0			¥	2	0	0	0	0	0	0	张

财务主管:　　记账:　　审核:　　制单:

表 13-16　付款凭证

贷方科目:银行存款　　　　200×年 12 月 16 日　　　　银付字 3 号

摘要	应借科目		记账	金额										附件
	一级科目	二级明细科目		千	百	十	万	千	百	十	元	角	分	
提现	库存现金		√				8	8	0	0	0	0	0	
合　计						¥	8	8	0	0	0	0	0	张

财务主管:　　记账:　　审核:　　出纳:　　制单:

表 13－17　付款凭证

贷方科目：库存现金　　　　200×年 12 月 17 日　　　　现付字 3 号

摘　要	应借科目		记账	金　额									
	一级科目	二级明细科目		千	百	十	万	千	百	十	元	角	分
发放工资	应付职工薪酬		√				8	8	0	0	0	0	0
合　计						¥	8	8	0	0	0	0	0

附件　张

财务主管：　　记账：　　审核：　　出纳：　　制单：

表 13－18　转账凭证

200×年 12 月 18 日　　　　转字 3 号

摘　要	一级科目	二级明细科目	记账	借方金额										贷方金额									
				千	百	十	万	千	百	十	元	角	分	千	百	十	万	千	百	十	元	角	分
分配工资	生产成本		√				5	2	0	0	0	0	0										
费用	制造费用		√				1	2	0	0	0	0	0										
	管理费用		√				2	4	0	0	0	0	0										
	应付职工薪酬		√														8	8	0	0	0	0	0
合　计						¥	8	8	0	0	0	0	0			¥	8	8	0	0	0	0	0

附件　张

财务主管：　　记账：　　审核：　　制单：

表 13－19　转账凭证

200×年 12 月 19 日　　　　转字 4 号

摘　要	一级科目	二级明细科目	记账	借方金额										贷方金额									
				千	百	十	万	千	百	十	元	角	分	千	百	十	万	千	百	十	元	角	分
提取职工	生产成本		√					7	2	8	0	0	0										
福利费	制造费用		√					1	6	8	0	0	0										
	管理费用		√					3	3	6	0	0	0										
	应付职工薪酬		√														1	2	3	2	0	0	0
合　计						¥	1	2	3	2	0	0	0			¥	1	2	3	2	0	0	0

附件　张

财务主管：　　记账：　　审核：　　制单：

表 13－20　转账凭证

200×年 12 月 20 日　　　　转字 5 号

摘　要	一级科目	二级明细科目	记账	借方金额										贷方金额									
				千	百	十	万	千	百	十	元	角	分	千	百	十	万	千	百	十	元	角	分
销售产品	应收账款		√				3	0	0	0	0	0	0										
	主营业务收入		√														3	0	0	0	0	0	0
合　计						¥	3	0	0	0	0	0	0			¥	3	0	0	0	0	0	0

附件　张

财务主管：　　记账：　　审核：　　制单：

表 13－21 收款凭证

借方科目:库存现金　　　　200×年 12 月 21 日　　　　现收字 1 号

摘要	应贷科目		记账	金额										附件 张
	一级科目	二级明细科目		千	百	十	万	千	百	十	元	角	分	
李明交回多余现金	其他应收款	李明	√						2	0	0	0	0	
合计								¥	2	0	0	0	0	

财务主管：　　记账：　　审核：　　出纳：　　制单：

表 13－22 转账凭证

200×年 12 月 21 日　　　　转字 6 号

摘要	一级科目	二级明细科目	记账	借方金额										贷方金额										附件 张
				千	百	十	万	千	百	十	元	角	分	千	百	十	万	千	百	十	元	角	分	
李明报销	管理费用		√					1	3	0	0	0	0											
差旅费	其他应收款	李明	√															1	3	0	0	0	0	
合计							¥	1	3	0	0	0	0				¥	1	3	0	0	0	0	

财务主管：　　记账：　　审核：　　制单：

表 13－23 收款凭证

借方科目:银行存款　　　　200×年 12 月 22 日　　　　银收字 1 号

摘要	应贷科目		记账	金额										附件 张
	一级科目	二级明细科目		千	百	十	万	千	百	十	元	角	分	
销售产品	主营业务收入		√			2	2	0	0	0	0	0	0	
合计					¥	2	2	0	0	0	0	0	0	

财务主管：　　记账：　　审核：　　出纳：　　制单：

表 13－24 付款凭证

贷方科目:银行存款　　　　200×年 12 月 25 日　　　　银付字 4 号

摘要	应借科目		记账	金额										附件 张
	一级科目	二级明细科目		千	百	十	万	千	百	十	元	角	分	
支付广告费	销售费用		√					3	0	0	0	0	0	
合计							¥	3	0	0	0	0	0	

财务主管：　　记账：　　审核：　　出纳：　　制单：

表 13－25　转账凭证

200×年 12 月 31 日　　　　转字 7 号

摘　要	一级科目	二级明细科目	记账	借方金额										贷方金额										
				千	百	十	万	千	百	十	元	角	分	千	百	十	万	千	百	十	元	角	分	附件　张
计提借款	财务费用		√					1	0	0	0	0	0											
利息	应付利息		√															1	0	0	0	0	0	
合　计							¥	1	0	0	0	0	0				¥	1	0	0	0	0	0	

财务主管：　　记账：　　审核：　　制单：

表 13－26　转账凭证

200×年 12 月 31 日　　　　转字 8 号

摘　要	一级科目	二级明细科目	记账	借方金额										贷方金额										
				千	百	十	万	千	百	十	元	角	分	千	百	十	万	千	百	十	元	角	分	附件　张
计提折旧	制造费用		√				1	2	0	0	0	0	0											
	管理费用		√					3	0	0	0	0	0											
	累计折旧		√														1	5	0	0	0	0	0	
合　计						¥	1	5	0	0	0	0	0			¥	1	5	0	0	0	0	0	

财务主管：　　记账：　　审核：　　制单：

表 13－27　转账凭证

200×年 12 月 31 日　　　　转字 9 号

摘　要	一级科目	二级明细科目	记账	借方金额										贷方金额										
				千	百	十	万	千	百	十	元	角	分	千	百	十	万	千	百	十	元	角	分	附件　张
结转制造	生产成本		√				2	5	6	8	0	0	0											
费用	制造费用		√														2	5	6	8	0	0	0	
合　计						¥	2	5	6	8	0	0	0			¥	2	5	6	8	0	0	0	

财务主管：　　记账：　　审核：　　制单：

表 13－28　转账凭证

200×年 12 月 31 日　　　　转字 10 号

摘　要	一级科目	二级明细科目	记账	借方金额										贷方金额										
				千	百	十	万	千	百	十	元	角	分	千	百	十	万	千	百	十	元	角	分	附件　张
产品入库	库存商品		√				5	0	0	0	0	0	0											
	生产成本		√														5	0	0	0	0	0	0	
合　计						¥	5	0	0	0	0	0	0			¥	5	0	0	0	0	0	0	

财务主管：　　记账：　　审核：　　制单：

表 13－29　转账凭证

200×年 12 月 31 日　　　　转字 11 号

摘　要	一级科目	二级明细科目	记账	借方金额										贷方金额									
				千	百	十	万	千	百	十	元	角	分	千	百	十	万	千	百	十	元	角	分
结转已销	主营业务成本		√			1	3	5	0	0	0	0	0										
产品成本	库存商品		√													1	3	5	0	0	0	0	0
合　计					¥	1	3	5	0	0	0	0	0		¥	1	3	5	0	0	0	0	0

附件　张

财务主管：　　　记账：　　　审核：　　　制单：

表 13－30　转账凭证

200×年 12 月 31 日　　　　转字 12 号

摘　要	一级科目	二级明细科目	记账	借方金额										贷方金额									
				千	百	十	万	千	百	十	元	角	分	千	百	十	万	千	百	十	元	角	分
计算应交	所得税费用		√				2	6	0	1	7	2	0										
所得税	应交税费	所得税	√														2	6	0	1	7	2	0
合　计						¥	2	6	0	1	7	2	0			¥	2	6	0	1	7	2	0

附件　张

财务主管：　　　记账：　　　审核：　　　制单：

表 13－31　转账凭证

200×年 12 月 31 日　　　　转字 13 号

摘　要	一级科目	二级明细科目	记账	借方金额										贷方金额									
				千	百	十	万	千	百	十	元	角	分	千	百	十	万	千	百	十	元	角	分
结转收入	主营业务收入		√			2	5	0	0	0	0	0	0										
账户	本年利润		√													2	5	0	0	0	0	0	0
合　计					¥	2	5	0	0	0	0	0	0		¥	2	5	0	0	0	0	0	0

附件　张

财务主管：　　　记账：　　　审核：　　　制单：

表 13－32　转账凭证

200×年 12 月 31 日　　　　转字 14 号

摘　要	一级科目	二级明细科目	记账	借方金额										贷方金额									
				千	百	十	万	千	百	十	元	角	分	千	百	十	万	千	百	十	元	角	分
结转支出	本年利润		√			1	9	7	1	7	7	2	0										
账户	主营业务成本		√													1	3	5	0	0	0	0	0
	管理费用		√														3	2	1	6	0	0	0
	销售费用		√															3	0	0	0	0	0
	财务费用		√															1	0	0	0	0	0
	所得税费用		√														2	6	0	1	7	2	0
合　计					¥	1	9	7	1	7	7	2	0		¥	1	9	7	1	7	7	2	0

附件　张

财务主管：　　　记账：　　　审核：　　　制单：

表 13－33　转账凭证

200×年 12 月 31 日　　　　　　　　　　　　转字 15 号

摘　要	一级科目	二级明细科目	记账	借方金额										贷方金额										附件 张
				千	百	十	万	千	百	十	元	角	分	千	百	十	万	千	百	十	元	角	分	
结转本年	本年利润		√				5	2	8	2	2	8	0											
利润账户	利润分配		√														5	2	8	2	2	8	0	
合　计						¥	5	2	8	2	2	8	0			¥	5	2	8	2	2	8	0	

财务主管：　　　　记账：　　　　审核：　　　　制单：

(2) 根据收款凭证、付款凭证，逐笔登记库存现金日记账和银行存款日记账，如表 13－34、表 13－35 所示。

表 13－34　库存现金日记账

200×年		凭证		摘　要	对方科目	借方	贷方	余额
月	日	字	号					
12	1			期初余额				15 000
	4	现付	1	购买办公用品	管理费用		500	14 500
	10	银付	2	提现	银行存款	2 000		16 500
	11	现付	2	李明借支差旅费	其他应收款		1 500	15 000
	16	银付	2	提现	银行存款	88 000		103 000
	17	现付	3	发放工资	应付职工薪酬		88 000	15 000
	21	现收	1	李明交回多余现金	其他应收款	200		15 200
	31			本月合计		90 200	90 000	15 200

表 13－35　银行存款日记账

200×年		凭证		摘　要	结算凭证		对方科目	借方	贷方	余额
月	日	字	号		种类	编号				
12	1			期初余额						160 000
	1	银付	1	购买甲材料	支票	089	材料采购		20 000	140 000
	10	银付	2	提现	支票	120	库存现金		2 000	138 000
	16	银付	3	提现	支票	121	库存现金		88 000	50 000
	22	银收	1	销售产品	托收	556	主营业务收入	220 000		270 000
	25	银付	4	支付广告费	支票	090	销售费用		3 000	267 000
	31			本月合计				220 000	113 000	267 000

(3) 根据原始凭证、原始凭证汇总表和记账凭证，登记明细分类账（以“原材料——甲材料”为例，如表 13－36 所示，其他明细账略）。

表 13－36　原材料明细账

材料类别：略

材料名称：甲材料　　　　　　　　　　　　　　　　　　数量单位：公斤

200×年		凭证		摘　要	收入			发出			结存		
月	日	字	号		数量	单价	金额	数量	单价	金额	数量	单价	金额
12	1			期初余额							200	200	40 000
	6	转	1	生产领料				90	200	18 000	110	200	22 000
	15	转	2	验收入库	100	200	20 000				210	200	42 000
	31			本月合计	100	200	20 000	90	200	18 000	210	200	42 000

(4) 根据记账凭证编制科目汇总表，如表 13－37 所示。

表 13－37　科目汇总表

200×年 12 月 1 日至 31 日

会计科目	记账凭证起讫号数	本期发生额		账　页
		借　方	贷　方	
库存现金	(略)	90 200	90 000	(略)
银行存款		220 000	113 000	
应收账款		30 000		
其他应收款		1 500	1 500	
材料采购		20 000	20 000	
原材料		20 000	18 000	
库存商品		50 000	135 000	
生产成本		102 960	50 000	
制造费用		25 680	25 680	
累计折旧			15 000	
应付职工薪酬		88 000	100 320	
应付利息			1 000	
应交税费			26 017.20	
管理费用		32 160	32 160	
财务费用		1 000	1 000	
销售费用		3 000	3 000	
主营业务收入		250 000	250 000	
主营业务成本		135 000	135 000	
所得税费用		26 017.20	26 017.20	
本年利润		250 000	250 000	
利润分配			52 822.80	
合计		1 345 517.20	1 345 517.20	

（5）根据科目汇总表登记总分类账户，见表 13－38 至 13－59 所示。

表 13－38　总　　账

科目名称：库存现金

200×年		凭证		摘　要	借方	贷方	借或贷	余额
月	日	字	号					
12	1			期初余额			借	15 000
	31	汇	1	本月发生额	90 200	90 000	借	15 200
	31			本月合计	90 200	90 000	借	15 200

表 13－39　总　　账

科目名称：银行存款

200×年		凭证		摘　要	借方	贷方	借或贷	余额
月	日	字	号					
12	1			期初余额			借	160 000
	31	汇	1	本月发生额	220 000	113 000	借	267 000
	31			本月合计	220 000	113 000	借	267 000

表 13－40　总　　账

科目名称：应收账款

200×年		凭证		摘　要	借方	贷方	借或贷	余额
月	日	字	号					
12	1			期初余额			借	5 000
	31	汇	1	本月发生额	30 000		借	35 000
	31			本月合计	30 000		借	35 000

表 13－41　总　　账

科目名称：其他应收款

200×年		凭证		摘　要	借方	贷方	借或贷	余额
月	日	字	号					
12	1			期初余额			借	2 000
	31	汇	1	本月发生额	1 500	1 500	借	2 000
	31			本月合计	1 500	1 500	借	2 000

表 13－42　总　　账

科目名称：材料采购

200×年		凭证		摘　要	借方	贷方	借或贷	余额
月	日	字	号					
12	31	汇	1	本月发生额	20 000	20 000	平	0
	31			本月合计	20 000	20 000	平	0

表 13-43　总　账

科目名称:原材料

200×年		凭证		摘　要	借方	贷方	借或贷	余额
月	日	字	号					
12	1			期初余额			借	70 000
	31	汇	1	本月发生额	20 000	18 000	借	72 000
	31			本月合计	20 000	18 000	借	72 000

表 13-44　总　账

科目名称:库存商品

200×年		凭证		摘　要	借方	贷方	借或贷	余额
月	日	字	号					
12	1			期初余额			借	140 000
	31	汇	1	本月发生额	50 000	135 000	借	55 000
	31			本月合计	50 000	135 000	借	55 000

表 13-45　总　账

科目名称:生产成本

200×年		凭证		摘　要	借方	贷方	借或贷	余额
月	日	字	号					
12	31	汇	1	本月发生额	102 960	50 000	借	52 960
	31			本月合计	102 960	50 000	借	52 960

表 13-46　总　账

科目名称:制造费用

200×年		凭证		摘　要	借方	贷方	借或贷	余额
月	日	字	号					
12	31	汇	1	本月发生额	25 680	25 680	平	0
	31			本月合计	25 680	25 680	平	0

表 13-47　总　账

科目名称:累计折旧

200×年		凭证		摘　要	借方	贷方	借或贷	余额
月	日	字	号					
12	1			期初余额			贷	135 000
	31	汇	1	本月发生额		15 000	贷	150 000
	31			本月合计		15 000	贷	150 000

表 13-48　总　　账

科目名称:应付职工薪酬

200×年		凭证		摘　要	借方	贷方	借或贷	余额
月	日	字	号					
12	1			期初余额			贷	110 000
	31	汇	1	本月发生额	88 000	100 320	贷	122 320
	31			本月合计	88 000	100 320	贷	122 320

表 13-49　总　　账

科目名称:应付利息

200×年		凭证		摘　要	借方	贷方	借或贷	余额
月	日	字	号					
12	1			期初余额			贷	13 200
	31	汇	1	本月发生额		1 000	贷	14 200
	31			本月合计		1 000	贷	14 200

表 13-50　总　　账

科目名称:应交税费

200×年		凭证		摘　要	借方	贷方	借或贷	余额
月	日	字	号					
12	1			期初余额			贷	10 200.00
	31	汇	1	本月发生额		26 017.20	贷	36 217.20
	31			本月合计		26 017.20	贷	36 217.20

表 13-51　总　　账

科目名称:管理费用

200×年		凭证		摘　要	借方	贷方	借或贷	余额
月	日	字	号					
12	31	汇	1	本月发生额	32 160	32 160	平	0
	31			本月合计	32 160	32 160	平	0

表 13-52　总　　账

科目名称:财务费用

200×年		凭证		摘　要	借方	贷方	借或贷	余额
月	日	字	号					
12	31	汇	1	本月发生额	1 000	1 000	平	0
	31			本月合计	1 000	1 000	平	0

表 13-53　总　　账

科目名称:销售费用

200×年		凭证		摘　要	借方	贷方	借或贷	余额
月	日	字	号					
12	31	汇	1	本月发生额	3 000	3 000	平	0
	31			本月合计	3 000	3 000	平	0

表 13-54　总　　账

科目名称:主营业务收入

200×年		凭证		摘　要	借方	贷方	借或贷	余额
月	日	字	号					
12	31	汇	1	本月发生额	250 000	250 000	平	0
	31			本月合计	250 000	250 000	平	0

表 13-55　总　　账

科目名称:主营业务成本

200×年		凭证		摘　要	借方	贷方	借或贷	余额
月	日	字	号					
12	31	汇	1	本月发生额	135 000	135 000	平	0
	31			本月合计	135 000	135 000	平	0

表 13-56　总　　账

科目名称:所得税费用

200×年		凭证		摘　要	借方	贷方	借或贷	余额
月	日	字	号					
12	31	汇	1	本月发生额	26 017.20	26 017.20	平	0
	31			本月合计	26 017.20	26 017.20	平	0

表 13-57　总　　账

科目名称:本年利润

200×年		凭证		摘　要	借方	贷方	借或贷	余额
月	日	字	号					
12	31	汇	1	本月发生额	250 000	250 000	平	0
	31			本月合计	250 000	250 000	平	0

表 13－58　总　账

科目名称：利润分配

200×年		凭证		摘　要	借方	贷方	借或贷	余额
月	日	字	号					
12	1			期初余额			贷	210 000.00
	31	汇	1	本月发生额		52 822.80	贷	262 822.80
	31			本月合计		52 822.80	贷	262 822.80

（6）编制期末余额试算平衡表，如表 13－59 所示。

表 13－59　总分类账户本期发生额及余额试算平衡表

会计科目	期初余额		本期发生额		期末余额	
	借方	贷方	借方	贷方	借方	贷方
库存现金	15 000		90 200	90 000	15 200	
银行存款	160 000		220 000	113 000	267 000	
应收账款	5 000		30 000		35 000	
其他应收款	2 000		1 500	1 500	2 000	
材料采购	—		20 000	20 000	—	
原材料	70 000		20 000	18 000	72 000	
库存商品	140 000		50 000	135 000	55 000	
固定资产	1 035 000				1 035 000	
累计折旧		135 000		15 000		150 000
生产成本			102 960	50 000	52 960	
制造费用			25 680	25 680	—	
应付职工薪酬		110 000	88 000	100 320		122 320
应付账款		20 000				20 000
应付利息		13 200		1 000		14 200
应交税费		10 200		26 017.20		36 217.20
管理费用			32 160	32 160	—	
财务费用			1 000	1 000	—	
销售费用			3 000	3 000	—	
主营业务收入			250 000	250 000		—
主营业务成本			135 000	135 000	—	
所得税费用			26 017.20	26 017.20	—	
本年利润			250000	250 000		—
实收资本		900 000				900 000
盈余公积		28 600				28 600
利润分配		210 000		52 822.80		262 822.80
合　计	1 427 000	1 427 000	1 345 517.20	1 345 517.20	1 534 160	1 534 160

(7) 编制资产负债表、利润表(库存现金流量表略),如表 13－60、表 13－61 所示。

表 13－60　资产负债表

编制单位:　　200×年 12 月 31 日　　单位:元

资　产		负债及所有者权益	
库存现金	15 200	应付职工薪酬	122 320
银行存款	267 000	应付账款	20 000
应收账款	35 000	应付利息	14 200
其他应收款	2 000	应交税费	36 217.20
存货	179 960	实收资本	900 000
固定资产	1 035 000	盈余公积	28 600
减:累计折旧	150 000	未分配利润	262 822.80
资产总计	1 384 160	负债及所有者权益总计	1 384 160

表 13－61　利润表

编制单位:　　20××年 12 月　　单位:元

项　目	行次	本月数	本年累计数
一、营业收入	1	250 000	(略)
减:营业成本	2	135 000	
销售费用	4	3 000	
管理费用	5	32 160	
财务费用	6	1 000	
二、营业利润(亏损以"－"号填列)	7	78 840	
加:投资收益(损失以"－"号填列)	8	—	
减:计提的资产减值准备	9	—	
非流动资产处置损益	10	—	
三、利润总额(亏损总额以"－"号填列)	11	78 840	
减:所得税费用	12	26 017.20	
四、净利润(净亏损以"－"号填列)	13	52 822.80	

第五节　汇总记账凭证账务处理程序

一、汇总记账凭证账务处理程序的特点和核算要求

汇总记账凭证账务处理程序,是指把全部记账凭证按收款凭证、付款凭证和

转账凭证分别归类编制汇总记账凭证，然后根据汇总记账凭证登记总分类账。与记账凭证账务处理程序相比，汇总记账凭证账务处理程序的特点是：定期根据记账凭证分类编制汇总收款凭证、汇总付款凭证、汇总转账凭证，再根据汇总记账凭证登记总分类账。

在汇总记账凭证账务处理程序下，记账凭证除设置收款凭证、付款凭证和转账凭证外，还应设置汇总收款凭证、汇总付款凭证和汇总转账凭证。账簿组织与记账凭证账务处理程序相同，设有库存现金日记账、银行存款日记账、总分类账和明细分类账。

二、汇总记账凭证的编制方法

汇总记账凭证分为汇总收款凭证、汇总付款凭证和汇总转账凭证，分别根据收款凭证、付款凭证和转账凭证汇总编制。

(一) 汇总收款凭证

汇总收款凭证汇总了一定时期内库存现金和银行存款的收款业务，是按“库存现金”、“银行存款”科目的借方分别设置，将其对应的贷方科目归类汇总的一种汇总记账凭证。

汇总收款凭证的编制方法是：将一定时期(5日或10日)内全部收款凭证按其贷方科目归类汇总，计算每一贷方科目发生额的合计数，填入汇总收款凭证中，每月填制一张，月末结算出合计数，据以登记总账。其格式如表13-62所示。

表13-62　汇总收款凭证

借方科目：银行存款(或库存现金)　　200×年6月　　编号：2

贷方科目	金额				总账页数	
	1日至10日凭证号1—20	11日至20日凭证号21—40	21日至30日凭证号41—70	合计	借方	贷方
应收账款	40 000	10 000		50 000	略	略
其他业务收入	5 000	3 000		8 000		
主营业务收入	20 000	45 000	15 000	80 000		
合　计	65 000	58 000	15 000	138 000		

(二) 汇总付款凭证

汇总付款凭证汇总了一定时期内库存现金和银行存款的付款业务，是按“库存现金”、“银行存款”科目的贷方分别设置，将其对应的借方科目归类汇总的一种汇总记账凭证。

汇总付款凭证的编制方法是:将一定时期(5 日或 10 日)内全部付款凭证按其借方科目归类汇总,计算每一借方科目发生额的合计数,填入汇总付款凭证中,每月编制一张,月末结算出合计数,据以登记总账。其格式如表 13-63 所示。

表 13-63 汇总付款凭证

贷方科目:银行存款(或库存现金)　　　　200×年 6 月　　　　编号:2

借方科目	金额				总账页数	
	1 日至 10 日凭证号 1—20	11 日至 20 日凭证号 21—40	21 日至 30 日凭证号 41—70	合计	借方	贷方
管理费用	4 000	10 000		14 000	略	略
材料采购	55 000		1 000	56 000		
长期待摊费用	10 000	25 000	15 000	50 000		
合　计	69 000	35 000	16 000	120 000		

(三) 汇总转账凭证

汇总转账凭证是按每一贷方科目分别设置,定期(5 日或 10 日)将汇总期内的全部转账凭证,按其相对应的借方科目归类汇总,计算每一借方科目发生额的合计数,填入汇总转账凭证中,每月编制一张,月末结算出汇总转账凭证的合计数,据以分别登记总账。其格式如表 13-64 所示。

表 13-64 汇总付款凭证

贷方科目:应付账款　　　　200×年 6 月　　　　编号:6

借方科目	金额				总账页数	
	1 日至 10 日凭证号 1—20	11 日至 20 日凭证号 21—40	21 日至 30 日凭证号 41—70	合计	借方	贷方
固定资产	304 000	110 000		414 000	略	略
材料采购	100 000		18 000	118 000		
合　计	404 000	110 000	18 000	532 000		

三、汇总记账凭证账务处理程序的基本步骤

汇总记账凭证账务处理程序如图 13-4 所示。

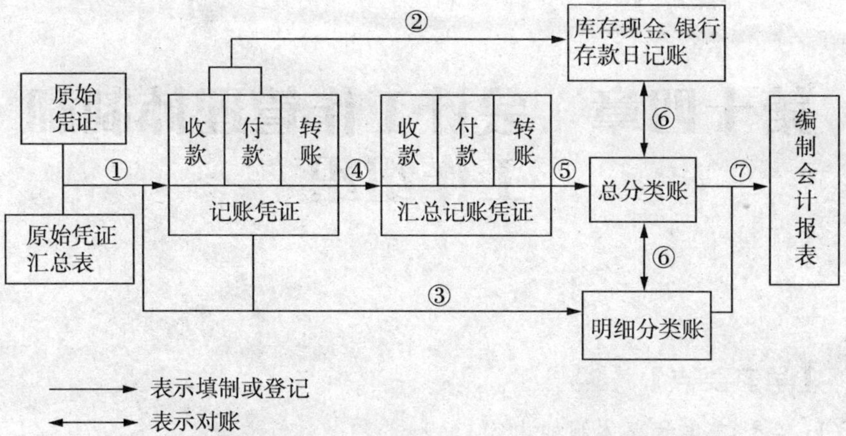

图 13－4

图示说明：

①根据原始凭证或原始凭证汇总表，编制收款凭证、付款凭证和转账凭证；

②根据收款凭证、付款凭证，逐笔登记库存现金日记账和银行存款日记账；

③根据原始凭证、原始凭证汇总表和记账凭证，登记各种明细分类账；

④根据记账凭证，定期编制汇总收款凭证、汇总付款凭证和汇总转账凭证；

⑤根据汇总记账凭证，定期登记总分类账；

⑥月终，将库存现金日记账、银行存款日记账及各种明细分类账同总分类账进行核对；

⑦根据核对无误的总分类账和明细分类账，编制会计报表。

四、汇总记账凭证账务处理程序的优缺点及适用范围

汇总记账凭证是按照会计科目的对应关系汇总编制的，能够清晰地反映各科目的对应关系及经济业务的来龙去脉；同时，总账是根据汇总记账凭证登记的，大大减轻了登记总分类账的工作量。但编制汇总记账凭证的工作比较复杂，工作量较大，而且汇总记账凭证是按有关账户的借方或贷方汇总，而不是按经济业务的性质归类汇总的，不利于会计核算工作的合理分工。汇总记账凭证账务处理程序一般适用于规模较大、业务量繁多的大中型企业。

知识扩展

在电算化会计广泛应用的今天，不同的账务处理程序是否仍然有存在的必要？请考察一家规模较大、业务量较多的公司的账务处理流程，得出你的结论。

第十四章　会计工作管理体制和工作组织

【学习要点】

1. 会计工作管理体制的内容。
2. 会计工作的组织形式。
3. 会计机构的设置和对会计人员的要求。
4. 会计法规体系的构成及主要规定。
5. 会计档案的管理。

第一节　会计工作管理体制

会计工作管理体制是划分管理会计工作职责权限关系的制度，包括会计工作管理组织形式、管理权限划分、管理机构设置等内容。我国的会计工作管理体制，主要指四个方面内容：一是明确会计工作的主管部门；二是明确国家统一的会计制度的制定权限；三是明确对会计工作的监督检查部门和监督检查范围；四是明确对会计人员的管理内容。

一、会计工作的主管部门

会计工作的主管部门是指代表国家对会计工作行使管理职能的政府部门。根据会计法规定，国务院财政部门主管全国的会计工作，县级以上地方各级人民政府的财政部门管理本行政区域内的会计工作，实行"统一领导，分级管理"的原则。主要表现为：

(1) 从国家机构的设置和权责归属的划分来看，新中国一成立就在财政部设立专门管理会计工作的机构。几十年来，会计工作一直由财政部门管理，财政部门在管理会计工作方面积累了一定经验。因此，《中华人民共和国会计法》充分肯定了财政部门主管会计工作的作用和经验，并以法律形式予以明确。

(2) 财政部门主管会计工作是一种责任。财政部门的主要任务是组织财政收入，安排财政支出，实行宏观经济调控。但财政部门不能因为主要任务是抓财政收支而放松对会计工作的管理。会计秩序混乱，财政制度得不到贯彻执行，必然会造成财政收入流失和支出失控，最终给财政工作带来不利影响。《中华人民共和国会计法》规定财政部门主管会计工作，这是国家法律赋予财政部门的重要责任，如果财政部门放松对会计工作的管理，造成会计秩序混乱，则不仅是工作上的失误，而且是一种违法行为，并应承担法律责任。

(3) 财政部门主管会计工作应遵循"统一领导，分级管理"的原则。"统一领导，分级管理"，是划分会计工作管理权责的重要原则，体现了管理的效率原则。财政部门主管会计工作，主要是在统一规划、统一领导的前提下，实行分级负责、分级管理，充分调动地区、部门、单位管理会计工作的积极性和创造性，无论是在国家财政部门与地方财政部门的关系上，还是在财政部门与有关业务主管部门及企事业单位的关系上，都要适当分工并搞好协调配合，上级对下级、财政部门对各业务主管部门都不能事无巨细一概包揽。具体做法是：国务院财政部门在统一规划、统一领导会计工作的前提下，发挥各级人民政府财政部门和中央各部门管理会计工作的积极性，各级人民政府财政部门和中央各业务主管部门应积极配合国务院财政部门管理好本地区、本部门的会计工作；各级人民政府财政部门根据上级财政部门的规划和要求，结合本地区的实际情况，管理本地区的会计工作，并取得同级其他管理部门的支持和配合。

(4) 发挥业务主管部门和其他政府管理部门在监管会计工作中的作用。对会计工作的监管，除了发挥财政部门的作用外，还要发挥业务主管部门、政府其他管理部门的作用。会计人员在处理会计事务过程中，不仅要与其他经济组织或个人发生业务关系，还要同各级政府管理部门发生联系，如与业务主管部门的财务收支和结算关系，与税务部门的纳税和纳税检查关系，与审计部门的被审关系等等。会计工作是一项社会经济管理活动，会计资料是一种社会性资源。政府管理部门在履行管理职能时，会涉及有关单位的会计事务和会计资料，有关法律赋予了政府有关管理部门监督检查相关会计事务、会计资料的职责。

二、会计制度的制定权限

会计制度是指政府管理部门对处理会计事务所作出的规章、准则、办法等规范性文件的总称，包括对会计工作、会计核算、会计监督、会计人员、会计档案管理等所制定的规范性文件。

根据《中华人民共和国会计法》第八条的规定,我国实行国家统一的会计制度。国家统一的会计制度,是指国务院财政部门根据会计法制定的关于会计核算、会计监督、会计机构和会计人员以及会计工作管理的制度。国家实行统一的会计制度,是规范会计行为的重要保证。我国的会计制度,既是规范各单位会计行为的标准,是各单位组织会计管理工作和产生相互可比、口径一致的会计资料的依据,也是国家财政经济政策在会计工作中的具体体现,更是维护社会经济秩序的重要保证。具体的会计制度的制定权限如下:

(1) 会计法规定,国家实行统一的会计制度,国家统一的会计制度由国务院财政部门根据会计法制定并公布。

(2) 国务院有关部门可以依照会计法和国家统一的会计制度,制定对会计核算和会计监督有特殊要求的行业,实施国家统一的会计制度的具体办法或者补充规定,报国务院财政部门审核批准。

(3) 中国人民解放军总后勤部可以依照会计法和国家统一的会计制度,制定军队实施国家统一的会计制度的具体办法,报国务院财政部门备案。

三、会计工作的监督检查

会计监督是会计的基本职能之一,是我国经济监督体系的重要组成部分。有效发挥会计监督的职能,对维护财经纪律和社会经济秩序,规范会计工作,建立良好的会计工作秩序起着重要作用。我国的会计监督体系包括单位内部监督、国家监督和社会监督,国家监督和社会监督又可称为外部监督,分为司法监督、行政监督和社会监督。

(一) 单位内部会计监督

单位内部会计监督是指为了保护单位资产的安全、完整,保证其经营活动符合国家法律、法规和内部有关管理制度,提高经营管理水平和效率,而在单位内部采取的一系列相互制约、相互监督的制度和方法。

根据《中华人民共和国会计法》及有关制度规定,各单位的会计机构、会计人员对本单位的经济活动进行会计监督。单位负责人负责单位内部会计监督制度的组织实施,对本单位内部会计监督的建立及有效实施承担最终责任。

会计法对各单位建立内部会计监督制度作了原则性规定:“各单位应当建立健全本单位内部会计监督制度。”明确指出单位内部会计监督制度应当符合四项要求:

(1) 记账人员与经济业务事项和会计事项的审批人员、经办人员、财物保管人员的职责权限应当明确,并相互分离、相互制约;

(2) 重大对外投资、资产处置、资金调度和其他重要经济业务事项的决策和执行的相互监督、相互制约程序应当明确；

(3) 财产清查的范围、期限和组织程序应当明确；

(4) 对会计资料定期进行内部审计的办法和程序应当明确。

(二) 会计工作的社会监督

会计工作的社会监督主要是指注册会计师及其所在的会计师事务所依法对委托单位的经济活动进行审计、鉴证的一种监督制度，它是一种外部监督。社会监督是以其特有的中介性和公正性而得到法律的认可，具有很强的权威性、公正性。注册会计师及其所在的会计师事务所依法承办下列审计业务：审查企业财务会计报告，出具审计报告；验证企业资本，出具验资报告；办理企业合并、分立、清算事宜中的审计业务，出具有关报告；法律、行政法规规定的其他审计业务。

从社会主义市场经济的发展要求看，注册会计师在社会经济活动中发挥着重要的监督和服务作用。注册会计师依法并接受委托，对有关会计事项，如财务报告进行审计并出具法律公证性的审计报告，以此为委托人和有关方面服务。注册会计师审计的基本对象，是被审计单位的财务会计资料，且其审计工作具有法律公正性，因此，其监督也是会计监督体系的重要内容之一。《中华人民共和国会计法》规定："有关法律、行政法规规定，须经注册会计师进行审计的单位，应当向受委托的会计师事务所如实提供会计凭证、会计账簿、财务会计报告和其他会计资料以及有关情况。任何单位或者个人不得以任何方式提示或者示意注册会计师及其所在的会计师事务所出具不实或者不当的审计报告。"这是对会计工作的社会监督问题作出的规定。

另外，在不干预注册会计师独立、公正地开展审计业务的前提下，财政部门要根据管理要求，采取重点抽查的方法，对会计师事务所出具的审计报告进行监督。

(三) 会计工作的国家监督

会计工作的国家监督是一种外部监督，主要是指政府财政部门代表国家依据法律、行政法规的规定和部门的职责权限，对有关单位的会计行为、会计资料所进行的监督检查。它与单位内部的会计监督、社会监督共同构成我国会计的监督体系，形成了一个有机的整体。

《中华人民共和国会计法》规定："国务院财政部门主管全国的会计工作。县级以上地方各级人民政府财政部门管理本行政区域内的会计工作。"财政部门对会计工作实施监督，是法律赋予的权限。财政部门对各单位实施会计监督的主要内容有：

(1) 是否依法设置会计账簿。具体包括：各单位是否依法设置会计账簿，设置账簿是否规范;已经设置会计账簿的单位,是否符合唯一的原则,是否存在账外设账行为;各单位是否存在设置虚假会计账簿的行为等。

(2) 会计资料是否真实、完整。具体包括:各单位所发生的经济业务事项是否及时办理会计手续,进行会计核算;各单位的会计资料是否与实际发生的经济业务事项相符;各单位提供的财务会计报告是否符合法律、行政法规和国家统一会计制度的规定等。

(3) 会计核算是否符合《中华人民共和国会计法》和国家统一的会计制度的规定。具体包括:会计核算的内容是否真实、完整;采用的会计年度、记账本位币、会计处理方法、会计记录文字等是否符合法律、行政法规和国家统一会计制度的规定;对资产、负债、所有者权益、收入、支出、费用、成本、利润的确认、记录和报告是否符合国家统一会计制度的规定;会计档案保管是否符合法定要求等。

(4) 从事会计工作的人员是否具备从业资格。具体包括:从事会计工作的人员是否取得了会计从业资格证书并接受财政部门的管理;会计机构负责人的任职资格是否符合条件等。

除财政部门依法对单位的会计工作进行监督外,其他政府部门依法履行监督检查职能。《中华人民共和国会计法》规定:财政、审计、税务、人民银行、证券监管、保险监管等部门应当依照有关法律、行政法规规定的职责,对有关单位的会计资料实施监督检查。监督检查部门对有关单位的会计资料依法实施监督检查后,应当出具检查结论。其他监督检查部门应当加以利用,避免重复查账。

政府各部门及其工作人员在对单位会计工作实施监督的过程中,有对单位会计工作、单位会计资料、在检查过程中涉及的商业秘密保密的义务。如有违法行为的,要追究其相应的法律责任。

各单位必须依照法律和国家的相关规定,自觉地接受政府各部门对其实施的监督和检查,如实提供相关的会计资料,不得拒绝、隐匿、谎报信息。

四、对会计人员的管理

国家对会计人员的管理主要是指对会计人员的任用条件的规定、奖惩的办法和措施等。为了以较高的人员素质保证会计工作的质量,并保障会计人员的职权不受侵犯,对会计人员的任用及奖惩等作了如下规定:

(1) 各单位应当根据会计业务的需要,在会计机构或有关机构中设置会计人员,并指定会计主管人员;不具备设置条件的,应当委托经批准设立从事会计代理记账业务的中介机构代理记账。国有的和国有资产占控股地位或者主导地位的大中型企业必须设置总会计师。

(2) 按照会计工作的专业性和会计工作在社会经济活动中的特殊要求，从事会计工作的人员，必须取得会计从业资格证书。鉴于会计机构负责人的业务素质直接关系到本单位会计工作的水平，因此，担任单位会计机构负责人（会计主管人员）的，除应取得会计从业资格证书外，还应当具备会计师以上专业技术职务资格或者从事会计工作三年以上经历。对于因有提供虚假财务会计报告，做假账，隐匿或者故意销毁会计凭证、会计账簿、财务会计报告，贪污、挪用公款，职务侵占等与会计职务有关的违法行为被依法追究刑事责任的人员，不得取得或重新取得会计从业资格证书。对因违法违纪行为被吊销会计从业资格证书的人员，自被吊销会计从业资格证书之日起五年内，不得重新取得会计从业资格证书。

(3) 单位负责人对依法履行职责、抵制违反本法规定行为的会计人员，以降级、撤职、调离工作岗位、解聘或者开除等方式实行打击报复，构成犯罪的，依法追究刑事责任；尚不构成犯罪的，由其所在单位或者有关单位依法给予行政处分。对受打击报复的会计人员，应当恢复其名誉和原有职务、级别。

(4) 为了在全社会营造一种尊重和支持会计人员工作的良好氛围，各地方、各部门、各单位都有奖励会计人员的责任和义务，对认真执行本法、忠于职守、作出显著成绩的会计人员，给予精神的或者物质的奖励。

(5) 会计人员违反《中华人民共和国会计法》的有关规定，诸如不依法设置会计账簿的、随意变更会计处理方法的，未按照规定保管会计资料，致使会计资料毁损、灭失的，未按照规定建立并实施单位内部会计监督制度、或者拒绝依法实施的监督、或者不如实提供有关会计资料及有关情况的，编制虚假财务会计报告、隐匿或者故意销毁依法应当保存的会计资料等，情节严重的，由县级以上人民政府财政部门吊销会计从业资格证书，并处以行政处分，构成犯罪的，依法追究其刑事责任。

第二节　会计工作组织

一、组织会计工作的意义

会计工作是指运用一整套的会计专门方法，对会计事项进行处理的活动。会计工作是一项复杂、细致的综合性经济管理活动。会计工作组织包括会计人员的配备、会计机构的设置、会计法规的制定与执行，以及会计档案的保管。科学的组织会计工作，对全面完成会计任务，充分发挥会计在经济管理中的作用具有重要的意义。

(1) 科学地组织会计工作,有利于保证会计工作的质量,提高会计工作的效率。企业的经济活动是通过会计工作进行连续、系统和全面地反映和监督的,只有按照会计工作制度、会计工作程序和会计工作的方法,建立一套工作制度和程序,科学、合理地组织会计工作,才能保证会计工作有条不紊地进行,不断地提高会计工作的效率和会计工作的质量。

(2) 科学地组织会计工作,可以保证会计工作与其他经济管理工作协调一致。会计工作是企业经营管理工作的重要组成部分,一方面能够促进其他经济管理工作,另一方面也需要其他管理工作的配合。会计工作不仅要服从国家的宏观经济政策,同时又要与各单位的计划、统计工作保持协调一致。因此,正确地组织会计工作,必须科学地协调好各职能部门的管理工作,确保与其他经济管理工作的分工协作、相互配合,共同完成经济管理工作任务。

(3) 科学地组织会计工作,可以促进单位内部各部门履行自己的经济责任,提高经济管理水平。经济责任制是各单位实行内部控制和管理的重要手段,科学地组织会计工作,可以促进单位内部有效利用资金、厉行节约、增产增收,提高管理水平,从而提高经济效益。

二、组织会计工作的要求

会计工作的组织,应符合以下要求:

(1) 组织会计工作,必须遵守国家的统一规定。会计工作首先是一项经济管理活动,党和国家的各项财经法规和财经纪律要通过会计工作来贯彻执行。因此,组织会计工作,必须按照会计法对会计工作的统一要求,贯彻执行国家的有关规定。

(2) 组织会计工作,要适应各单位的行业特点、规模大小、经营特色,制定具体办法和补充规定等,切合不同单位的实际。

(3) 组织会计工作,既要保证核算工作的质量,又要遵循精简节约、合理高效的原则。会计机构的设置、会计人员的配备、会计制度的制订和核算方法的采用等必须力求精练、合理,以节约时间、费用,不断提高工作效率,同时还要符合会计内部牵制、会计监督制度的要求,以明确会计责任,达到以较少的人、财、物的投入,取得较大的管理效益。

(4) 组织会计工作,既要保证贯彻整个单位的经济责任制,又要建立会计工作的责任制度。科学地组织会计工作,应在保证贯彻整个企业单位的经济责任制的同时,建立和完善会计工作本身的责任制度,合理分工,建立会计岗位,实现会计处理手续和会计工作程序的规范化。

三、会计工作的组织形式

在实际工作中，会计工作的组织形式通常有集中核算和非集中核算两种。

（一）集中核算

集中核算组织形式是在厂部集中设置会计机构，进行企业经济业务的明细核算、总分类核算、会计报表编制和各有关项目的考核分析等会计工作，使整个单位各部门经济业务的会计处理均集中进行，各部门只负责对发生的经济业务进行原始记录，向会计机构集中核算提供原始资料。这种方式减少了会计核算层次，精简了会计人员，适合于规模较小的企业和行政事业单位。

集中核算组织形式由于核算工作集中，便于会计部门及时、全面地了解本单位的生产经营情况；便于会计核算的分工和管理，简化和加速会计核算工作，降低核算成本；便于实行会计电算化，提高会计核算水平。但由于这种形式的核算工作没有在单位各部门内部进行，因而不便于各部门及时利用核算资料进行日常的责任考核和分析，不便于基层实行分级责任管理。

（二）非集中核算

非集中核算又称分散核算，就是对企业内部各部门所发生的经济业务，由各部门进行从凭证整理、明细核算，到有关内部会计报表的编制和分析等一系列会计核算工作；厂级会计部门承担对各职能部门会计工作的指导和监督，全面负责本单位的总分类核算、单位会计决算报表的编制和经济活动分析等综合性会计工作。分散核算组织形式的会计机构设置和分工的基本原则应遵循与经营体制相一致的会计责任体系，由车间处理的经济业务，由车间的会计机构进行核算，然后在此基础上由厂部进行有关的汇总核算；由厂部处理的经济业务，则由厂部的会计机构进行核算。在非集中核算组织形式下，厂部会计部门除了处理由自己负责范围的会计核算事项外，还担负着对整个单位各职能部门会计工作具体指导和监督的任务。这种方式一般在规模较大的企业和要求划分经济核算范围的企业适用。

非集中核算组织形式有利于基层部门及时了解本部门的经济业务资料，可以利用核算资料及时进行考核、分析，便于实行责任会计管理；但该组织形式增加了核算的工作量，不利于会计核算的合理分工和管理，要求配备较多的会计人员，核算成本较高。

实行集中核算或非集中核算，主要取决于企业的特点和经营管理的需要。如果单位的规模较小、经济业务不多，则可以采用集中核算方式，以精简会计机构和人员;如果单位内部实行经济核算制,进行分级管理和分级核算,则可以采用非集中核算组织形式,从而便于各部门单独计算盈亏,及时利用核算资料进行日常的考核和分析。但是,无论采用哪一种形式,各单位对外的资金收付、往来结算等都应统一由会计部门集中办理。

第三节　会计机构和会计人员

会计机构是各单位办理会计事务的职能部门,会计人员是直接从事会计工作的人员。建立健全会计机构,配备具有从业资格的会计人员,是各单位做好会计工作,充分发挥会计职能的重要保证。

一、会计机构的设置与人员配备

1. 会计机构的设置

《中华人民共和国会计法》第三十六条规定:“各单位应当根据会计业务的需要,设置会计机构,或者在有关机构中设置会计人员并指定会计主管人员;不具备设置条件的,应当委托经批准设立从事会计代理记账业务的中介机构代理记账。”

(1) 根据业务要求设置会计机构。各单位可以根据本单位的业务繁简情况决定是否设置会计机构。为了科学、合理地组织开展会计工作,保证本单位正常的经济核算,各单位原则上都应该设置会计机构。一般来说,对于实行企业化管理的事业单位、大中型企业(包括集团公司、股份有限公司、有限责任公司等),都必须设置会计机构;业务较多的行政单位、党团组织也必须设置会计机构。而对那些规模很小的企业、业务和人员都不多的行政单位等,可以不单独设置会计机构,可以将业务并入其他职能部门,或者进行代理记账。

(2) 不设置会计机构的单位应设置会计人员并指定会计主管人员。根据会计法的要求,设置会计机构的单位,应当在会计机构中指定会计机构负责人;没有设置会计机构、只在其他机构中配备一定数量专职或兼职会计人员的单位,应当在会计人员中指定会计主管人员。这是提高工作效率、明确岗位责任的内在要求,同时也是会计工作本身专业性、政策性强所要求的。“会计主管人员”是会计法中的一个特指概念,不同于人们通常所说的“会计主管”、“主管会计”、“主办会计”等,而是特指负责组织管理会计事务、行使会计机构负责人职权的负责人。

2. 会计人员岗位设置

会计工作岗位，是对一个单位的会计工作进行具体分工而设置的各个职能岗位。一个单位究竟需要设置什么会计岗位，配备什么样的会计人员，取决于单位的工作性质、业务量大小、资产规模、会计人员的素质等因素。财政部门发布的《会计基础工作规范》对会计工作岗位的设置原则、具体设置人数等作了规定。根据规定，各单位应当"根据会计业务需要"设置以下会计工作岗位：会计机构负责人（或者会计主管人员）、出纳、财产物资核算、工资核算、成本费用核算、财务成果核算、资金核算、往来核算、总账报表、稽核、档案管理等。另外还规定"会计工作岗位，可以一人一岗、一人多岗或者一岗多人"。

3. 代理记账

随着我国经济的迅速崛起，私营经济、民营经济、个体经济得到大力发展。这些单位的经营规模较小、人员不多，不可能也没有必要配备专职的会计人员和出纳人员，这样，代理记账机构进行代理记账便应运而生。为加强对代理记账业务的管理，促进小型经济组织和个体工商户建立健全会计核算工作，财政部印发了《代理记账管理暂行办法》，对代理记账机构设置的条件、代理记账的业务范围、代理记账机构与委托人的关系、代理记账人员应遵循的道德规则等作了明确的规定。

在我国，从事代理记账机构应具备一定的条件，即：至少有三名持有会计从业资格证书的专职人员，同时聘用一定数量相同条件的兼职从业人员；主管代理记账业务的负责人必须具有会计师以上专业技术资格；代理记账机构要有健全的代理记账业务规范和财务会计管理制度；机构的设立依法经过工商行政管理部门或者其他管理部门的核准登记。申请成立代理记账机构，必须经过县级以上财政部门审查批准，并领取由财政部统一印制的《代理记账许可证书》，才能从事代理记账业务。

根据规定，代理记账机构可以根据委托人的委托，办理下列业务：根据委托人提供的原始凭证和其他资料，按照国家统一会计制度的规定，进行会计核算，包括审核原始凭证、填制记账凭证、登记会计账簿、编制会计报表等；定期向政府有关部门和其他会计报表使用者提供会计报告；定期向税务机关提供税务资料；委托人委托的相关经济业务。

二、会计人员任职资格

1. 会计机构负责人的任职资格

会计机构负责人（会计主管人员）是指在一个单位内具体负责会计工作的中层领导人员。我国会计法对担任会计机构负责人应当具备的条件作出了相应的规定。根据规定,担任单位会计机构负责人(会计主管人员)的,除取得会计从业资格证书外,还应当具备会计师以上专业技术职务资格或者从事会计工作3年以上经历。

2. 会计人员从业资格管理

为加强会计人员从业资格管理,规范会计人员行为,《中华人民共和国会计法》规定:“从事会计工作的人员,必须取得会计从业资格证书。”财政部根据会计法授权,于2000年5月发布了《会计从业资格管理办法》,在总结以往会计管理工作经验和我国市场经济发展新需要的同时,于2005年1月22日以财政部第26号令的形式公布了新的《会计从业资格管理办法》,并自2005年3月1日起施行。新制定的《会计从业资格管理办法》的主要内容有:

(1) 会计从业资格证书的管理。会计从业资格证书的管理,主要按照属地原则,由县级以上财政部门会计管理机构按照属地原则管辖所辖范围内的会计人员从业资格管理。同时考虑我国国情和实际管理工作的需要,财政部又批准了个别中央业务主管部门负责所辖部门或系统的会计人员从业资格管理,包括发证、年检、继续教育等。除此之外的其他任何部门,未经财政部门授权或者许可,均不得从事会计从业资格证书的组织管理工作。

(2) 取得会计从业资格的条件。国家对会计从业资格实行考试制度。申请参加会计从业资格考试的人员,应当符合下列基本条件:遵守会计和其他财经法律、法规,具备良好的道德品质,具备会计专业基本知识和技能。

考试科目为:财经法规与会计职业道德、会计基础、初级会计电算化(或者珠算五级)。会计从业资格考试大纲由财政部统一制定并公布。申请人符合基本报名条件且具备国家教育行政主管部门认可的中专以上(含中专,下同)会计类专业学历(或学位)的,自毕业之日起两年内(含两年),免试会计基础、初级会计电算化(或者珠算五级)。

(3) 会计从业资格证书与会计人员继续教育的结合。会计人员继续教育是指取得会计从业资格的人员持续接受一定形式的、有组织的理论知识、专业技能和职业道德的教育和培训活动,从而保持和不断提高其专业胜任能力和职业道德水平。根据《会计从业资格管理办法》的规定,持证人员接受继续教育,每年参加继续教育培训不得少于24小时。

三、会计专业技术职务与会计专业技术资格

我国目前的会计人员专业技术职务包括:会计员、助理会计师、会计师、高级会计师。会计员和助理会计师为初级职务,会计师为中级职务,高级会计师为高

级职务。单位在岗位需要时，根据有关规定按照德才兼备的原则，从获得会计专业技术资格的会计人员中择优聘任。

会计专业技术资格分为初级资格、中级资格和高级资格三个级别。初级、中级会计资格的取得实行全国统一考试制度；高级会计师资格实行考试与评审相结合的制度。

高级会计师资格考试科目为《高级会计实务》，考试成绩达到国家合格标准，该成绩在全国范围内的高级会计师资格评审中三年有效。中级会计资格考试科目包括：《中级会计实务》、《财务管理》和《经济法》三个科目，参加考试的人员必须在连续两个考试年度内通过全部科目的考试。初级会计资格考试科目包括《初级会计实务》和《经济法基础》两个科目，参加考试的人员必须在一个考试年度内通过全部科目的考试。

参加会计专业技术资格考试的人员，除具备一定的基本条件外，报考不同档次会计专业技术资格的人员，还应具备报考相应档次资格的具体条件。

四、总会计师制度

总会计师是在单位主要领导人领导下，主管经济核算和财务会计工作的负责人。总会计师是一个行政职位，而不是会计人员专业技术职务。但是，总会计师必须是取得会计师任职资格后，主管一个单位或者单位内某重要方面的财务会计工作时间不少于三年的会计人员。

我国1985年颁布实施的会计法，首次以法律的形式明确了设置总会计师的要求，充分肯定了总会计师制度，从而大大推动了我国总会计师制度的发展。1990年12月，国务院发布了《总会计师条例》，条例结合我国改革的新形势、新要求，对总会计师的地位、职责、权限、任免与奖惩作了完整、全面、系统、具体的规定，使我国总会计师制度进入了一个全新的发展时期。目前，新修订的会计法第三十六条明确规定，“国有的和国有资产占控股地位或者主导地位的大、中型企业必须设置总会计师。总会计师的任职资格、任免程序、职责权限由国务院规定。”会计法的这一硬性规定，明确了凡是符合条件的单位，必须一步到位设置总会计师制度。不设置总会计师或者设置“副总会计师”搞过渡，都是违法行为，都要受到法律的制裁。

（一）总会计师的基本职责

（1）负责组织本单位的下列工作：编制和执行预算、财务收支计划、信贷计划，拟订资金筹措和使用方案，开辟财源，有效地使用资金；进行成本费用预测、计划、控制、核算、分析和考核，督促本单位有关部门降低消耗、节约费用，提高经济效益;建立、健全经济核算制度,利用财务会计资料进行经济活动分析;承办单位主要行政领导人交办的其他工作。

(2) 负责对本单位财会机构的设置和会计人员的配备、会计专业技术职务的设置和聘任提出方案;组织会计人员的业务培训和考核;支持会计人员依法行使职权。

(3) 协助单位主要行政领导人对企业的生产经营、行政事业单位的业务发展以及基本建设投资等问题作出决策;参与新产品开发、技术改造、科技研究、商品(劳务)价格和工资奖金等方案的制订;参与重大经济合同和经济协议的研究、审查。

(二) 总会计师的工作权限

(1) 对违法违纪问题的制止和纠正权。对违反国家财经法律、法规、方针、政策、制度和有可能在经济上造成损失、浪费的行为,有权制止或者纠正;制止、纠正无效时,提请单位主要行政领导人处理。

(2) 建立健全单位经济核算的组织指挥权。有权组织本单位各职能部门、直属基层组织的经济核算、财务会计和成本管理方面的工作。

(3) 对单位财务收支具有审批签署权。主管审批财务收支工作,除一般的财务收支可以由总会计师授权的财会机构负责人或者其他指定人员审批外,重大的财务收支必须经总会计师审批或者由总会计师报单位主要行政领导人批准。预算与财务收支计划、成本和费用计划、信贷计划、财务专题报告、会计决算报表必须经总会计师签署;涉及财务收支的重大业务计划、经济合同、经济协议等在单位内部必须经总会计师会签。

(4) 对本单位会计人员的管理权。会计人员的任用、晋升、调动、奖惩应当事先征求总会计师的意见;财会机构负责人或者会计主管人员的人选,应当由总会计师进行业务考核,依照有关规定审批。

(三) 总会计师的任职条件

根据《总会计师条例》规定,总会计师的任职条件具体包括以下几个方面:

(1) 坚持社会主义方向,积极为社会主义市场经济建设和改革开放服务;

(2) 坚持原则、廉洁奉公;

(3) 取得会计师专业技术资格后,主管一个单位或者单位内部一个重要方面的财务会计工作的时间不少于 3 年;

(4) 要有较高的理论政策水平,熟悉国家财经纪律、法规、方针和政策,掌握现代化管理的有关知识;

(5) 具备本行业的基本业务知识,熟悉行业情况,有较强的组织领导能力;

(6) 身体健康、胜任本职工作。

五、会计人员工作交接

会计工作交接，是会计工作中的一项重要制度，也是会计基础工作的重要内容。办理好会计工作交接，有利于分清移交人员和接管人员的责任，可以使会计工作前后衔接，保证会计工作顺利进行，防止账目不清、财务混乱。《中华人民共和国会计法》第四十一条规定："会计人员调动工作或者离职，必须与接管人员办清交接手续。""一般会计人员办理交接手续，由会计机构负责人（会计主管人员）监交；会计机构负责人（会计主管人员）办理交接手续，由单位负责人监交，必要时主管单位可以派人会同监交。"

（一）需要办理会计工作交接的情形

根据我国会计法的规定，会计人员调动工作或者离职，必须与接管人员办清交接手续。除此之外，会计人员临时离职或者因其他原因暂时不能工作的，都要办理交接手续。《会计基础工作规范》对此作了进一步的规定：

（1）临时离职或因病不能工作需要接替或代理的，会计机构负责人、会计主管人员或单位领导人必须指定专人接替或者代理，并办理会计工作交接手续。

（2）临时离职或因病不能工作的会计人员恢复工作时，应当与接替人员或代理人员办理交接手续。

（3）移交人员因病或其他特殊原因不能亲自办理移交手续的，经单位领导人批准，可由移交人委托他人代办交接，但委托人应当对所移交的会计凭证、会计账簿、会计报表和其他有关资料的合法性、真实性承担法律责任。

（二）会计工作交接的基本程序

1. 交接前的准备工作

会计人员工作调动或者因故离职，必须将本人所经管的会计工作全部移交接管人员。没有办清交接手续的不得调动或者离职。根据《会计基础工作规范》的规定，会计人员在办理交接之前必须做好如下准备工作：

（1）已经受理的经济业务尚未填制会计凭证的应当填制完毕。

（2）尚未登记的账目应当登记完毕，结出余额，并在最后一笔余额后加盖经办人员印章。

（3）整理应该移交的各项资料，对未了事项和遗留问题要写出书面说明材料。

（4）编制移交清册，列明移交凭证、账簿、会计报表、公章、库存现金、有价证券、支票簿、发票、文件、其他会计资料和物品等内容；实行会计电算化的单位，从事该项工作的移交人员应在移交清册上列明会计软件及密码、会计软件数据盘、磁带等内容。

(5) 会计机构负责人、会计主管人员移交时,应将财务会计工作、重大财务收支问题和会计人员的情况等向接替人员介绍清楚。

2. 移交点收

移交人员离职前必须将本人经管的会计工作,在规定的期限内,全部向接替人员移交清楚。接替人员应认真按照移交清册逐项点收。具体要求是:

(1) 库存现金要根据会计账簿记录余额进行当面点交,不得短缺。接管人员发现不一致或者“白条顶库存”现象时,移交人员在规定期限内负责查清处理。

(2) 有价证券的数量要与会计账簿记录一致。有价证券面额与发行价不一致时,按照会计账簿余额交接。

(3) 会计凭证、账簿、报表和其他会计资料必须完整无缺,不得遗漏。发现有短缺,必须查明原因,并在移交清册上注明,由移交人员负责。

(4) 银行存款账户余额要与银行对账单核对一致,如有未达账项,应与编制银行存款余额调节表调节相符;各种财产物资和债权债务的明细账户余额要与总账有关账户余额核对相符;对重要实物要实地盘点,对余额较大的往来账户要与往来单位、个人核对。

(5) 公章、收据、空白支票、发票、科目印章以及其他物品等必须交接清楚。

(6) 实行会计电算化的单位,交接双方应在电子计算机上对有关数据进行实际操作,确认有关数字正确无误后,方可交接。

3. 专人负责监交

根据我国会计法的规定,会计人员在办理交接手续时,必须有人监交,以起督促、公证作用。对监交的具体要求是:一般会计人员办理交接手续,由单位的会计机构负责人、会计主管人员负责监交。会计机构负责人、会计主管人员办理交接手续时,由单位领导人负责监交。当出现下列情况时,由上级主管部门派人会同监交:

(1) 所属单位领导人不能监交,需要由上级主管单位派人代表主管单位监交。如因单位撤并而办理交接手续等。

(2) 所属单位领导人不能尽快监交,需要由上级主管单位派人督促监交。如由上级主管单位责成所属单位撤换不合格的会计机构负责人、会计主管人员,所属单位领导人以种种借口拖延不办理交接手续时。

(3) 不宜由单位领导人单独监交,而需要上级主管单位会同监交。如所属单位领导人与办理交接手续的会计机构负责人、会计主管人员有矛盾,交接时需要上级主管单位派人会同监交。

(4) 上级单位认为存在某些问题需要派人会同监交的,也可以派人会同监交。

4. 交接后的有关事宜

(1) 会计工作交接完毕后，交接双方和监交人要在移交清册上签名盖章，并在移交清册上注明：单位名称，交接日期，交接双方和监交人的职务、姓名，移交清册页数及需要说明的问题和意见等。

(2) 接管人员应继续使用移交前的账簿，不得擅自另立账簿，以保证会计记录前后衔接，内容完整。

(3) 移交清册填制一式三份，交接双方各持一份，存档一份。

5. 移交后的责任

根据《会计基础工作规范》规定：移交人员对移交的会计凭证、会计账簿、会计报表和其他会计资料的合法性、真实性承担法律责任。移交人员所移交的会计资料是在其经办会计工作期间内发生的，应当对这些会计资料的合法性、真实性承担法律责任。即使接替人员在交接时因疏忽没有发现所接会计资料在合法性、真实性、完整性方面存在问题，但如果事后发现，仍应由原移交人员负责，原移交人员不应以会计资料已移交而推脱责任。

第四节　会计法规

会计法规是管理会计工作的各种法律、法令、条例、规则、章程、制度等规范性文件的总称。它是以一定的会计理论为基础，根据国家的财经方针、政策，将会计工作所应遵循的各项原则和方法用法规的形式肯定下来，保证会计工作按照一定的目标进行。

一、会计法规体系

会计法规体系是组织会计工作的依据。我国会计法规可分为三个层次：第一层次是基本法，即《中华人民共和国会计法》，它是我国会计工作的最高层次的规范，是指导会计工作的根本法，是制定其他会计法规的依据。该法由全国人民代表大会及其常务委员会经过一定的立法程序制定，以国家主席令颁布。第二层次是由国家最高行政管理机关——国务院制定并发布的有关会计工作行政法规，它是根据会计法的要求制定，通常以条例、办法、规定等具体名称出现。如《总会计师条例》、1993年实行的《企业会计准则》等。第三层次是国家统一的会计制度，由会计法明确赋予财政部制定的关于会计核算、会计监督、会计机构和会计人员以及会计工作管理的制度，如行业会计制度。

二、会计法

会计法是调整会计关系、规范会计活动的基本法。《中华人民共和国会计法》是我国会计工作的根本大法,是会计人员工作的规范,是会计工作的基本法规。1985年1月21日第六届全国人民代表大会常务委员会通过《中华人民共和国会计法(草案)》,自1985年5月1日起实施。1993年12月20日至29日,第八届全国人民代表大会常务委员会第五次会议又作出了《关于修改〈中华人民共和国会计法(草案)〉的决定》。修改后的会计法(草案)在一定程度上对加强会计工作、促进会计工作更好地为经济建设服务,起到了积极作用。但随着改革的深入、开放程度的扩大和社会主义市场经济的发展,会计法已难以适应经济发展的要求。针对一些地方和企业会计工作秩序混乱、管理失控,做假账问题十分突出,另一方面会计法对会计行为规范不够、约束不力的缺陷日益明显,1999年10月31日,中华人民共和国第九届全国人民代表大会常务委员会第十二次会议通过《中华人民共和国会计法》,自2000年7月1日起实行。

会计法全文共五十二条,分为总则、会计核算、公司和企业会计核算的特别规定、会计监督、会计机构和会计人员、法律责任及附则七章。

第一章"总则"主要内容包括:会计法的立法目的、适用范围、设账要求、单位负责人的基本职责、会计机构及会计人员的职责和权利、对会计人员的奖励、会计工作管理权限、会计制度制定体制。

第二章"会计核算"主要内容包括:会计核算的基本要求、会计核算的内容、会计年度、记账本位币、会计凭证、会计账簿、账目核对、会计处理方法、或有事项的披露、财务会计报告、会计记录文字、会计档案管理。

第三章"公司、企业会计核算的特别规定"主要内容包括:公司、企业的确认、计量、记录、会计要素的基本要求;公司、企业会计核算的禁止性规定。

第四章"会计监督"主要内容包括:单位内部会计监督制度、相关人员在单位内部会计监督中的职责、对违反会计法行为的检举、会计工作的社会监督、会计工作的国家监督。

第五章"会计机构和会计人员"主要内容包括:企业会计机构设置、总会计师的设置、会计机构内部稽核制度和内部牵制制度、会计人员从业资格、会计机构负责人的任职资格、会计人员业务培训与教育、会计人员调离与接管人员应办清的交接手续及交接手续的监交规定。

第六章"法律责任"主要规定了单位负责人、会计人员、财政及有关行政部门会计监管人员违反会计法应追究的行政及刑事责任。

第七章"附则"主要是对单位负责人、国家统一的会计制度进行了名词解释,规定了会计法的执行日期。

三、企业会计准则

会计准则是处理会计对象的标准，是会计核算的规范，也是评价会计工作质量的准绳。我国企业会计准则由财政部负责制定，分为基本会计准则和具体会计准则。基本会计准则主要对会计核算的一般要求和会计核算的主要方面作出原则性的规定，为具体会计准则和会计制度的制定提供依据。我国财政部于1992年11月发布了《企业会计准则》，1993年7月1日起施行，适用于设在中国境内的所有企业。《企业会计准则》是根据基本会计准则的要求，在确认、计量和报告某一会计主体的具体业务对财务状况和经营成果的影响时所应遵循的准则。1997年5月，我国发布了第一项具体会计准则《企业会计准则——关联方关系及其交易的披露》。

自《企业会计准则》发布十余年来，我国会计法律法规体系发生了巨大变化。随着我国加入WTO，市场的开放、非歧视和公平贸易原则的实施所带来的经济贸易自由化，使会计环境更趋复杂。为了适应新形势的需要，2006年2月15日，中华人民共和国财政部制定、发布了企业会计准则体系，于2007年1月1日起施行。完善后的我国企业会计准则体系由39项会计准则构成，分两个层次，第一层次为基本准则，第二层次为具体会计准则。基本准则在整个准则体系中起统驭作用，主要规范会计目标、会计基本假设、会计基本原则、会计要素的确认和计量等；内容包括：① 总则；② 会计信息质量要求；③ 关于会计要素准则的规定；④ 会计计量属性的规定；⑤ 财务会计报告的规定。

具体会计准则是按照基本会计准则的内容要求，针对各种经济业务作出的具体规定。它的特点是操作性强，可以根据其直接组织该项业务的核算。具体会计准则分为一般业务准则、特殊行业的特定业务准则和报告准则三类。

(1) 一般业务准则主要规范各类企业普遍适用的一般经济业务的确认和计量，如存货、固定资产、投资、无形资产、资产减值、借款费用、收入、外币折算等准则项目。

(2) 特殊行业的特定业务准则主要规范特殊行业中特定业务的确认和计量，如石油天然气开采、农业、金融工具和保险合同等准则项目。

(3) 报告准则主要规范普遍适用于各类企业通用的报告类的准则，如库存现金流量表、合并财务报表、中期财务报告、分部报告等准则项目。

新会计准则体系包括1项基本准则和38项具体准则，涵盖了各类企业各项经济交易，与国际财务报告准则实现了充分趋同，是我国会计核算制度的一项重大改革,具有里程碑式的意义。

四、会计制度

会计制度是指根据会计法和会计准则所制定的具体的规章、方法、程序等。会计制度主要包括:会计工作的基本规则,会计凭证的填制和审核,会计科目的设置及其核算内容,账簿组织和记账方法,会计事务处理方法程序,成本计算方法,财产清查方法,会计报表的格式、内容及其编报和审批程序,会计资料的分析和利用,会计检查的方法和程序,会计监督的形式和方法,会计档案的管理,会计工作的组织和管理,会计人员的职责和权限等。

2000 年 12 月 29 日财政部颁布了《企业会计制度》,并规定从 2001 年 1 月 1 日开始在股份有限公司范围内执行。该会计制度的制定依据是会计法、企业会计基本准则和具体准则。其主要内容包括两部分:

(1) 企业会计制度。本部分通过 14 个方面的内容说明会计处理的具体原则和处理方法。① 总则;② 资产;③ 负债;④ 所有者权益;⑤ 收入;⑥ 成本和费用;⑦ 利润和利润分配;⑧ 非货币性交易;⑨ 外币业务;⑩ 会计调整;⑪ 或有事项;⑫ 关联方关系及其交易;⑬ 财务会计报告;⑭ 附则。

(2) 会计科目和会计报表。会计制度中规定了企业进行会计核算时应设置的会计科目以及每一会计科目核算的内容,以便规范会计行为。会计制度中规定了企业财务会计报告的编制基础、编制依据、编制原则和方法。

第五节　会计档案

一、会计档案的概念和内容

会计档案,是指会计凭证、会计账簿和会计报表等会计核算专业材料,是记录和反映经济业务的重要史料和证据。会计档案是国家档案的重要组成部分,也是各单位的重要档案之一。其内容包括以下四个方面:

(1) 会计凭证类,包括自制原始凭证、外来原始凭证、汇总原始凭证或原始凭证汇总表、记账凭证、记账凭证汇总表、其他会计凭证等。

(2) 会计账簿类,包括总分类账、明细分类账,库存现金日记账、银行存款日记账,固定资产卡片及各种辅助登记备查账簿等。

(3) 财务报告类。包括月报、季报、年度财务会计报告。

(4) 其他会计核算资料。包括银行存款余额调节表,银行对账单,会计档案移交清册、会计档案保管清册、会计档案销毁清册和其他应当保存的会计核算专业资料。

二、会计档案的管理

会计档案是重要的经济档案资料。《中华人民共和国会计法》对会计档案管理提出了原则性要求：各单位对会计凭证、会计账簿、财务会计报告和其他会计资料应当建立档案，妥善保管。会计档案的保管期限和销毁办法，由国务院财政部门会同有关部门制定。1998 年 8 月，财政部、国家档案局联合发布了修订后的《会计档案管理办法》，对单位会计档案的管理作了具体规定。

1. 会计档案的归档

各单位的会计人员应根据国家和上级关于会计档案管理办法的规定和要求，对本单位的各种会计档案定期收集、审查核对、整理立卷、编制目录、装订成册，并编制会计档案保管清册。当年形成的会计档案，可暂由会计机构保管一年，一年期满后应当全部移交给单位的档案管理部门。对未设档案管理部门的单位，会计档案应由会计机构继续保管，并指定专人负责。会计机构保管会计档案的专职人员，不得由单位出纳担任。移交本单位档案机构保管的会计档案，原则上应当保持原卷册的封装，个别需要拆封重新整理的，档案机构应当会同会计机构和经办人员共同拆封整理，以分清责任。

2. 会计档案的查阅

单位应当设置会计档案归档登记簿、档案目录登记簿、档案借阅登记簿，严防毁坏损失、散失和泄密。会计档案为本单位提供查阅利用，不得借出，如有特殊需要，经本单位负责人批准，可以提供查阅或复制。外部人员查阅会计档案，应持单位正式介绍信，经本单位负责人批准后，方可办理查阅手续。查阅人员应认真填写档案查阅登记簿，查阅或复制时，不得在案卷中涂画、标记、拆散原卷册，也不得抽换。

3. 会计档案的保管期限

各种会计档案的保管期限，根据其特点，分为永久、定期两类。永久，是指会计档案须永久保存；定期保管期限分为 3 年、5 年、10 年、15 年和 25 年等五档。各种会计档案的保管期限，从会计年度终了后的第一天算起。保管期满后，各单位按规定销毁会计档案时，应由档案部门和财务会计部门共同派员监销，任何人不得随意销毁。各类会计档案的具体保管期限按照《会计档案管理办法》的规定执行，参见表 14－1。

表 14－1 企业会计档案保管期限

会计档案名称	保管期限	备 注
一、会计凭证类		
1. 原始凭证、记账凭证和汇总记账凭证	15 年	
其中:涉及外事和其他重要事项的会计凭证	永久	
2. 银行存款余额调节表	5 年	
二、会计账簿类		
1. 日记账	15 年	
其中:现金和银行存款日记账	25 年	
2. 明细账	15 年	
3. 总账	15 年	包括日记总账
4. 固定资产卡片		固定资产报废后保存 5 年
5. 辅助	15 年	
6. 涉及外事和其他重要事项的会计账簿	永久	
三、会计报表类		
1. 月季会计报表	3 年	
2. 年度会计报表(决算)	永久	
四、其他类		
1. 会计移交清册	15	
2. 会计档案保管清册	永久	
3. 会计档案销毁清册	永久	

知识扩展

2006 年修订后的《企业会计准则》体系包含 39 项会计准则,它们分别是哪些准则?我国企业会计改革自 1992 年拉开帷幕,十几年来会计改革成果显著。请搜集资料,了解我国会计改革的进程,并认真研读《中华人民共和国会计法》、《会计基础工作规范》,谈谈作为会计人员要严格遵循法规制度要求,不断进行知识更新、不断进取的体会。

第十五章　会计电算化

【学习要点】

1. 会计电算化发展阶段的划分。
2. 会计电算化系统开发的环节。
3. 通用电算化会计信息系统的构成。

第一节　会计电算化概述

一、会计电算化的发展

会计电算化是指将电子计算机为主体的当代电子信息技术手段与会计活动相结合，具体涉及会计软件的开发与应用、电算化人才的培训、发展规划、制度建设，以及会计软件市场的培育和发展等内容。

1946 年 2 月，世界上第一台电子计算机“ENICA”在美国宾夕法尼亚大学工学院研制成功，实现了 20 世纪一项划时代的发明，推动计算机在社会经济生活中的广泛应用。1954 年，美国通用电器公司利用电子计算机计算职工薪金，开创了利用计算机进行会计数据处理之先河。此后，随着电子计算机硬件技术和软件开发技术的不断发展，计算机在会计活动中的应用不断发展，主要经历了以下几个阶段。

（一）单项会计核算阶段

早期计算机在会计工作中的应用主要集中在那些计算方法明确、重复次数多、数据量特别大的会计核算项目上，如工资的计算、库存材料的收发等。由于业务内容单一，只要编写一组简单的程序就可以实现处理业务的功能，并且使工作效率显著提高。但计算机综合数据处理的能力未能得到发挥。

（二）综合数据处理阶段

这一阶段，会计电算化由单一的核算项目发展到计算机替代大部分手工核算工作,实现了凭证输入、记账以及报表输出等综合数据处理。但以单机核算为主的组织形式存在数据共享差、输入输出瓶颈等缺陷。

(三)会计信息系统或企业管理信息系统阶段

随着网络技术和软件技术的进步,企业建立和应用全面的信息系统成为可能,会计电算化发展成为建立企业管理信息系统的一个重要部分,逐步与其他子系统信息共享,形成具有预算管理、往来管理、自动对账和向管理者提供更为综合的信息的能力。但这一阶段由于没有统一的标准,系统与银行、税务、主管部门等企业外部数据接口方面存在一定程度的数据交换障碍。

(四)决策支持系统阶段

决策支持系统阶段是目前会计电算化发展的最高阶段,系统已由日常业务管理型发展成为由大型数据库、分析方法库和决策模型库等构成的决策支持型,能够帮助管理者解决具有多样化和不确定性的决策问题。但在企业全面实现了电算化,网络运用迅速普及的当今,要实现会计信息网络披露,仍存在许多安全方面的问题,需要技术和理论上的突破。

二、会计电算化对会计发展的影响

会计电算化对会计发展具有深刻的影响,主要表现在以下方面。

(一)会计数据处理方式和信息加工手段的改变

大量的数据计算、登账由手工变为电脑计算,大大减轻了会计人员在简单计算和记账方面的工作量,增强了数据处理的及时性和准确性,使会计核算工作效率和工作质量大大提高。

(二)会计信息的存储、使用、传递要求发生变化

会计信息存储方式由纸张记载存储变为磁性介质存储,数据的检索、生成和利用随之改变。由于计算机强大的信息分类处理能力,企业管理者可以通过网络直接生成和查阅需要的各种信息,提高了会计信息的质量和利用效率。

(三)促进会计工作重心的改变

计算机的应用,使会计人员从繁重的核算事务中解脱出来,有了更多的时间和精力从事财务管理工作,预测分析、预算控制、决策分析在企业理财中越来越重要,成为财会人员的重要工作内容。由于技术手段的进步,使得财务分析方法得到更广泛的应用。

(四)推动会计理论和技术的发展

会计电算化的发展,使电子计算机技术、网络技术与会计密切结合,为会计理论研究和技术应用开拓了新的领域。信息论、控制论、系统论等一系列新的理

论成果应用于会计活动之中，互联网使用的普及为信息的传递提供了新的手段。会计如何适应日新月异的科技变革，是摆在所有会计理论与应用研究者面前的重要课题，企业会计岗位设置、会计数据的采集、加工处理方式、内部控制制度的建立、计算机审计、会计信息披露方式等一系列问题都需要进一步研究解决。

三、会计电算化工作组织

我国是由财政部负责管理全国的会计电算化工作，其主要任务是研究制定全国会计电算化发展规划并组织实施；制定全国统一的会计电算化管理制度、规范及专业标准并组织实施；组织会计软件的部级评审；进行会计电算化人员的培训、考核管理；组织会计电算化经验交流、理论研究；进行其他全国性的会计电算化综合管理工作。财政部制定颁布的会计电算化的相关文件有：1994 年的《关于大力发展我国会计电算化事业的意见》、《会计核算软件基本功能规范》和《会计电算化管理办法》、1996 年的《会计电算化工作规范》。

地方各级财政部门管理本地区的会计电算化工作。具体研究制定会计电算化发展规划并组织实施；制定会计电算化管理规章及专业标准、规范，并组织实施；评审会计核算软件，引导会计核算软件质量不断提高；会同有关部门管理会计软件市场；组织和管理会计电算化人才培训工作；总结、交流、推广会计电算化经验，指导基层单位开展会计电算化工作。

各级业务主管部门在财政部门的指导下，制定本部门的会计电算化发展规划、管理制度及标准并组织实施；组织适合本行业特点的会计软件的开发、推广及使用管理工作；开展行业内会计电算化人员培训管理及各单位会计电算化的日常管理和指导工作。

企业开展会计电算化工作则根据企业规模、拟建立系统等情况的不同，采取不同的组织领导：如可以采取由财务部门负责人领导，完全由财务部门负责组织电算化会计信息系统的开发或者选购商品化财务软件，负责使用管理和维护；也可以采取由单位负责人或总会计师领导，建立以会计信息系统为中心的企业管理信息系统，实行统一规划，集中管理，提高数据的共享性和应用效果。

企业自行开发或委托开发会计电算化软件具有较强的针对性和适应性，但投资大、成本较高。随着商品化软件市场逐步完备，企业越来越多地选择适用的商品化软件，投资少、见效快。

开展会计电算化的企业要根据自身业务需要设置会计工作岗位，岗位可分为基本会计岗位和电算化会计岗位。基本会计岗位主要包括会计主管、出纳、业务核算(制单)、稽核、会计档案管理等。电算化会计岗位是指直接管理、操作、维护计算机及会计软件系统的工作岗位,主要有系统管理员、系统维护员、系统操作员。其中,系统管理员一般由会计主管兼任,系统操作员则由基本会计岗位人员根据业务内容与管理要求由系统管理授予相应的操作权限。

第二节　电算化会计信息系统的开发

实现会计电算化的关键因素是软件的开发和人员的培养。会计电算化发展的早期主要表现为应用软件开发缓慢、周期长,不能满足企业经济业务发展的需要。随着软件开发技术和理论的不断发展,会计软件种类不断增多,功能也越来越完善。良好的界面更受用户的喜爱,对话引导式操作更加便捷,二次开发使软件应用更具灵活性。软件的开发主要包括三个环节:系统分析、系统设计和系统实施。

一、系统分析

系统分析是软件开发的第一个阶段,这一阶段的工作内容是提出并确定系统开发的目标和任务,进行初步调查,分析系统开发的可行性,进行详细调查,运用结构化分析方法,绘制业务流图和数据流图,建立数据字典及功能说明,得到系统的逻辑模型。系统分析形成的最终成果是系统说明书,可称需求说明书。

1. 初步调查

初步调查又称环境调查,是概括性地调查用户的业务状况、技术环境和对系统的要求。具体包括:

(1) 调查企业组织机构、经营目标、管理体制、规模、生产能力、经营特点、经济效益、发展前景;企业领导及财会人员对会计电算化的认识和态度;企业会计组织机构、人员分工、业务素质、财会基础工作、主要业务流程;管理水平、数据处理量、与其他部门的联系以及存在的问题和缺陷;企业可能投入的人力、物力和财力等情况。

(2) 调查企业外部环境,与主管部门、其他企业的联系,以及外部存在哪些制约因素。

2. 可行性分析

在初步调查之后,要根据掌握的情况,进行系统开发的可行性分析。包括:

(1) 技术可行性分析。系统开发要求的硬件和软件技术条件是否已经具备,在现有技术条件下是否能够实现系统开发的目标。如果软硬件条件具备,才可考虑开发；如软硬件条件尚不具备，则应当对这样的系统暂缓开发，等待条件具备后再予以分析。

(2) 经济可行性分析。对系统的成本效益关系进行估算，全面衡量系统开发费用，使用维护费用，投入使用后的直接收益、间接收益，充分考虑资金预算的合理性，确保不会给企业造成过大的财务负担，投资回收期短。

(3) 运行可行性分析。电算化会计信息系统是一个人机系统，要能够有效运行，既要具备硬件和软件条件，又要有相应的人员配备，不仅要求人员的构成和素质要符合要求，还要求相关人员，特别是主管部门、税务、银行等方面的认同。

经过研究，提出可行性分析结论：各方面条件具备的，可予以开发；否则就要修改目标开发、暂缓或放弃开发。

3. 详细调查

详细调查的目的是了解现行系统的机构、管理范围、业务内容、工作流程、核算和管理方法、业务量以及用户对电算化会计信息系统的要求。具体包括：调查企业会计业务内容及处理流程，弄清数据的来源、计算方法、处理时间、信息的形态、传递过程及去向，绘制业务流程图（如图 15－1）。

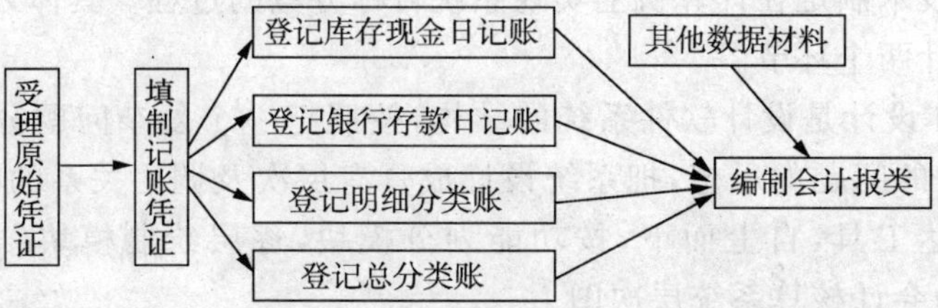

图 15－1 账务处理业务流程图

4. 绘制数据流图

数据流图是运用一系列专门图形符号描述数据在系统内部的逻辑流向，表达系统逻辑功能、数据的逻辑变换和存储，形象表达新系统的逻辑模型，进行结构化系统分析的主要表达工具。如图 15－2 所示的账务处理第 0 层数据流图，带箭头的线表示数据流向，圆圈表示加工处理，平行线表示数据存储。

5. 系统分析说明书

系统分析说明书是系统分析环节最终形成的书面文件。系统说明书在经过严格的反复审查，确定完全实现系统开发的目标之后，进入系统开发的下一阶段。系统分析说明书的主要内容包括：

(1) 系统的概况、目标和范围说明。

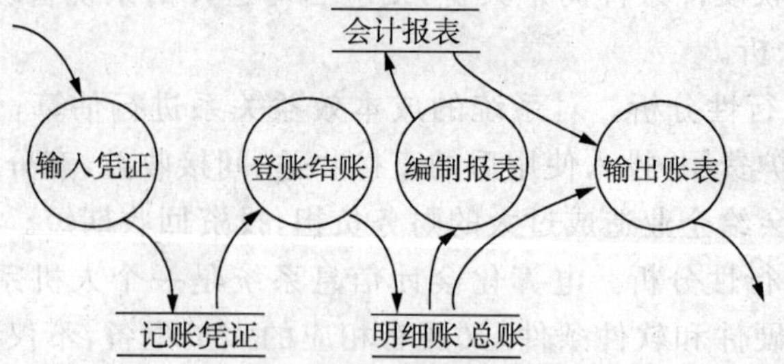

图 15-2 账务处理第 0 层数据流图

(2) 数据描述与分析,提供数据流图、数据字典、数据请求和存取分析等。

(3) 系统功能的描述。

(4) 系统应达到的主要技术指标描述。

(5) 其他需要说明的问题。

二、系统设计

系统设计也叫物理设计,是根据系统分析所确定的系统逻辑模型,运用计算机数据处理技术制定在计算机上实现系统目标方案的过程。具体划分为总体设计和详细设计两个环节。

(1) 总体设计是设计软件系统的结构,按照把一个复杂问题分解为若干小的、容易解决的问题的思想,把系统设计成具有层次及调用关系的模块结构,运用专门的表达工具,自上而下,按功能划分模块,逐层绘制模块结构图。如图15-3所示为会计核算系统层次图。

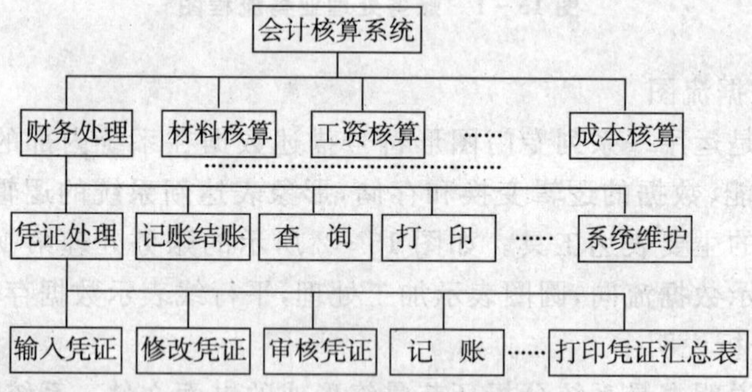

图 15-3 会计核算系统层次图

(2) 详细设计是详细描述模块的处理过程,主要包括代码设计、输出设计、输入设计、对话设计、数据库设计等内容。

三、系统实施

系统实施是系统开发的最后一个阶段，具体实现新系统的物理模型。这一阶段要投入大量的人力、财力、物力和时间，配置系统硬件、软件，进行人员培训、程序设计，进行模块的安装调试，收集数据，开展系统测试、试运行和系统评价。

第三节 电算化会计软件的应用

一、选择计算机的运行环境

计算机运行环境是运行会计软件所需要的硬件和软件条件的总称。硬件环境是指配置的计算机及相应外设，软件环境则是指系统软件、工具软件及常用的相关应用软件等。计算机硬件配置结构的不同所形成的会计电算化系统的特点也不同。

（一）单机结构

单机结构是指整个系统中只配置一台计算机和相应的外设。其特点是：数据的一致性好，但数据集中输入输出，同一时刻只能供一个用户使用，存在输入输出瓶颈问题。适用于会计核算业务量小的中小企业。

（二）多机松散结构

多机松散结构是系统中配备多台计算机，各自完成所安装的功能模块的核算，相互之间不能直接交换和共享数据。这种结构解决了输入输出的瓶颈问题，提高了处理速度，但数据共享性差，降低了整个系统的综合处理性能。适用于早期分模块自行开发系统的企业。

（三）多用户结构

这种结构的系统中配备一台计算机主机和多个终端，各终端可同时输入数据，由主机集中进行处理，使得数据输入输出瓶颈问题、数据共享性问题都得到了解决。但这种联机结构受到传输信号衰减的影响，不能满足在离主机较远处设置终端的需要，具有一定的局限性。只适用于终端分布相对集中的企业。

（四）网络结构

运用网络通信技术将多台计算机连接起来，实现相互通讯、交换信息、资源共享。其中一台主机作为服务器，其他计算机同时具有独立处理信息的能力。通过合理分配任务，共同完成数据输入、数据处理、数据输出等工作，具有可靠性强、易于维护、传输速度快的特点，但安全性不如多用户系统。适用于大中型企业或企业集团。

二、会计电算化软件的取得方式

(一) 自行开发

企业自行组织相应技术人员,提供设备、资金、场地,进行软件开发,软件具有较好的针对性,适用性强,便于操作。但投资大、周期长、更新换代难度大,难以保持技术上的先进性。

(二) 委托开发

委托开发软件也具有较好的针对性和适用性,相对于自行开发投资小,但也存在周期长、难以更新换代和技术上的先进性不够等缺点。

(三) 选购通用化软件

购买通用化商品软件具有实施快、成本低、质量高、维护有保障等优点;不足之处是软件的针对性不强,不一定完全满足企业管理的需要。因此,结合自身业务特点选购会计软件应注意以下几点:第一,是否通过省级或以上财政机关组织的评审;第二,操作是否简单方便;第三,安全性是否可靠;第四,软件使用手册是否完整和通俗易懂;第五,售后服务是否有保障。

三、通用电算化会计信息系统的构成

通用电算化会计信息系统按结构化设计开发思想划分为多个子系统,子系统的多少则因开发的公司以及系统功能的不同而有所不同。每个子系统处理特定的信息,各子系统之间通过信息传递和数据核对而相互作用,构成完整的会计信息系统。

目前,通用会计软件一般划分为账务处理子系统、报表子系统、决策分析子系统和若干单项核算子系统。

(一) 账务处理子系统

账务处理子系统是电算化会计信息系统中的一个主要子系统,通过记账凭证的形式,进行数据的输入,一般包含会计科目等初始设置、记账、结账、银行对账、凭证账簿查询打印、系统服务和数据管理等功能。

(二) 工资核算子系统

工资核算子系统输入职工个人工资原始数据,完成工资的计算,根据设置进行工资费用的计算分配,自动编制工资费用分配转账凭证,计算个人所得税费用,查询、统计和打印各种工资表。

(三) 固定资产核算子系统

固定资产核算子系统主要是存储和管理固定资产卡片,进行增加、删除、修改、查询、打印、统计与汇总。进行固定资产增减变动的核算,可自动登记固定资产明细账，更新固定资产卡片，完成计提折旧并自动完成转账凭证填制，自动转入账务处理子系统。

（四）材料核算子系统

材料核算子系统根据有关凭证进行材料采购核算，可按计划价或实际价进行材料收、发、存的核算，自动根据设置编制材料费用分配转账凭证，自动计算分配材料成本差异，编制转账凭证，并且自动传递给账务处理子系统。查询、统计和打印上个月材料账表的功能。

（五）往来账款核算子系统

往来账款核算子系统主要根据应收、应付业务的有关凭证，进行应收、应付业务的登记、核销等工作，动态反映各往来客户的信息，自动编制相关记账凭证并传递给账务处理子系统。生成应收、应付账款明细账，同时还可进行账龄分析和坏账的估计，根据设置，自动进行坏账的会计处理。

（六）产品销售核算子系统（或商品进销存核算子系统）

产品销售核算子系统根据有关销售凭证及销售费用单据采集数据，完成产品收、发、存核算，计算销售收入、销售费用、销售税金、销售利润，进行合同辅助管理，生成产品成本收、发、存汇总表和销售明细账，具有查询、统计和打印各种账表的功能。

（七）成本核算子系统

成本核算子系统可根据核算要求和设置，计算全部生产费用支出和产品的总成本、单位成本，打印输出规定的成本表，为成本分析、成本控制、利润核算提供成本数据。

（八）报表处理子系统

报表处理子系统是会计信息系统的另一重要模块，根据报表编制要求和设置完成会计报表的编制和汇总，可生成各种报表，并可根据报表数据生成各种分析图形。

（九）财务分析子系统

财务分析子系统能够利用会计核算数据进行分析和辅助管理，进行比率分析、结构分析、对比分析和趋势分析；为企业领导提供决策所需要的指标、数据，并能够按要求进行数据的加工处理。

四、会计软件运行管理

（一）企业实现会计电算化的基本程序

1. 人员配备和岗位培训

企业要根据业务需要，将基本会计岗位和电算化会计岗位相结合，设置相应的工作岗位。目前根据会计人员管理规定,各岗位电算人员上岗之前必须经过适当的培训,获得电算化初级合格证书。

2. 基础工作和业务准备

会计电算化应用具有程序性强、规范化要求高的特点。因此,首先要对会计科目及有关核算内容的编码加以确定,充分考虑编码的相对稳定性和可扩展性;其次,要对业务处理的流程进行规划,确保系统数据采集及时准确;第三,要核对账目,对将录入系统的数据加以整理,做到手续清楚严密。

3. 初始化工作

初始化工作是对会计软件系统进行初始设置的过程。主要包括系统参数设置(设置核算单位、账套、启用日期、编码规则),设置凭证类别,设置会计科目,输入期初余额,设置自动转账分录及各子系统核算项目,并输入相应数据。最后进行初始化工作检查,通过检查后才能试运行。

4. 日常运行

会计电算化系统试运行阶段必须与手工系统并行,两者各自独立地进行会计凭证的处理,登记账簿,进行成本计算,编制会计报表。

5. 甩账

当企业电算化系统与手工系统并行一段时间,运行稳定,且会计数据与手工系统保持一致的,企业可以提供相应的文档资料,向主管财政部门申请甩账,即停止手工会计核算系统,只使用电算化会计系统进行企业会计核算。

申请甩账的单位,应当具备以下基本条件:

(1) 使用的会计核算软件达到财政部发布的《会计核算软件基本功能规范》的要求。

(2) 配有专门或主要用于会计核算工作的电子计算机或电子计算机终端,并配有熟练的专职或者兼职操作人员。

(3) 电算化会计系统核算与手工会计核算同时运行三个月以上,取得相一致的结果。

(4) 有严格的操作管理制度。主要内容包括:① 操作人员的工作职责和工作权限;② 预防原始凭证和记账凭证等会计数据未经审核而输入计算机的措施;③ 预防已输入计算机的原始凭证和记账凭证等会计数据未经核对而登记入账的措施;④ 必要的上机操作记录制度。

(5) 有严格的硬件、软件管理制度。主要内容包括:① 保证机房设备安全和电子计算机正常运转的措施;② 会计数据和会计核算软件安全保密的措施;③ 修改会计核算软件的审批和监督制度。

(6) 有严格的会计档案管理制度。

（二）会计电算化的日常管理

企业实施会计电算化，必须落实岗位责任制，健全内部控制制度，严格日常管理，建立、健全操作规范，确保系统稳定运行和财务数据的安全。

1. 密码管理

用户名和密码是系统进行操作控制的关键，是系统识别操作人员身份的唯一标志，操作人员一经授权，不得向其他任何人泄露密码。每隔一段时间，操作人员应修改更新密码，防止同一密码长期使用发生泄露。

2. 数据管理

账套数据应按期及时做好备份，同一数据至少做双备份，且应当分开保管，做好防火、防水、防磁和防盗，定期对备份数据进行检查。为保证会计数据的安全，一般应定期打印有关凭证、账、表，按照会计档案保管的相关规定做好归档保管。

3. 病毒管理

计算机病毒随着通信技术的发展而广泛传播，危害越来越大，轻者会占用系统资源，降低系统运行速度，重者则可能破坏系统中的程序、数据，甚至破坏硬件。因此，加强病毒管理是日常管理的重要内容：第一，必须安装必要的防毒软件，定期对整个系统进行查杀病毒；第二，禁止使用来历不明的磁盘及其他设备；第三，严禁工作人员在电算化系统计算机上玩游戏或运行其他无关程序。

知识扩展

网络技术在会计领域的应用与发展，使会计电算化进一步跨越到会计信息化阶段。网络财务是一种充分利用网络资源，将会计处理和财务管理有效结合起来的管理模式，网络财务与传统会计电算化不同的关键在于利用网络进行财务管理。网络技术大大提高了会计工作的效率，但同时由于网络的开放性、数据存储介质的脆弱性等特点，给会计信息系统的安全带来了隐患，病毒、黑客、软件自身的缺陷都会使用户的信息安全受到威胁。网络财务作为电算化环境下的新型管理模式，如何保证会计信息的安全性和保密性？请谈谈你的看法。

第十六章　内部控制

【学习要点】

1. 内部控制的演变。
2. COSO 报告。
3. 内部控制要素。
4. 内部控制目标。
5. 内部控制方法体系。

第一节　内部控制概述

一、内部控制的演变

内部控制伴随着企业的发展而逐步发展。1949 年,美国注册会计师协会(AICPA)下属的审计程序委员会(CAP)在《内部控制:协调制度要素以及对管理当局和独立公共执业会计师的重要性》专题报告中,对内部控制作了如下定义:“内部控制包括组织机构的设计和企业内部采取的所有协调方法和措施,旨在保护资产,检查会计信息的准确性和可靠性,提高经济效率,促进既定管理政策的贯彻执行。”内部控制理论经历逐步演变、发展的过程,形成了内部牵制制度、内部控制系统、内部控制结构、内部控制整体框架等一系列不同的理论范畴。

(一) 内部牵制制度

早期的内部控制实践主要表现为内部牵制,在组织中凡涉及财物和资金的收付、结算及其登记的任何一项工作,规定由两人或两人以上分工掌管,以起到相互制约作用的一种制度。岗位分离、相互核对是内部牵制的主要内容,通常划分为实物牵制、物理牵制、分权牵制和簿记牵制。实践证明,两个或两个以上的人或部门分工协作完成一项工作任务,有利于防止失误,及时纠正差错。实行内部牵制主要是为了加强工作人员间的相互核对、相互制约,防止发生错弊。作为一种实用有效的内部控制方法，直到现在仍被广泛应用。

（二）内部控制系统

内部控制系统是指管理阶层为了使本单位业务有秩序、有效率地进行，确保管理政策被严格遵守，维护各项资产的安全，以及竭力为获取完整和准确的记录所建立的财务和其他方面的一整套控制体系。1953 年，美国注册会计师协会下属的审计程序委员会在颁布的《审计程序说明》中，将内部控制划分为会计控制和管理控制。

会计控制由组织计划和所有保护企业资产完整，保护会计信息的可靠性，以及与此直接有关的方法和程序构成。它包括授权与批准制度，记账、编制财务报表、保管资产等职责的分离，财产事务控制以及内部审计等。例如，企业由不具体经管库存现金和签发支票的会计人员编制银行存款调节表，就是一种内部会计控制，通过这种控制，可及时发现货币资金使用和记录中的问题，以保证会计记录和会计报表的真实性与可靠性。

管理控制是由组织计划和所有提高经营效率、保证管理部门所制定的各项政策得到贯彻执行或与此直接有关的方法和程序构成，具体包括统计分析、动态研究、经营报告、雇员培训计划和质量控制等。例如，企业单位的内部人事管理和技术管理等就属于内部管理控制。

简而言之，内部会计控制系统是指那些对会计业务、会计记录和会计报表的真实性与可靠性有直接影响的内部控制体系。而内部管理控制系统是指那些对会计业务、会计记录和会计报表的真实性与可靠性没有直接影响的内部控制程序和方法。注册会计师主要关注内部会计控制，如果独立审计人员认为某些内部管理控制可能对财务记录的可靠性有影响，可以考虑评价管理控制。

（三）内部控制结构

1988 年，美国注册会计师协会发布第 55 号《审计准则说明书》（SAS No. 55），提出“内部控制结构”的概念，认为“企业内部控制结构包括为合理保证企业特定目标的实现而建立的各种政策和程序”，并确立了内部控制结构的三要素——控制环境、会计系统和控制程序。

控制环境，是指对企业控制的建立和实施有重大影响的一组因素的统称，包括管理理念和经营方式、组织结构、董事会、授权和分配责任的方式、管理控制方法、内部审计、人事政策与实务等。

会计系统，是指公司为汇总、分析、分类、记录、报告业务处理的各种方法和记录，包括文件预先编号、业务复核、定期调节等。

控制程序，是指为合理保证公司目标实现而建立的政策和程序，包括适当的授权、恰当的职责分离、充分的凭证，以及记录资产和记录的实物控制、业务的独立检查等。

(四) 内部控制整体框架

1985 年,美国注册会计师协会(AICPA)、美国会计协会(AAA)、财务主管协会(FEI)、国际内部审计师协会(IIA)、管理会计师协会(IMA)联合创建了美国反虚假财务报告委员会,该委员会旨在探讨财务报告中舞弊产生的原因,并寻找解决措施。基于该委员会的建议,成立了美国反虚假财务报告全国委员会的发起组织委员会(Committee of Sponsoring Organization of the Treadway Committee, COSO),专门研究内部控制问题。1992 年 9 月,COSO 委员会提出了研究报告《内部控制——整体框架》(1994 年进行了增补),即 COSO 内部控制框架,这是迄今为止对内部控制最全面的论述。该框架指出,"内部控制是受企业董事会、管理层和其他人员影响的,为经营的效率效果、财务报告的可靠性、相关法规的遵循性等目标的实现而提供合理保证的过程。"

二、我国内部控制发展现状

长期以来,我国内部牵制制度有着广泛的应用。进入 20 世纪 90 年代,随着我国经济体制改革和经济发展的需要,我国对内部控制的研究逐渐深入,在借鉴国外理论成果的基础上,开始大力推行企业内部控制。1997 年 5 月,中国人民银行颁布了《加强金融机构内部控制的指导原则》,它是我国第一个关于内部控制的行政规定。1996 年 12 月,财政部发布《独立审计具体准则第 9 号——内部控制和审计风险》(于 1997 年 1 月 1 日起施行),对内部控制的定义、内容等作了规定。2001 年 6 月,财政部颁布《内部会计控制规范——基本规范(试行)》,同时还颁布了《内部会计控制规范——货币资金(试行)》。至今已陆续颁布了采购与付款、销售与收款、工程项目、担保、对外投资等共七项规范,并将逐步对基本规范中所涉及的其他方面制定相应的规范。企业界人士和注册会计师事务所对内部控制的关注越来越多,正推动我国内部控制理论研究快速发展。

三、内部控制的目标

COSO 报告作为目前对企业内部控制研究最全面、影响最大的理论成果,对内部控制的目标描述如下:第一,提高经营效率,取得好的经营效果;第二,合理保证财务报告的可靠性;第三,遵循有关法规制度。这一论述较全面地涵盖了企业内部控制所应达到的目标,尽管目前作为对以财务信息为主的企业信息真实、公允和合法性发表意见的审计似乎还难以对企业管理控制进行有效评价,然而这也恰好为审计的发展提供了广阔的空间。

内部控制由企业若干具体的政策、制度、方法和程序所组成，渗透于企业经营活动的各个方面和各个层次。首先，使组织保持有效的运作，人、财、物合理配置，实现节约资源，保证资产的安全，降低消耗，提高收益水平；其次，企业经营过程中形成大量的数据和信息，这些信息不仅要满足企业外部相关者的需要，也为内部各级管理者提供了行动决策的依据，内部控制要使企业各项数据和信息真实准确，具有可靠性；再者，企业要能够持续稳定增长，必须符合国家相关法律、法规的要求，内部控制使企业各级各类人员在经营管理过程中都能严格守法经营、依法管理，避免由于违反法律规定而遭受惩罚。

四、内部控制的基本构成要素

企业内部控制构成要素是实现或完成内部控制目标的必需的条件。根据 COSO 报告，内部控制的基本构成要素包括控制环境、监督、风险评估、信息与沟通、控制活动等五大要素。

（一）控制环境（control environment）

控制环境，是指对建立、加强或削弱特定政策、程序及其效率产生影响的各种因素，具体包括管理思想和经营方式、组织结构、审计委员会、责任授权和划分的方法、人力资源管理。企业控制环境决定着其他控制要素能否发挥作用，是其他内部控制要素发挥作用的基础，直接影响着内部控制的贯彻和执行，以及企业内部控制目标的实现，是企业内部控制的核心。管理当局对内部控制的态度决定了整个公司的行为，由此形成良好的控制环境，有助于强化企业人员的控制意识，充分发挥内部控制功能。

（二）监督（monitoring）

监督，是指评估内部控制运行质量的过程，是管理当局用来监督会计系统和相关控制程序的手段。企业管理当局运用一系列管理控制方法对企业经济活动过程进行监督，如通过预算揭示资金的运用是否适当，通过标准成本进行成本差异分析判断开支水平的高低，通过有效的监督提高企业内部控制水平。企业会计人员通过对原始凭证的审核监督，及时发现并采取相应措施，制止、纠正和揭露经济业务中的违法违纪行为。内部审计更是企业对会计工作和内部控制体系进行自我监督的一种有效手段，我国大中型企业自 20 世纪 80 年代末开始建立内部审计机构以来，这一监督机制正发挥着越来越大的监督作用。

（三）风险评估（risk assessment）

风险评估，是指企业确认和分析与其目标实现相关的风险的过程，是企业风险管理的基础。现代企业处在竞争激烈的市场中，运营过程中风险无处不在，对风险的管理成为企业一项重要的管理内容。企业往往是处在不愿冒风险就可能失去机会,而一旦遭遇风险又会使企业陷入更大的困境的两难选择之中。因此,企业在行动过程中必须把风险控制在一个合理的范围。防范风险的发生必须对风险的大小进行准确的评估,通过建立企业风险评价或预警机制,有效地对企业目前的风险水平、未来将面临的风险作出分析评估,指导相关管理层及时调整经营活动,规避风险。

(四)信息和沟通(information and communication)

进入信息经济时代,信息便成为企业生存和发展的一项重要资源。企业实现经营目标的过程,是企业不断根据所掌握的信息调整经济行为的过程。信息与沟通成为企业内部控制的重要因素。企业内部上下层之间、部门相互之间具有良好的信息与沟通是实施有效控制的基础,这要求企业必须建立一个良好的信息系统,这个系统具有全面收集有用信息的能力,包括企业内部经营、财务、人事、劳资、技术、安全等信息,以及外部市场、竞争者、政策法规等较全面的信息。同时,这些信息能够及时准确地传递给相关管理者和责任人,并能够被理解和运用。

(五)控制活动(control activities)

控制活动,是指为了保证管理指令得到实施而制定并执行的控制政策和程序。企业通过制定控制的政策和程序,并予以执行,帮助管理层保证其控制目标的实现。控制活动主要包括授权和批准、职责划分、设计和运用恰当的凭证、恰当的安全措施、独立的检查和评价等。

第二节 内部控制的建立和实施

企业内部控制的对象可以概括为组织、业绩、行为,核心是组织成员的行为。内部控制就是要围绕这三者建立一系列控制制度和程序,采取相应的措施实施控制,使各控制要素相协调,达到所确定的内部控制目标。

一、组织结构控制

公司组织结构是公司的框架体系,它确定了公司的组织形式、各组成部分的责任权限、相关管理职能和报告关系。

一方面,现代公司组织制度的发展出现了股权高度分散和所有权与经营权的分离,因此,内部控制首先表现为协调各方关系的一种制衡机制。企业股东大会和董事会、监事会对经理层制约关系的制度安排以及设立管理控制机构形成组织结构控制。例如，目前有些上市公司依据自身经营特点设立了审计委员会、价格委员会、报酬委员会等，就是完善内部控制机制的有益尝试。机构设置因单位的经营特点和经营规模而异，很难找到一个通用模式。比如，设立价格委员会的企业大都是规模很大、采用集中采购方式且采购价格变动较大的企业，这些企业设立价格委员会能够有效加强采购环节的价格监督与控制。再比如，对于规模大、技术含量很高、高知人员云集、按劳取酬的企业，通过设立报酬委员会进行管理层持股及股票期权问题研究，能够提高报酬计划按劳取酬的科学性、加强报酬计划执行中的透明度和监控力度。

另一方面，通过组织职责分工建立职务分离的控制关系。内部组织结构控制主要由组织自身的特点决定，也受组织所处的外部环境的影响，这种控制是管理关系清楚，适应内、外条件变化而有所调整的相对稳定的结构。推行职务不兼容制度，杜绝高层管理人员交叉任职，将处理经济业务所涉及的职责分派给不同的人员，使每个人的工作都是对其他相关人员工作的一种自动的检查。职务分离，起到预防和及时发现相关人员在履行职责过程中发生错误和舞弊行为。如果一个职员负责多项职责，而在工作中会发生错误或舞弊，并且内部控制体系又难以发现，则说明其所兼任的职务具有不相容性。如公司制企业董事会和总经理班子人员重叠，这种交叉任职的后果是董事会与总经理班子之间权责不清、制衡力度锐减。关键人物大权独揽，一人具有几乎无所不管的控制权，且常常集控制权、执行权和监督权于一身，并有较大的任意性。交叉任职违背了内部控制的基本原则，必然带来权责含糊，易于造成办事程序由一个人操纵的现象出现。事实上，资金调拨、资产处置、对外投资等方面出现问题的重要原因之一在于交叉任职，董事会缺乏独立性。因此，建立内部控制框架首先要在组织结构设置和人员配备方面做到董事长和总经理分设、董事会和总经理班子分设，避免人员重叠。

在组织控制中，对于不相容职务必须进行组织机构的分离或有关人员的分离。常见的不相容职务包括：

(1) 业务授权与执行职务相分离；

(2) 业务执行与记录职务相分离；

(3) 财产保管与记录职务相分离；

(4) 记录总账与明细账职务相分离；

(5) 财产保管与财产核对职务相分离；

(6) 业务授权与财产保管职务相分离。

除了对不相容职务进行分离外，对一项经济业务处理全过程的各个步骤也要分派给不同的部门和人员负责。

二、授权批准控制

授权批准,是指企业在处理经济业务时,必须经过授权批准以便进行控制,授权批准按其形式可分为一般授权和特殊授权。所谓一般授权,是指对办理经常发生的业务时权力、条件和责任的规定,一般授权时效性较长;而特殊授权,是指对办理例外业务时权力、条件和责任的规定,一般其时效性较短。不论采用哪一种授权批准方式,企业必须建立授权批准体系,其中包括:

(1) 授权批准的范围,通常企业的所有经营活动都应纳入其范围。

(2) 授权批准的层次,应根据经济活动的重要性和金额大小确定不同的授权批准层次,从而保证各管理层有权亦有责。

(3) 授权批准的责任,应当明确被授权者在履行权力时应对哪些方面负责,应避免责任不清、出现问题又难究其责的情况发生。

(4) 授权批准的程序,应规定每一类经济业务的审批程序,以便按程序办理审批,以避免越级审批、违规审批的情况发生。单位内部的各级管理层必须在授权范围内行使相应职权,经办人员也必须在授权范围内办理经济业务。

三、会计系统控制

会计系统控制要求单位必须依据会计法和国家统一的会计制度等法规,制定适合本单位的会计制度、会计凭证、会计账簿和财务会计报告的处理程序,实行会计人员岗位责任制,建立严密的会计控制系统。

会计系统控制的主要内容涵盖货币资金、实物资产、对外投资、工程项目、采购与付款、筹资、销售与收款、成本费用、担保等经济业务。控制的途径主要包括:① 建立健全内部会计管理规范和监督制度,且要充分体现权责明确、相互制约以及及时进行内部审计的要求。② 统一会计政策,尽管国家制定了统一的会计制度,但其中某些会计政策是可选的。因此,从企业内部管理要求出发,必须统一执行所确定的会计政策,以便统一核算、汇总、分析和考核,企业会计政策可以专门文件的方式予以颁布。③ 统一会计科目,在实行国家统一一级会计科目的基础上,企业应根据经营管理需要,统一设定明细科目,特别是集团性公司更有必要统一下级公司的会计明细科目,以便统一口径,统一核算。④ 明确会计凭证、会计账簿和财务会计报告的处理程序与方法,遵循会计制度规定的各条核算原则,使会计真正实现为国家宏观经济调控和管理提供信息,为企业内部经营管理提供信息,为企业外部有关方面了解企业财务状况和经营成果提供真实、完整、有用信息的目标。

四、全面预算控制

全面预算是企业财务管理的重要组成部分，它是为达到企业既定目标而编制的一定时期经营、资本、财务等方面的详细计划，全面预算也是对企业未来一定时期经济业务规划的授权批准。全面预算控制应抓好以下环节：① 预算体系的建立，包括预算项目、标准和程序；② 预算的编制和审定；③ 预算指标的下达及相关责任人或部门的落实；④ 预算执行的授权；⑤ 预算执行过程的监控；⑥ 预算差异的分析与调整；⑦ 预算业绩的考核。全面预算是集体性工作，需要企业内各部门人员的相关合作。一般大中型企业应设立预算委员会，组织领导企业的全面预算工作，确保预算的执行。

五、财产保全控制

财产保全控制包括：① 限制直接接触，限制直接接触主要指限制非授权人员直接接触某项资产及其记录，只有经过授权批准的人员才能够接触资产。一般限制直接接触的对象包括限制接触库存现金、其他易变现资产与存货。如出纳员以外的人不能接触库存现金，管理员以外的人不能进入仓库重地。② 定期盘点，建立资产定期盘点制度，并保证盘点时资产的安全性。通常可采用先盘点实物，再核对账册来防止盘盈资产流失的可能性。对盘点中出现的差异应进行调查，对盘亏资产应分析原因、查明责任、完善相关制度。③ 记录保护，应对企业各种文件资料（尤其是资产、财务、会计等资料）妥善保管，避免记录受损、被盗、被毁。对某些重要资料应留有后备记录，以便在遭受意外损失或毁坏时重新恢复，这在当前计算机处理条件下尤为重要。④ 财产保险，通过对资产投保（如火灾险、盗窃险、责任险或一切险）增加实物受损补偿机会，从而保护实物的安全。⑤ 财产记录监控，对企业要建立资产个体档案，资产增减变动应及时全面予以记录。加强财产所有权证的管理，改革现有低值易耗品等核销模式，减少备查簿的形式，使其价值纳入财务报表体系内，从而保证账实的一致性。

六、人力资源控制

人力资源控制是企业内部管理控制的重要内容。人力资源要素的数量和质量状况，人力资源所具有的忠诚、向心力和创造力，是企业兴旺发达的活力和强大推动力所在。因此，如何充分调动企业人力资源的积极性、主动性、创造性，发挥人力资源的潜能，已成为企业管理的中心任务。人力资源控制应包括：① 建立严格的招聘程序,保证应聘人员符合招聘要求;② 制定员工工作规范,用以引导考核员工行为;③ 定期对员工进行培训,帮助其提高业务素质,更好地完成规定的任务;④ 建立有针对性的激励和约束机制,定期对职工业绩进行考核,奖惩分明;⑤ 对重要岗位员工(如销售、采购、出纳)应建立职业信用保险机制,如签订信用承诺书,保荐人推荐或办理商业信用保险;⑥ 工作岗位轮换,可以定期或不定期地进行工作岗位轮换,通过轮换及时发现错弊;同时也可以挖掘职工的潜在能力;⑦ 提高工资与福利待遇,加强员工之间的沟通,增强凝聚力。

七、风险控制

企业在市场经济环境中,时刻面临各种风险,按照风险形成的原因,主要分为经营风险和财务风险两大类。经营风险,是指因生产经营方面的原因给企业盈利带来的不利变化的可能性;而财务风险,是指由于举债而给企业带来的财务成果不利变化的可能性。

风险控制要求单位树立风险意识,针对各个风险控制点,建立有效的风险管理系统,通过风险预警、风险识别、风险评估、风险报告等措施,对财务风险和经营风险进行全面防范和控制。企业风险评估的主要内容有:① 筹资风险评估,如企业财务结构的确定、筹资结构的安排、筹资币种金额及期限的制定、筹资成本的估算和筹资的偿还计划等,都应事先评估、事中监督、事后考核。② 投资风险评估,企业对各种债权投资和股权投资都要作可行性研究,并根据项目和金额大小确定审批权限,对投资过程中可能出现的负面因素应制定应对预案。③ 信用风险评估,企业应建立客户信用评价体系,确定信用授予标准,规定客户信用审批程序,进行信用实施中的实时跟踪。信用活动规模大的企业,可建立独立信用部门,管理信用活动、控制信用风险。④ 合同风险评估,企业应建立合同起草、审批、签订、履行监督和违约时采取应对措施,必要时可聘请律师参与。风险控制是企业的一项基础性和经常性的工作,企业必要时可设置风险评估部门或岗位,专门负责有关风险的识别、规避和控制。

八、内部报告控制

为满足企业内部管理的时效性和针对性,企业应当建立内部管理报告体系,全面反映经济活动,及时提供业务活动中的重要信息。内部报告体系的建立应体现:反映部门经管责任,符合例外管理的要求,报告形式和内容简明易懂,并要统筹规划,避免重复。内部报告要根据管理层次设计报告频率和内容详简。通常,高层管理者报告时间间隔较长,内容从重、从简;反之,报告时间间隔短,内容从全、从详。常用的内部报告有：① 资金分析报告，包括资金日报、借还款进度表、贷款担保抵押表、银行账户及印鉴管理表等；② 经营分析报告；③ 费用分析报告；④ 资产分析报告；⑤ 投资分析报告；⑥ 财务分析报告等。

九、管理信息系统控制

管理信息系统控制包括两方面的内容：一方面是要加强对电子信息系统本身的控制。随着电子信息技术的发展，企业利用计算机从事经营管理的方式手段越来越普遍，除了会计电算化和电子商务的发展外，企业的生产经营与购销储运都离不开计算机。为此必须加强对电子信息系统的控制，包括系统组织和管理控制，系统开发和维护控制，文件资料控制，系统设备、数据、程序、网络安全的控制以及日常应用的控制。另一方面，要运用电子信息技术手段建立控制系统，减少和消除内部人为控制的影响，确保内部控制的有效实施。

十、内部审计控制

内部审计控制是内部控制的一种特殊形式，它是指单位内部独立的审计机构和审计人员，依照国家的法律、法规、政策，采用专门的程序和方法，对本单位的财务收支及其经济活动进行审核，查明其真实性、合法性和有效性，并提出建议和意见的一种内部经济监督活动。一个企业内部经济活动和管理制度是否合规、合理和有效的独立评价机构，通过内部审计对内部控制执行情况进行检查和评价，可谓是对其他内部控制的再控制。内部审计内容十分广泛，按其目的可分为财务审计、经营审计和管理审计。内部审计在企业应保持相对独立性，应独立于其他经营管理部门，最好受董事会或下属的审计委员会领导。内部审计结论只作为本单位改善经营管理的参考，对外没有鉴证作用。

总之，不管采用何种内部控制方法，不管如何建立公司治理结构，都应确立董事会在内部控制系统中的核心地位。从我国公司法规定的董事会、股东大会、总经理之间的权责划分来看，董事会在公司管理中居于核心地位。董事会应该对公司内部控制的建立、完善和有效运行负责。原因在于：① 对于董事会而言，建立内部控制系统是为了通过不丧失控制的授权来保证公司有效运行，完成公司的目标；② 内部控制是董事会抑制管理人员在获取短期盈利机会中的机会主义倾向，保证法律、公司政策及董事会决议切实贯彻实施的手段；③ 内部控制以及涉及内部控制的信息流动构成解决信息不对称、保证会计信息真实可行的重要手段，而确保信息质量是董事会不可推卸的责任。

第三节　内部控制的检查与评价

内部控制的检查与评价有两种途径:一是通过企业内部审计进行。内部审计是企业特殊的内部控制,它具有审计方式灵活,审计时间具有经常性和及时性,审计结论的非强制性等特征。二是通过委托外部会计师事务所进行。企业在建立完善内部控制的过程中,也可委托会计师事务所进行内部控制和分析评价,并通过对内部控制评价和管理建议书指导企业改进工作。针对企业内部控制的管理建议不属于审计师的法定业务,审计师也没有法定责任,仅供被审企业管理当局决策参考,不对外报送,也不起对外的鉴证作用。

一、内部审计部门对企业内部控制的检查评价

(一) 建立内部控制标准

企业内部审计对企业内部控制进行评价之前,必须掌握国家有关政策、法律制度以及单位内部关于内部控制的相关规定,并结合企业内部的实际情况制定内部控制标准。企业内部控制标准可根据内部控制评价具体项目逐项进行制定,并随着对内部控制评价工作的推进而不断积累,形成较为系统的、能够进行综合评价的、结合企业自身特点的标准体系。

(二) 检查、判断被审计单位内部控制状况

内部审计人员根据所制定的内部控制标准,对企业内部控制状况进行检查,主要从企业是否制定了相应有效的内部控制制度、完善的控制架构,并涵盖公司所有经营和管理过程中的风险环节以及授权审批是否明确,有无违反审批权限及审议程序的责任追究制度等方面进行检查,对发现的控制缺陷应做好记录,分析其对控制系统以及实现控制目标的影响。

(三) 进行内部控制有效性测试

通过实施内部控制测试,可以进一步了解被审计单位内部控制的实际执行情况和有效程度,对控制风险水平进行评价,并据以对原来确定的审计程序和方法进行适当的调整。测试内部控制有效性的方法主要是采用统计抽样检查,通过选取有代表性的测试样本,对企业内部控制的质量状况作出判断。

(四) 编写内部控制审计评价和建议

通过上述程序,内部审计人员对被审计单位内部控制的健全性、有效性已基本掌握,最后作出内部控制检查的结论,提出评价意见和管理建议,以供相关决

策层和管理人员参考，改进内部控制。

内部审计控制对企业内部控制整体工作起着非常重要的作用，但这种作用的发挥有赖于拥有高素质的内部审计人员，同时内部审计由于存在独立性上的先天不足，也使内部审计对企业内部控制的作用具有一定局限性，主要表现在管理当局内部人员串通舞弊，造成内部控制机制失效。

二、外部注册会计师对企业内部控制的检查评价

随着内控导向审计的应用发展，被审计单位的管理当局在审计过后，希望审计人员出具管理建议书，针对内部控制制度存在的缺陷或薄弱环节进出改进建议，帮助被审计单位加强内部控制。目前，越来越多的企业认识到加强内部控制的重要性，企业为了发现内部控制存在的问题，提高内部控制水平，专门委托外部注册会计师进行内部控制检查评价。外部注册会计师对企业内部控制的检查评价可分为三个步骤：

（一）调查了解内部控制情况并形成局面记录

注册会计师主要通过查阅被审计单位的各项管理制度和相关文件，询问被审计单位管理人员和其他有关人员，检查内部控制过程中形成的文件和记录，观察被审计单位的业务活动和内部控制的实际运行情况等方法，调查了解被审计单位的控制环境、风险评估、控制活动、信息与沟通和监督等内容，掌握被审计单位的高层管理人员和其他管理人员的控制意识和诚信程度，经营规模及业务复杂程度，组织机构和相关制度，各部门的分工和职责，主要财务预算和财务计划，人力资源政策等情况。

（二）实施控制测试程序证实相关内部控制的设计和执行效果

内部控制测试主要从两个方面进行：一是对内部控制的设计进行测试；二是对内部控制的执行情况进行测试。

控制设计测试所要解决的问题是，被审计单位的控制政策和程序的设计是否得当，能不能防止、发现和更正错弊。控制执行测试要解决的问题是，被审计单位内部控制政策和程序是否发挥作用。控制测试通常可采取四种具体程序：① 询问有关执行人；② 对业务执行情况进行实地观察；③ 对显示内部控制运行情况的凭证和报告进行审查；④ 重做。审计人员可根据实际情况，运用不同的程序进行测试。

（三）评价内部控制的有效性，出具管理建议书

审计人员在完成控制测试后，要对内部控制进行评价。在内控导向审计实践中最终作出控制风险评价，这种评价是针对会计报表而进行的，是评价某项与

财务认定相关的控制政策和程序,而不是孤立地评价某项控制政策或程序。同时,管理建议书也是审计人员针对审计过程中注意到的,可能导致被审计单位会计报表重大错报或漏报的内部控制缺陷提出的书面建议;这显然未能涵盖内部控制的整个目标。这是由于内部控制分析工作往往是在注册会计师对企业会计报告发表审计意见的过程中,主要为证实数据的可靠性、减少审计工作量、节约审计成本、保证审计质量而进行的。当企业基于提高内部管理水平、提高经营效率、追求更好的经营成果而委托注册会计师进行内部控制评价分析时,内部控制评价的主要目的与前者则有所不同。目前,注册会计师之类的咨询服务项目呈增长态势,这就要求注册会计师必须对内部控制评价的指导思想的重心作出调整,运用一定的分析方法加以发展,才能适应经济发展的需求。

知识扩展

我国很多企业内部控制制度尚不健全,且建立内部控制制度的积极性不高;有些企业内部控制的各种规章制度和措施非常齐全,却大量存在会计信息严重失真、管理者贪污腐化、员工消极怠工等现象。换言之,企业的内部控制与企业财务目标的现实存在出现偏离,主要表现为两个方面:一是内部控制的建设并不像我们分析的那样,动力来源于企业内部,是企业作为“理性经济人”实现企业财务目标的内在要求;二是即使内部控制制度看起来很健全的企业,内部控制目标实现的效果也并不理想,使内部控制制度流于形式。那么我们该如何看待这种理论与现实的偏离?请你谈谈如何解决现实存在的内控薄弱问题。